"十四五"跨境电子商务专业规划教材

上海市跨境电商专业教学资源库项目配套教材

校企合作教材

跨境电商概论

姚大伟　总主编
周玲琍　主　编
熊淑丽　程晓雯　副主编

立信会计出版社
LIXIN ACCOUNTING PUBLISHING HOUSE

图书在版编目(CIP)数据

跨境电商概论 / 周玲琍主编. —上海：立信会计出版社，2024.5

"十四五"跨境电子商务专业规划教材

ISBN 978-7-5429-7648-2

Ⅰ.①跨… Ⅱ.①周… Ⅲ.①电子商务—教材 Ⅳ.①F713.36

中国国家版本馆 CIP 数据核字(2024)第 106654 号

策划编辑　　方士华　王悠然
责任编辑　　孙　勇
助理编辑　　战小雨
美术编辑　　吴博闻

跨境电商概论
KUAJING DIANSHANG GAILUN

出版发行	立信会计出版社
地　　址	上海市中山西路 2230 号　　邮政编码　200235
电　　话	(021)64411389　　传　真　(021)64411325
网　　址	www.lixinaph.com　　电子邮箱　lixinaph2019@126.com
网上书店	http://lixin.jd.com　　http://lxkjcbs.tmall.com
经　　销	各地新华书店
印　　刷	常熟市人民印刷有限公司
开　　本	787 毫米×1092 毫米　1/16
印　　张	17
字　　数	362 千字
版　　次	2024 年 5 月第 1 版
印　　次	2024 年 5 月第 1 次
书　　号	ISBN 978-7-5429-7648-2/F
定　　价	49.00 元

如有印订差错，请与本社联系调换

本书编委会

顾　　问：张晓利　中国对外贸易经济合作企业协会会长
　　　　　夏世峰　上海跨境电子商务行业协会秘书长
　　　　　李　悦　上海市电子商务和消费促进中心原主任
　　　　　黄　岳　上海市浦东新区电子商务行业协会秘书长

总 主 编：姚大伟　上海市高职高专经济类专业教学指导委员会主任

副总主编：董永华　上海第二工业大学附属浦东振华外经职业技术学校校长
　　　　　窦争妍　上海电子信息职业技术学院副校长
　　　　　郭洪涛　上海城建职业学院副校长

委　　员：张　军　上海第二工业大学高等职业技术（国际）学院院长
（排名不分先后）
　　　　　郭环球　上海电机学院高职学院院长
　　　　　孟仁振　上海闵行职业技术学院副校长
　　　　　黄中鼎　上海邦德职业技术学院经济与管理学院院长
　　　　　朱惠茹　上海思博职业技术学院国际商务与管理学院副院长
　　　　　徐菊红　上海市贸易学校商贸教学部主任
　　　　　徐彩红　上海工商信息学校副书记
　　　　　蒋慧贤　上海民远职业技术学院国航物流学院副院长
　　　　　杨　征　上海民航职业技术学院副校长
　　　　　孟方琳　上海杉达学院胜祥商学院副院长

肖　谦	上海工程技术大学高等职业技术学院副院长
乐飞红	上海思博职业技术学院国际商务与管理学院国际商务教研室主任
张　江	上海建桥学院商学院电子商务系主任
谢锦平	上海农林职业技术学院原副校长
胡晓晖	上海科学技术职业学院副校长
王云飞	上海济光职业技术学院副校长
冯江华	上海电子信息职业技术学院经济与管理学院院长
张炳达	上海中侨职业技术大学经济与管理学院院长
沈　欣	上海海洋大学经济管理学院物流系主任
倪承超	上海市浦东外事服务学校副校长
周　健	上海市商贸旅游学校商贸财经专业部主任
刘　丽	上海工商外国语职业学院商学院院长
张伟杰	上海南湖职业学院教务处主任

前　言

党的二十大报告强调了必须完整、准确、全面贯彻新发展理念，坚持社会主义市场经济改革方向，坚持高水平对外开放，加快构建以国内大循环为主体、国内国际双循环相互促进的新发展格局。随着对外开放程度的不断扩大，全球化信息经济浪潮的涌现，跨境电商已成为推动外贸转型升级和高质量发展的新动能。线上贸易的兴起也为跨境电商行业的模式变革和跨境电商企业的发展带来了重要机遇。

同时，跨境电商的迅猛发展也对教学和研究提出了新的挑战，促使我们不断探索和实践，以满足跨境电商人才高质量发展的需求。从2022年开始，我们广泛征求各界意见，在写作过程中努力追求知识体系的科学性和教学的普适性，并最终完成了本书。本书以习近平新时代中国特色社会主义思想为指导，深入贯彻落实党的二十大精神，依据"以应用为中心，以有用为标准，以实用为落脚点"的原则，以专业性和实用性为立足点，对跨境电商的基础知识进行了详细介绍。

本书共分为十章，从跨境电商概述开始，结合速卖通、亚马逊等平台介绍了出口跨境电商，借助洋码头、网易考拉等平台详细阐述了进口跨境电商。另外，针对跨境电商选品与产品定价、跨境电商营销、跨境电商数据分析、跨境电商物流、跨境电商支付、跨境电商客服、跨境电商法律法规与监管制度等内容来进行重点讲解。希望通过十章的学习，读者不仅能够掌握跨境电商从业人员需要具备的基本岗位技能和职业素养，而且能够清晰地规划自己的跨境电商职业发展方向。

本书具有如下特色：

（1）理论与实践相结合。本书不仅详细阐述了跨境电商相关理论知识，而且借助主流跨境电商平台对店铺运营实操进行了讲解，使读者能够把理论知识应用到实践中。

（2）专家执笔，权威讲解。本书由具有多年跨境电商平台运营经验的业界专家及教授撰写，权威讲解跨境电商运营技巧与策略，具有较强的指导性。

（3）全面系统，案例丰富。本书从跨境电商概述到进出口跨境电商平台、选品及定价、跨境电商营销等方面，通过大量案例向读者详细介绍了跨境电商平台运营中的各个环节关键点，内容丰富、干货十足。

（4）配套资源，方便教学。本书提供了配套的PPT课件、教学教案、教学大纲、课后习题答案，以及练习题库等辅助资料，供选书教师免费下载使用。

本书由周玲珂担任主编，熊淑丽、程晓雯担任副主编。具体分工如下：第一章、第四章、第五章、第八章、第九章由周玲俐编写,第二章由李丽群编写,第三章由程晓雯编写,第六章由卜涵编写,第七章由周玲俐、熊淑丽、刘竹清编写,第十章由周玲俐、喻洁编写。

在编写本书的过程中,我们参考了相关的著作、教材、论文,在此对相关作者表示衷心的感谢。由于编者能力有限,如有疏漏和不足之处,敬请读者批评指正。

周玲俐

2024 年 3 月

目　　录

第一章　跨境电商概述 ··· 1
　　第一节　国际贸易与电子商务 ·· 2
　　第二节　跨境电商的概念 ·· 9
　　第三节　跨境电商的现状、问题与趋势 ··· 15
　　本章小结 ··· 20
　　课后习题 ··· 21

第二章　出口跨境电商 ··· 22
　　第一节　出口跨境电商概述 ·· 24
　　第二节　出口跨境电商平台——速卖通 ··· 28
　　第三节　出口跨境电商平台——亚马逊 ··· 33
　　第四节　出口跨境电商平台——Wish ·· 40
　　第五节　出口跨境电商平台——eBay ·· 44
　　第六节　出口跨境电商平台——Shopee ······································· 51
　　本章小结 ··· 55
　　课后习题 ··· 56

第三章　进口跨境电商 ··· 58
　　第一节　进口跨境电子商务概述 ·· 60
　　第二节　进口跨境电子商务平台之一——洋码头 ··························· 78
　　第三节　进口跨境电子商务平台之二——考拉海购 ························ 80
　　第四节　进口跨境电子商务平台之三——蜜芽 ······························ 83
　　第五节　进口跨境电子商务平台之四——蜜淘 ······························ 85
　　第六节　跨境电子商务零售进口业务的开展 ·································· 88
　　本章小结 ··· 96
　　课后习题 ··· 97

第四章　跨境电商选品与产品定价······99
第一节　跨境电商选品······100
第二节　跨境电商产品定价······104
本章小结······111
课后习题······111

第五章　跨境电商营销······113
第一节　跨境电商营销概述······114
第二节　有效的互动式营销······119
第三节　主要跨境电商平台站内营销推广······130
本章小结······144
课后习题······144

第六章　跨境电商数据分析······147
第一节　跨境电商数据分析概述······148
第二节　跨境电商数据分析思路······154
本章小结······163
课后习题······163

第七章　跨境电商物流······165
第一节　跨境电商物流概述······166
第二节　邮政物流······169
第三节　国际商业快递······174
第四节　专线物流······177
第五节　海外仓······182
本章小结······186
课后习题······186

第八章　跨境电商支付······188
第一节　支付与结算······189
第二节　跨境支付与结算······193
第三节　跨境支付与结算的现状及前景······204
本章小结······208
课后习题······209

第九章　跨境电商客服 ·· 210
　第一节　客户服务人员的职业要求 ····································· 211
　第二节　客服工作的思路与技巧 ······································· 215
　第三节　维护客户关系 ··· 226
　本章小结 ··· 235
　课后习题 ··· 235

第十章　跨境电商法律法规与监管制度 ································ 238
　第一节　部分国家和地区跨境电商法律法规 ····························· 239
　第二节　中国跨境电商法律法规 ······································· 241
　第三节　跨境电商监管制度 ··· 245
　本章小结 ··· 256
　课后习题 ··· 257

参考文献 ··· 259

第一章
跨境电商概述

 学习目标

知识目标
- 认识和了解国际贸易与电子商务之间的关系
- 掌握跨境电商的内涵、分类和特征
- 了解跨境电商当前存在的问题
- 了解跨境电商的发展趋势

能力目标
- 能够说出跨境电商的内涵、分类和特征
- 能够指出跨境电商存在的问题和发展趋势

关键概念

国际贸易　电子商务　跨境电商的内涵　跨境电商的分类

本章框架图

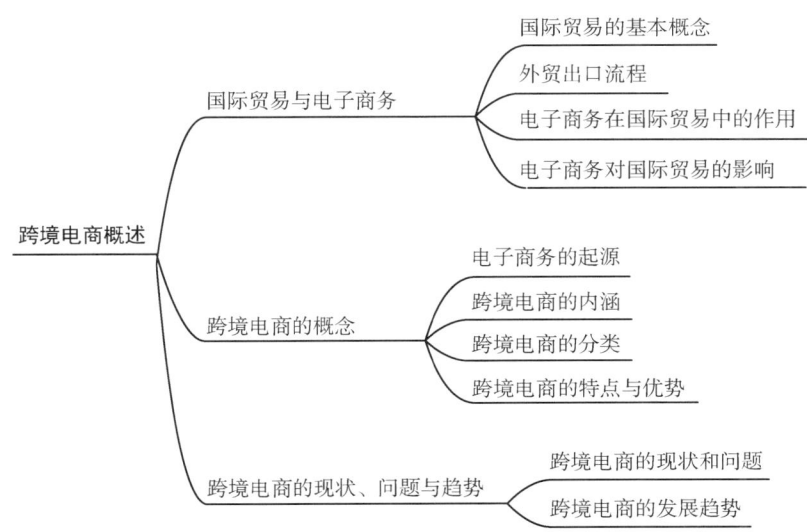

国务院新闻办公室于 2023 年 3 月 20 日上午 10 时举行了"权威部门话开局"系列主

题新闻发布会。在会上,海关总署副署长孙玉宁表示,跨境电商从无到有,已实现了"买全球""卖全球"的格局,成为我国外贸发展的新动能,也是高质量发展的新抓手。在新时代的十年里,跨境电商进入了快速发展期。在2018—2023年,跨境电商进口额从2018年的1万亿元人民币增长到2022年的2.11万亿元人民币。在数量上实现了大幅增长的同时,跨境电商也实现了质的有效提升。越来越多中国制造的商品通过跨境电商进入国际消费品市场。目前,全国已经设立了165个跨境电商综合试验区,这些综合试验区成为跨境电商发展的重要载体和平台,已经覆盖31个省(自治区、直辖市)。跨境电商作为国际贸易发展的一个新业态,呈现出蓬勃发展的态势。

第一节 国际贸易与电子商务

一、国际贸易的基本概念

(一) 国际贸易与对外贸易

国际贸易(international trade)是指世界各个国家(或地区)之间商品和劳务的交换活动。它是各国(或地区)在国际分工的基础上相互联系的主要形式。国际贸易是由各国的对外贸易构成的,是世界各国对外贸易的总和。因此,国际贸易通常也被称为世界贸易。

对外贸易(foreign trade)是指一国(或地区)与其他国家(或地区)之间所进行的商品与劳务的交换活动,通常简称为"外贸"。某些岛屿国家,如英国、日本等,也称对外贸易为海外贸易。

可以看出,国际贸易与对外贸易属于同一类活动,但两者的区别在于:国际贸易是站在全球的立场上来看待交换活动,包括各国(或地区)相互之间的贸易;而对外贸易则是站在一个国家(或地区)的立场上来看待交换活动,仅指本国(或地区)与外国(或地区)间的贸易。

(二) 国际贸易的分类

1. 按商品移动的方向划分

1) 进口贸易

进口贸易(import trade)是指将其他国家的商品或劳务引进到本国市场进行销售的交换活动。

2) 出口贸易

出口贸易(export trade)是指将本国的商品或劳务输出到国外市场进行销售的交换活动。

进口贸易和出口贸易是相对的,同一笔交易,对于卖方而言是出口贸易,对于买方而言就是进口贸易。

3) 过境贸易

如果 A 国的商品经过 C 国境内运至 B 国市场销售，对 C 国而言这种贸易就是过境贸易(transit trade)。C 国要对此批货物进行海关监管，但是这种贸易对 C 国来说，既不是进口也不是出口，仅仅是商品过境而已。

4) 转口贸易

转口贸易又称中转贸易(intermediary trade)，是指进出口生意不是在生产国与消费国之间直接进行，而是由中转国分别同生产国和消费国发生贸易。

转口贸易和过境贸易的区别在于商品的所有权在转口贸易中先从生产国出口者那里转到第三国(或地区)商人手中，再转到最终消费该商品的进口国商人手中。而在过境贸易中，商品所有权无须向第三国商人转移。

2. 按交易对象的形态划分

1) 有形贸易

有形贸易(visible trade)也叫货物贸易，是指传统的实物商品的进出口活动。例如，机器、设备、家具、原材料等都是有实物形态的商品，这些商品的进出口称为有形贸易。

2) 无形贸易

无形贸易(invisible trade)是指没有实物形态的技术和服务的进出口活动。例如，运输、保险、金融、旅游、文化娱乐、法律、咨询等服务的提供和接受即为无形贸易。无形贸易又可以进一步分为服务贸易和技术贸易。

服务贸易又称劳务贸易，是指国与国之间互相提供服务的经济交换活动。服务贸易有广义与狭义之分。狭义的服务贸易是指一国以提供直接服务活动形式满足另一国某种需要以取得报酬的活动。广义的服务贸易既包括有形的服务活动，即服务提供者与使用者之间存在直接接触的服务，还包括无形的服务活动，即服务提供者与使用者在没有直接接触情况下进行的交易。服务贸易一般情况下都是指广义的。

2020 年 8 月，国务院批复同意商务部提出的《全面深化服务贸易创新发展试点总体方案》，同意在北京、天津、上海、深圳等 28 个省市(区域)开展全面深化服务贸易创新发展试点，试点期限为 3 年。

技术贸易是指国与国之间，按照一般商业条件，向对方出售或从对方购买软件技术使用权的一种国际贸易行为，一般以纯技术的使用权为主要交易标的。技术服务和咨询是国际技术贸易实践中常见的方式。

3. 按贸易内容划分

按贸易内容划分，国际贸易可分为服务贸易、加工贸易、商品贸易和一般贸易。

4. 按是否有第三国参加划分

1) 直接贸易

直接贸易(direct trade)是指商品生产国与商品消费国不通过第三国进行买卖商品的行为。就生产国而言是直接出口，就消费国而言是直接进口。

2）间接贸易

间接贸易（indirect trade）是指商品生产国与商品消费国通过第三国进行买卖商品的行为。在间接贸易中，生产国称为间接出口国，消费国称为间接进口国，而第三国则是转口贸易国，第三国所从事的就是转口贸易。

5. 按贸易参加国的数量划分

1）双边贸易

双边贸易（bilateral trade）是指在两国政府之间签订的贸易条约或协定的贸易规则和调节机制下进行的贸易。有时，双边贸易也泛指两国间的贸易往来。

2）多边贸易

多边贸易（multilateral trade）是指 3 个或 3 个以上的国家通过协议在多边结算的基础上进行互相买卖的贸易。很显然，在经济全球化的趋势下，多边贸易更为普遍。

6. 按清偿方式的不同划分

1）现汇贸易

现汇贸易（cash-liquidation trade）又称自由结汇贸易，是指用国际货币进行商品或劳务价款结算的一种贸易方式。买卖双方按国际市场价格水平议价，并根据国际贸易惯例议定具体交易条件。完成交货后，买方按双方商定的国际货币付款。

2）协定贸易

协定贸易（agreement trade）是指两个国家签订贸易协定，通过记账方式进行交易，而不是直接动用外汇，贸易双方在一定时期内（通常是一年）进行结算的贸易方式。贸易差额可以结转到下一年的账户。

3）易货贸易

易货贸易（barter trade）是指在换货的基础上，将等值的出口货物和进口货物直接进行结算清偿的贸易方式。其特点是进口和出口相结合，贸易双方均有进有出。这种贸易方式既可以节省外汇，又可以保持双方的贸易平衡。

（三）国际贸易相关统计指标

1. 贸易额和贸易量

贸易额（value of trade）是指用货币表示的贸易的金额，是反映一国贸易规模的重要经济指标。各国在国内通常用本国货币表示，而在国际上，多数国家则使用美元表示。贸易额分为对外贸易额和国际贸易额。

对外贸易额是一个国家在一定时期内的进口总额与出口总额的总和。国际贸易额是世界各国出口额的总和。

贸易量（quantum of trade）是指剔除了价格变动影响之后的贸易额。贸易量使不同时期的贸易规模可以进行比较。贸易量是以不变价格计算反映一国贸易规模的指标。由于国际金融市场上货币价格经常波动，各国的物价也不稳定，单纯用货币价格表示的国际

贸易额不能确切地反映出贸易的实际规模。因此,剔除了价格波动影响的贸易量更接近实际的贸易规模。其计算公式为:

$$进(出)口贸易量 = 进(出)口额 \div 进出口价格指数 \times 100$$

2. 贸易差额

贸易差额(balance of trade)是指一个国家在一定时期内(通常为一年)出口总额与进口总额之间的差额。它是衡量一国对外贸易状况、国家经济状况以及国际收支状况好坏的重要指标。

贸易顺差(favorable balance of trade),在我国也称为出超(excess of export over import),表示在一定时期内的出口额大于进口额。

贸易逆差(unfavorable balance of trade),在我国也称为入超(excess of import over export)或赤字,表示在一定时期内的出口额小于进口额。

贸易平衡是指在一定时期内的出口额等于进口额。

一般认为,贸易顺差可以推动经济增长、增加就业,因此各国都希望实现贸易顺差。但是,大量的贸易顺差往往会导致贸易纠纷,如日美汽车贸易大战等。

3. 贸易条件

贸易条件(terms of trade)表示出口一单位商品能够换回多少单位进口商品,是出口商品价格与进口商品价格的对比关系。很显然,换回的进口商品多时,是有利的,称为贸易条件好转;换回的外国商品少时,是不利的,称为贸易条件恶化。贸易条件在不同时期的变化通常用贸易条件指数来表示,其计算公式为:

$$贸易条件指数 = 出口价格指数 \div 进口价格指数 \times 100$$

假定基期的贸易条件指数为100。

报告期的贸易条件指数大于100,说明贸易条件相较于基期改善。

报告期的贸易条件指数小于100,说明贸易条件相较于基期恶化。

4. 贸易地理方向

对外贸易地理方向(direction of foreign trade)是指一国对外贸易的地区分布和国别分布的状况,对外贸易地理方向通常以在该国进出口总额、进口总额或出口总额中的比重来表示。它可反映一国与其他国家或区域集团之间经济贸易联系的紧密程度。例如,2021年我国葡萄酒进口总量排名前十的来源分别为:法国、智利、意大利、西班牙、澳大利亚、美国、阿根廷、南非、新西兰、德国。

国际贸易地理方向(direction of international trade)是指国际贸易的地区分布和商品流向,通常以各国的出口额(或进口额)占世界出口贸易总额(或进口贸易总额)的比重来表示。例如,2021年世界商品出口前十位的国家是中国、美国、德国、日本、韩国、法国、荷兰、意大利、俄罗斯、英国;2021年世界商品进口前十位的国家或地区是美国、中国、德国、日本、法国、中国香港、英国、印度、荷兰、韩国。

5. 对外贸易依存度

对外贸易依存度(foreign dependence degree)是指一国进出口总额占其国内生产总值的比重,反映一国对外开放的程度和对世界市场的依赖程度。它可以分为出口依存度和进口依存度。其计算公式为:

$$对外贸易依存度 = (出口额 + 进口额) \div 国内生产总值$$

二、外贸出口流程

外贸出口流程通常是外贸出口工作人员在出口工作中进行的一系列活动的有序组合,主要包括报价、订货、付款、包装、通关及备货装运等活动。

(一) 报价

国际贸易通常从产品的询价、报价开始。出口产品的报价,主要包括产品的质量等级、产品的规格型号、产品是否有特殊包装要求、购买数量、交货期要求、产品的运输方式、产品的材质等内容。常用的报价方式有EXW(工厂交货)、FOB(船上交货)、CFR(成本加运费)、CIF(成本、保险费加运费)等形式。

(二) 订货

贸易双方就报价达成意向后,买方企业正式订货并与卖方企业就一些相关事项进行协商。双方达成一致后,需要签订购货合同。在签订购货合同过程中,贸易双方主要针对商品名称、规格型号、数量、价格、包装、产地、装运期、付款条件、结算方式、索赔、仲裁等内容进行确认。

(三) 付款

比较常用的国际付款方式有三种,即信用证付款、TT付款(电汇)和直接付款。

(四) 包装

根据货物性质的不同,出口方可以选择不同的包装形式(如纸箱、木箱、编织袋等)。包装要符合目的国相关法规的要求。

(五) 通关

通关手续极为繁琐又极为重要,若不能顺利通关则无法完成交易。对于法定检验的出口商品,出口商需办理出口商品检验证书。我国进出口商品检验工作主要有接受报验、抽样、检验、签发证书等四个环节。

(六) 备货装运

在货物装船过程中,出口方应根据货物数量决定装船方式,并根据购货合同约定的险种进行投保。出口方一般可选择整装集装箱、拼装集装箱。

二维码1-1
贸易术语

三、电子商务在国际贸易中的作用

国际贸易主要是指世界各国之间进行的以货币为媒介的商品交换活动,既包含有形商品交换,也包含无形商品交换。而电子商务则是各方利用互联网在全球范围内进行的商务贸易活动,是商品和服务的提供者、广告商、消费者等有关各方行为的总和。与传统商务相比,电子商务在国际贸易中具有交易虚拟化、交易成本低、交易效率高和交易透明化等特点。电子商务在国际贸易中的作用主要体现在以下几个方面。

(一)寻找贸易伙伴

在国际贸易进出口交易中,生产商、供应商、销售商需要以最快、最便利的方式找到贸易伙伴,形成相对稳定的交易关系,进而维持持久的交易行为。利用电子商务寻找贸易伙伴,既可以减少大量的人力、物力投入,而且还不受时间、地点的限制。国内的进出口企业足不出户就可以找到国外的贸易伙伴,国外的客户也可轻而易举地物色到最理想的供应商。例如,外贸企业可以通过建立自己的门户网站,或者通过第三方电子商务平台,向全世界发布自己的产品及服务,以便国外客户通过搜索引擎快速锁定交易对象,从而开展业务。

(二)网上咨询与洽谈

在传统的国际贸易中,企业需要派业务员到国外就某项或某几项业务进行面对面的洽谈,签订合同,达成贸易协议。这个过程不仅费时费力,而且需要投入很多的人力、物力、财力。而通过互联网进行咨询和洽谈,可以突破面对面洽谈的限制,减少了现实环境中洽谈的成本投入,而且不受地域和时空的限制。

(三)网上交易与支付

随着网络技术的发展和电子支付手段的开发,开展国际贸易的双方在网上洽谈达成交易意向后,可以进行网上订货,并通过国际物流交付产品,最后通过网上支付的方式完成交易。对于资金紧张的大量中小型外贸企业而言,这可以节省大量的人力和时间成本,有利于其与大型企业开展竞争。

(四)交易管理网络化

电子商务的应用使国际贸易中产生的单据、文书、合同、凭证等文件实现了无纸化和网络化,使从事进出口业务的企业可直接通过互联网办理与银行、保险、税务、运输方面相关的电子票据以及电子单证,完成部分或全部的结算及索赔等工作,大大节省了交易时间和费用。

(五)突破国际贸易保护主义的"蹊径"

近年来,虽然全球货物贸易低迷不振,但全球电子商务规模却在不断扩大。打造包括全球电子贸易在内的电子商务平台,是打破全球贸易保护主义、塑造新的世界贸易规则的良好契机。有效推进全球电子贸易平台的建设和发展将成为打破国际贸易壁垒的"蹊径"。当前,全球贸易规则与区域化贸易规则并肩而行,这也为全球贸易规则的重构提供了契机。包括我国在内的新兴经济体,是全球化过程中的主要受益者,也应当成为推进全球电子商务平台发展的中坚力量。

四、电子商务对国际贸易的影响

电子商务在国际贸易中的应用改写了国际贸易的管理模式,精简了国际贸易的中间环节,缩短了国际贸易时间,提高了国际贸易效率,促进了全球经济的发展。它突破了传统的时间、空间等因素限制,有力地推动了国际贸易的快速发展和规模的持续提升。

(一)推动国际贸易方式的改变

随着电子商务的快速发展,国际贸易的手段和方式都发生了很大的变化。银行转账等传统的国际贸易支付手段,在电子商务虚拟贸易平台金融模式下变得灵活便捷。贸易双方可以通过网上银行、第三方支付平台、支付宝等手段完成交易。线上交易借助便捷的互联网平台,可以实现贸易双方之间高效的信息传递,使贸易双方在不同的地点、不同的时间可以随时进行在线查看、咨询、下单、支付等操作。

(二)降低外贸企业的交易成本

在传统国际贸易中,交易双方不仅要考虑产品的生产成本和消耗,还要投入一定资金来寻找供应商和客户。尤其许多中小型企业,没有直接出口途径,只能依附于中间商,这就使外贸的多数利润流入中间商口袋中。通过开展电子商务,外贸企业可以在很大程度上降低贸易操作的成本和提高企业的效益。例如,利用网络技术可直接降低通信、交通、办公、人力和场地租金等方面的成本。此外,单据录入和数据传输的自动化能够减少人力资源浪费,实现人力资源的合理利用,从而减少储藏、运输以及其他方面的成本。同时,电子商务减少了中间商环节,使消费者实现了与生产商家的直接交流,降低了消费成本和交易时间成本。

(三)降低国际贸易门槛

如今,国际贸易市场范围已扩大到各个国家的各行各业。与传统的贸易活动相比,电子商务可以打破时间、空间的限制,降低了进入国际贸易的门槛。这也使一些中小型企业成为国际贸易的参与主体,促进了国际贸易主体的多样化,从而带动了国际贸易收益的增加。在电子商务快速发展的同时,信息传播的内容和速度也会相应地增多、增快,进而有效减少国际贸易中的无序性和盲目性。同时,通过合理分析数据、掌握信息资源,企业能够在了解发展趋势的过程中,制定适应市场发展需要的战略性决策。

(四)优化国际贸易监管方式

以往的国际进出口贸易在监管方面面临诸多困难,过程也十分繁琐复杂,贸易商品的运输和交付过程占用大量的时间，不仅增加了成本，也影响了效率。而国际贸易和电子商务结合之后，线下交易转为线上交易，监管方式也开始与网络信息技术融合，产生了新的监管模式。监管部门可以直接通过数字化和信息化技术进行监管。一方面，数据整理更加便利；另一方面，监管程序更加规范化，监管过程更加高效，监管效率大大提高。

此外，电子商务在对国际贸易产生以上积极影响的同时，也会带来一些负面影响，如支付风险增加、新的诈骗手段出现及容易造成税款流失等问题。这需要各方在发展中不断应对。

第二节　跨境电商的概念

跨境电子商务（cross-border e-commerce），简称跨境电商。跨境电商是一种全球性的贸易模式，是以电子商务为根本发展起来的突破时间、空间和语言等诸多限制因素的商业活动。从长远发展角度来看，跨境电商的发展使我国的对外贸易企业获得更大、更多的发展空间，对促进和推动外贸企业实现全球化的快速发展发挥着极为重要的作用。

一、电子商务的起源

电子商务并非 21 世纪的新兴事物。早在 19 世纪 30 年代电报刚问世的时候，人们就已经开始利用电子化手段进行商务活动和交流。当贸易信息开始以莫尔斯码点和线的方式在电线中传输时，标志着人类开启了利用电子化手段进行商务活动的新时代。

电子商务划分为广义和狭义的电子商务。广义的电子商务是指人们使用各种电子工具从事商务活动；狭义电子商务是指人们利用互联网从事商务活动。无论是广义的还是狭义的电子商务概念，都涵盖了两个方面：一是电子商务离不开互联网这个平台，没有了网络，就无法称之为电子商务；二是电子商务通过互联网完成的是一种商务活动。

近年来，电子商务在与计算机硬件和软件技术、网络通信技术的互动发展中不断完善，并伴随着计算机互联网络的爆炸性发展而快速发展。根据观研天下数据，2017—2025 年全球电商零售额会逐年增加，其中 2020 年增速最快，达到 26.5%。2021 年，全球电商零售额为 4.94 万亿美元，同比增长 16.2%。预计 2025 年，全球电商零售额将达到 7.39 万亿美元。

二、跨境电商的内涵

跨境电商是指分属不同关境的交易主体通过电子商务平台达成交易、进行电子支付结算，并通过跨境电商物流及异地仓储送达商品，从而完成交易的一种国际商业活动。跨境电商将传统进出口贸易中的合同磋商、合同签订、合同履行等环节电子化，并通过跨境物流及异地仓储送达商品，完成交易。

二维码1-2 跨境电商的定义

跨境电商是互联网发展到一定阶段所产生的新型贸易形态。简单地说,跨境电商指的是买卖双方位于不同国家,通过跨境电商平台进行交易,商品直接从卖家所在国家或者卖家在买家所在国家的仓库到达买家手中,并且卖家在完成交易后收到货款的商业活动。近年来,中国跨境电商规模快速扩大,中国的中小外贸企业在跨境电商领域逆势而上,增速维持在两位数以上。

网经社电子商务研究中心2023年5月4日发布的《2022年度中国电子商务市场数据报告》显示,2022年中国跨境电商市场规模达15.7万亿元,较2021年的14.2万亿元同比增长10.56%。

(一)跨境电商的参与主体

以跨境电商零售进口业务为例,跨境电商的参与主体如图1-1所示。

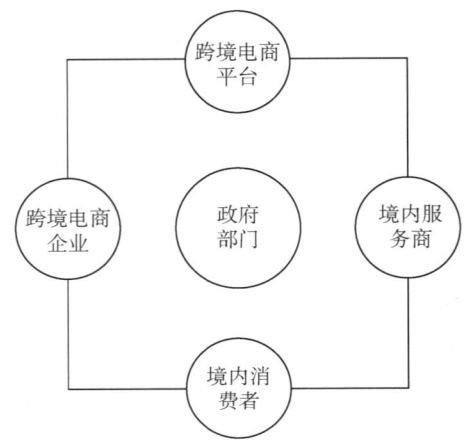

图1-1 跨境电商的参与主体

跨境电商企业是指自境外向境内消费者或使用者销售跨境商品的境外注册企业,它拥有商品的货权。

跨境电商平台也称跨境电商的第三方交易平台。平台经营者为交易双方(境内消费者或使用者和跨境电商企业)提供网络空间、虚拟交易场所、交易规则、交易撮合、商品信息发布等服务。

境内服务商是指在境内办理工商注册登记的企业,它接受跨境电商企业委托,为其提供海关申报、检验检疫、电子支付、物流配送、仓储信息等服务,具有我国法律规定的运营资质并主动接受海关、市场监管等部门后续监管,承担相应责任的跨境电商活动的境内参与者。

境内消费者或使用者是指跨境电商零售进口商品的境内实际购买者。

政府部门对跨境电商活动的主体和商务活动的全过程进行全方位的监管。例如,海关对跨境电商进口商品实施检验检疫,以保证广大消费者和使用者的安全;市场监管部门监管跨境电商零售进口商品的召回工作,督促跨境电商企业和跨境电商平台消除已销售商品的安全隐患,依法实施召回等措施。

(二)国内电商与跨境电商的区别

1. 运营环境不同

跨境电商运营是跨国的外贸模式,受众群体更多是国外的消费群体;而国内电商更多地针对国内的消费群体。跨境电商涉及语言、文化、时差、节日等方面的差异较为显著。

2. 技术背景不同

以平台为例,亚马逊是一个重产品、轻店铺的平台,店铺里面只有几个产品也可以打造成爆款,而国内的电商平台,如阿里巴巴、拼多多等,则重店铺轻产品,进入店铺就会看到好多页的产品。而造成这种不同的原因是亚马逊使用的是 A9 算法,检索到的产品都是有潜力、价值高、受欢迎的产品。A9 算法是目前世界购物平台里最好的搜索引擎。这样的算法保证了以产品为核心,即使是小卖家,在没有充足的资金、竞争力也不高的情况下,也能取得相对较好的销量。

3. 侧重点不同

国内电商的运营侧重点在于站外推广,例如,三只松鼠、良品铺子等大型零售电商。它们经常通过抖音、快手、微博、明星代言等各种站外渠道进行推广。而亚马逊平台则和国内电商平台相反,虽然掌握站外推广的技巧对亚马逊店铺来说无疑是锦上添花,但是如果只是一味地靠站外推广来吸引流量,对店铺也并不都是有益的。因此,亚马逊更加注重站内流量的形成与转化,因为站内的流量是店铺的根基。

4. 消费市场不同

中国电商平台网购盛宴通常设定在每年的 6 月 18 日、11 月 11 日、12 月 12 日,以低价薄利多销的形式去刺激市场,这也表明中国消费者对价格最为敏感。跨境电商平台的购物节更多与传统节日重合。外国消费者注重的首先是产品的质量,其次是包装,最后才是价格。

5. 平台利润空间不同

国内电商门槛低,但成本高,产品利润透明化,市场竞争激烈。2018 年,国内电商市场进入红海阶段,这之后进入淘宝的卖家就很难拓展客户、获取流量。而跨境电商具有低门槛、宽平台、低成本的特点,受到国内很多传统贸易企业的喜爱。中小企业凭借着自身供应链优势和品牌优势,借助跨境电商平台开拓市场。

6. 物流方式不同

买家在国内的电商平台上进行交易后可以直接通过国内物流进行配送,但物流配送只能限制在国内。而跨境电商的物流一般都距离较长,有的甚至需要进行海运。且国家与国家之间的国情、宗教信仰、物流时效、便捷程度都不尽相同,所以跨境电商在配送时长上会和国内电商有较大区别。

7. 收款方式不同

在支付时国内电商平台一般都会对接到能够收款的 API(application programming interface)通道平台,如我们在国内经常使用的支付宝及微信平台,结算时通常会以人民币为结算单位,不涉及汇率方面的问题。但在跨境电商平台,通常需要借助第三方平台进行收款结算,涉及跨境支付和汇率等问题。

三、跨境电商的分类

基于不同的分类标准跨境电商有不同的分类,下面是我们最常见的五种跨境电商的分类方法。

(一)按商品或服务移动的方向

按商品或服务移动的方向不同,分为出口跨境电商和进口跨境电商。

出口跨境电商是指利用电子商务平台将本国的商品或服务输出到国外市场的活动。

进口跨境电商则是利用电子商务平台将国外的商品或服务输入到本国市场的活动。

(二)按商业运行模式

按商业运行模式的不同,分为 B2B、B2C、C2C 三种跨境电商模式。

B2B(business to business),又称在线批发,是指境内企业通过跨境物流将货物运送至境外企业或海外仓,并通过跨境电商平台完成交易的贸易形式,企业根据海关要求传输相关电子数据。代表性跨境电商平台有敦煌网、中国制造网、阿里巴巴国际站、环球资源网等。

B2C(business to customer),是我国最早产生的电子商务模式,是跨境电商企业面对个人消费者开展网上商业零售的活动。代表性跨境电商平台有速卖通、兰亭集势、米兰网、DX、大龙网等。

C2C(customer to customer),是从事外贸活动的个人对国外个人消费者进行的网络商业零售活动,即商品和信息从消费者直接到消费者的模式。

除了我们经常看到的 B2B、B2C、C2C 三种主要的跨境电商模式外,还有 B2G(business to government),即跨境电商企业与政府管理部门的跨境电商活动,如跨国政府采购;C2B(customer to business),即消费者对企业的模式,它最先在美国流行起来,也是一个值得关注的模式。C2B 模式的核心是通过聚合庞大的消费者形成一个强大的采购集团,以此来改变 B2C 模式中消费者出价的弱势地位,使之享受到以大批发商的价格购买单件商品的利益。

(三)按服务类型

按服务类型的不同,跨境电商可分为信息服务平台模式、在线交易平台模式和外贸综合服务平台模式。

信息服务平台模式主要为境内外会员商户提供网络营运平台,展示供应商或采购商等商家的商品或服务信息,促成买卖双方完成交易。代表性平台有环球资源网、阿里巴巴国际站、中国制造网等。

在线交易平台模式,它不仅对跨境电商企业、产品、服务等多方面信息进行全面展示,还可以线上完成搜索、咨询、比价、下单、支付、物流、评价、退换货等全过程购物链环节。在线交易平台模式正在逐渐成为跨境电商中的主流模式。代表性平台有速卖通、DX、敦煌网、炽昂科技、米兰网、大龙网等。

外贸综合服务平台模式,它可以为企业提供通关、报检、物流、退税、保险、融资等一系列的服务,帮助企业完成跨境商品进口或者出口的所有环节,也可以帮助跨境企业完成融资、退税等业务环节,加快企业资金周转。代表性的外贸综合服务平台是阿里巴巴一达通。它是阿里巴巴旗下的外贸综合服务平台,也是专业服务于中小微企业的外贸综合服务行业的开拓者和领军者,已成为中国国内进出口额排名第一的外贸综合服务平台。

(四) 按平台运营方式

按平台运营方式的不同,跨境电商可分为第三方平台模式和自营平台模式。

第三方平台模式是指从事跨境电商的交易主体在第三方电商平台进行相关的外贸业务活动。第三方平台整合供应商、物流、支付、营运等资源吸引跨境电商入驻。例如,电商企业选择在速卖通、亚马逊、eBay、Shopee、天猫国际、洋码头、Lazada、Joom等第三方电商平台上开设店铺从事相关外贸业务活动。

自营平台模式是指电商企业自建企业平台、网站从事相关外贸业务活动。电商企业通过低价采购、高价售卖来获得利润。例如,环球易购、兰亭集势、DX、京东全球购、聚美优品、米兰网、网易考拉、小红书等。

四、跨境电商的特点与优势

(一) 跨境电商的特点

1. 全球性和非中心化

互联网是一个没有边界的媒介体,具有全球性和非中心化的特征。依附于交互网络发展的跨境电商也具有全球性和非中心化的特性。这一特性决定了跨境电商是一种无边界交易形式,不受传统贸易中的地理因素的限制。互联网用户可以不考虑跨越国界的问题,直接把产品,尤其是高附加值产品和优质服务上传到全球市场。任何个人和企业只要具备了一定的网络技术手段,在任何时候、任何地方都可以进入网络,进行磋商和交易。

2. 匿名性

由于跨境电商具有全球性和非中心化的特性,我们很难识别跨境电商用户的真实身份和其所处的具体地理位置,我们也不知道贸易对方的具体信息。然而,这丝毫不影响交易的进行。网络的匿名性也允许消费者这样做。

二维码1-3
跨境的模式
分类

3. 即时性

在传统的交易模式中,信息通常靠信函、传真、电报等方式传送。在信息发送与接收间,存在着或长或短的时间差。但对于网络而言,信息传输的速度快慢与地理距离无关。跨境电商中的信息交流几乎是即时的,无论双方实际时空距离的远与近,一方发送信息与另一方接收信息几乎是同步的,就如同生活中面对面交谈一样。某些数字化产品(如软件、视听娱乐产品等)的交易,甚至可以实现即时订货、付款、交货,整个过程都在瞬间完成。跨境电商交易的即时性提高了人们沟通交流和交易的效率,免去了传统交易中的诸多中介环节。

4. 无纸化

跨境电商主要采取无纸化的操作流程,这是电子商务进行线上交易的主要特征。在跨境电商中,计算机通信记录工具或电商平台交流软件取代了传统贸易中的一系列的纸质交易文件。在整个交易过程中,信息的发送和接收都实现了全程无纸化操作,跨境贸易过程更畅通。

5. 不确定性

互联网虽经过一段时间的迅速发展,但它仍是一个新生事物,其未来发展仍具有很大的不确定性。它必将以前所未有的速度和无法预知的方式不断演进。基于互联网的跨境电商活动也处在瞬息万变的过程中。在短短的几十年的时间里,电子交易经历了从 EDI 到电子商务零售业的兴起,再到跨境电商的蓬勃发展的过程。而数字化产品和服务更是不断升级创新,不断改变着人类的生活方式。

6. 服务的个性化

互联网是一种广泛普及的市场服务,服务供应商能够灵活适应各种需求。互联网为大众服务的宗旨就是提高用户满意度、提供个性化服务。跨境电商的个性化技术已经广泛应用于跨境超市、跨境金融、跨境旅游、数字化图书等诸多的领域。任何一个客户都可以根据互联网提供的信息找到自己满意的商品和服务。

(二)跨境电商的优势

随着互联网、物联网等基础设施的完善和全球性物流网络的构建,跨境电商的交易规模日益扩大。

1. 能适应国际贸易的最新发展趋势

2008 年金融危机后,消费者收入增长趋缓,开始直接通过网络购买价低质优的国外商品。而部分海外进口商出于缓解资金链压力和控制资金风险的考虑,也倾向于将大额采购转变为小额采购,长期采购转变为短期采购。单笔订单的金额明显减少,大部分不超过 3 万美元。传统集装箱式的大额交易正逐渐被小批量、多批次的碎片化进出口贸易取代。

2. 有效降低产品价格

跨境电商的产品仅需经过工厂、在线平台、海外商人即可到达消费者,外贸净利润可能达到传统贸易的数倍。未来,外贸链条还可以更简化,产品从工厂经过在线平台直接到达国外消费者手中。原来的中间成本一部分变成生产商的利润,一部分成为电子商务平台的佣金,剩下的则成为消费者获得的价格优惠。如果跨境电商企业能采用集中采购备货模式,相比单笔邮寄,还能大大降低商品采购和物流成本。

3. 上下游多属现代服务业

与跨境电商相关联的物流配送、电子支付、电子认证、IT服务、网络营销等领域,都属于现代服务业的范畴。即使是最为传统的快递、物流配送,也建立在信息技术业务系统之上。不仅商品本身已经具备物品编码,而且消费者可以在电商平台实时查询、跟踪商品流通过程,并通过网银或第三方电子支付平台进行支付。

4. 以消费者为主导

进口跨境电商旨在为消费者提供在国内买不到的产品,从而促进贸易增长。跨境电商平台让全球同类产品同台亮相,产品的性价比成为影响消费者购买决策的重要因素。这是一种以消费者为导向,强调个性化的交易方式,赋予消费者更大的选择自由,不再受地域限制。"订单投票"已成为跨境电商发展的趋势。

第三节　跨境电商的现状、问题与趋势

一、跨境电商的现状和问题

随着社会经济飞速发展,跨境电商作为一种新型的贸易方式越来越为大众所熟知并接受。与传统的对外贸易模式相比,电子商务有着无法比拟的优越性,它是在网络的基础上通过电子交易方式进行的商务活动,影响着贸易市场、贸易主体、生产方式、贸易成本、贸易风险等,并改变着传统的对外贸易模式,对经济的发展产生了积极的影响。但是,跨境电商与其他新兴事物一样,其发展现状在对外贸易活动中也存在一定的不足。

(一)课税的困难性

税收权力只能严格地在一个国家范围内实施,网络的全球化特性给税务机关对跨国的在线交易行使税收管辖权带来了困难。电子商务是基于网络虚拟空间开展的,丧失了传统交易方式下的地理位置因素。电子商务中的卖方容易隐匿其住所,而买方对卖方的住所也是漠不关心的。例如,只要消费者接入了互联网,一家很小的南美跨境电商公司就可以完成其产品和服务的交易。这种交易很难界定究竟是在哪个国家内发生的。除了地理位置因素给税收当局制造的困难外,还有其他。又如,以前由实体线下书店将书卖给读者,而现在在线书店可以代替线下书店这个销售网点直接完成整个交易。然而,税务当局往往要依靠这些线下销售网点获取征税所需的基本信息,代扣代缴各项税费等。没有这

些线下销售网点,税收权力的行使就会变得困难。

(二) 自由和责任的不对等性

跨境电商作为数字化传输活动的一种特殊形式,其匿名性和无形性的特点让人们能够在虚拟世界中更加自由地行动。然而,隐匿身份的便利会导致自由与责任的不对称。人们在这里可以享受最大程度的自由,却只承担最低程度的责任,甚至可选择逃避责任。

(三) 法律危机

跨境电商交易的即时性和无纸化提高了人们交往和交易的效率,减少了传统交易中的许多中介环节,但也带来了法律方面的危机。无纸化的交易方式带来的积极影响是使信息传递摆脱了纸张的限制,但传统法律的许多规范是以"有纸交易"为基础的。在网络交易无纸化的情况下,物质形态的合同文件、凭证已不复存在。以电子书籍为例,消费者只要购买网上的数据使用权便可以获取书中的知识和信息,而如何监督、管控书籍内容的合法性成了一个新的研究课题。

(四) 配送问题

配送问题是大多数从事跨境零售电子商务的企业所面临的共同问题。跨境贸易中,货物的运输路程长、时间久,很容易造成货物的变质或损坏,并且长途运输的成本也比较高。电子商务的交易达成之后,如何将商品快速、准确、安全地送到消费者手中,如何最快、最安全地收到货物,是跨境商务人员和电子消费者特别关注的问题。

(五) 电子支付的安全性、隐私性

电子支付安全性是跨境电子商务高速发展的重要保障。传统支付方式是通过面对面的信息交换或可靠的通信渠道发送支付信息。而网络支付的各方则是通过开放的互联网络交换信息,如果保密措施不到位,重要的支付信息就可能被黑客窃取,导致财产损失、信息隐私泄露。例如,黑客攻击者通过特殊方式得到持卡人的支付密码,便可以轻松地冒充他人进行网上消费,泄露持卡人的隐私信息,给持卡人带来巨大损失。这就是人们对网上支付安全的主要担心所在。此外,各个国家电子商务支付的规则和制度各不相同,缺乏统一性,导致电子支付行为较为混乱、无序。

二、跨境电商的发展趋势

跨境电商作为推动全球经济一体化、贸易全球化的基础,具有非常重要的战略意义。跨境电商不仅打破了国家间的界限,使国际贸易趋向无国界化,同时也在引领世界经济贸易格局的巨大变革。对企业来说,通过跨境电商可以构建更开放、多维、立体的双边或多边经贸合作模式,极大地拓宽了进入国际市场的途径,大大促进了多方资源的优化配置与企业间的互惠互利共赢;对于消费者来说,跨境电商使他们非常便捷地获取其他国家的信

息并买到物美价廉的商品。

1. 跨境电商持续高速发展

跨境电商的快速发展对市场消费，企业生产，贸易监管，商品流通的方式、手段、环境和效率产生等提出了更高的要求，并且催生出诸多新行业，如 IT 服务、国际物流服务、营销服务、金融服务及各类衍生服务等。从产业层面大力发展跨境电商，一方面能提升国内居民消费水平，促进外贸企业改善生产、改进管理、扩大商品流通；另一方面能促进和带动诸如互联网产业、物流产业、金融产业、第三方服务业等配套产业的发展，改善国家产业结构，促进区域经济良性健康发展。2018—2022 年中国跨境电商行业交易规模及增长率如图 1-2 所示。

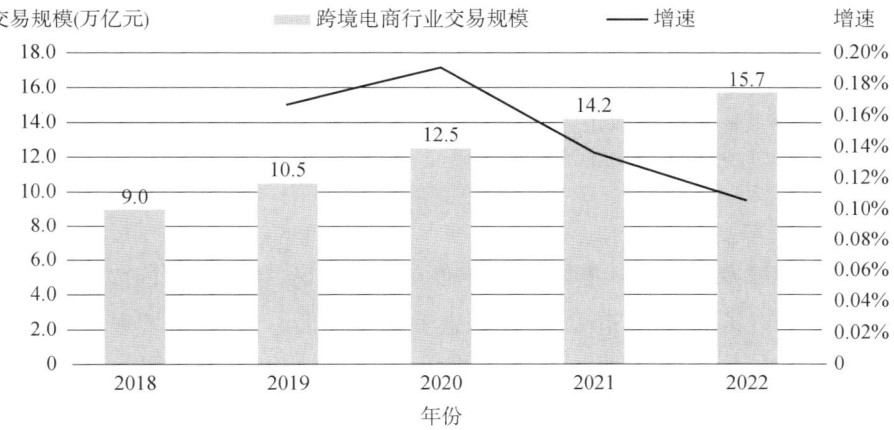

图 1-2　2018—2022 年中国跨境电商行业交易规模及增长率

数据来源：网经社电子商务研究中心.2023—2029 年中国跨境电商市场全景调研与投资前景报告［EB/OL］.（2023-05-30）［2023-06-18］.https://business.sohu.com/a/679806980_121388092.

2. B2C 模式发展迅速

目前，跨境电商的 B2B 业务凭借单笔交易金额大、订单稳定持续等优势，在我国跨境电商结构中仍占据主导地位。与跨境电商 B2B 模式相比，我国跨境电商 B2C 模式在资金运转、企业运营效率及财务表现等方面具有明显优势，跨境电商 B2C 业务依托互联网、物流、电子支付等电商各环节不断完善，促使多批次、小批量的外贸订单需求不断增长，给国内跨境电商企业带来更多的发展机遇。网经社电子商务研究中心发布的《2022 年度中国电子商务市场数据报告》显示，2022 年中国跨境电商交易模式中，跨境电商 B2B 交易占比达 75.6%，跨境电商 B2C 交易占比为 24.4%。从跨境电商交易模式结构趋势上来看，B2C 交易模式呈现继续扩大的态势。未来，受消费者线上购物习惯的影响以及国内政策对跨境电商的扶持等因素的影响，我国跨境出口电商 B2C 市场将持续向好发展。2018—2022 年中国跨境电商行业网络零售模式占比及增长率如图 1-3 所示。

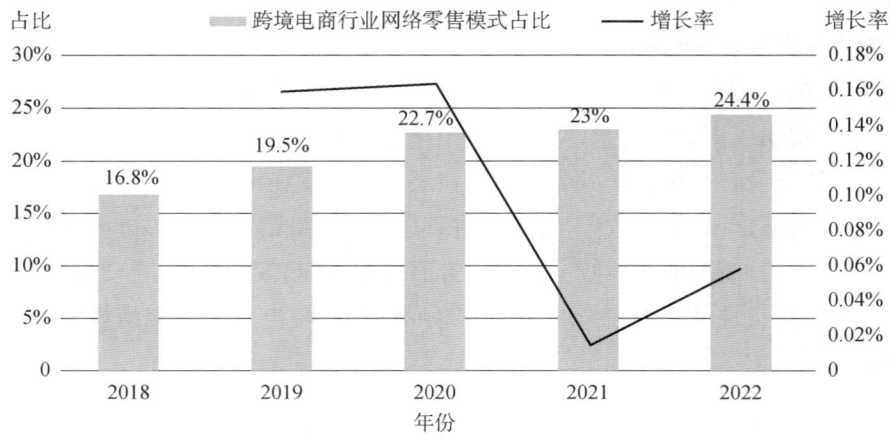

图1-3 2018—2022年中国跨境电商行业网络零售模式占比及增长率

数据来源:网经社电子商务研究中心.2023—2029年中国跨境电商市场全景调研与投资前景报告[EB/OL].(2023-05-30)[2023-06-18].https://business.sohu.com/a/679806980_121388092.

3. 品牌化趋势更加明显

全球电商的爆发式增长一度吸引大批商家进入市场,他们利用国内供应链优势和商品"性价比"争夺市场份额,创造爆款爆单,造就财富神话。然而,跨境电商卖家要想谋求长期增长,必须考虑如何在制造优势的基础上,加强本地化和精细化运营,为品牌发展积累势能。简而言之,市场需要依靠"品牌化"来提高流量的转化效率,深度提升市场的服务体验。

4. 直播购物、短视频营销将成为主流趋势

直播购物是跨境电子商务的趋势之一。海内外的消费者都对该类社交媒体购物方式表现出了浓厚的兴趣,而一向火热的短视频内容营销依旧是未来流量的大趋势,其持续向好的转化率也将使其在未来受到更多关注。

5. 新兴市场仍处于蓝海阶段

据Insider Intelligence预测,东南亚和拉美地区的零售电商增长将领跑全球。这几年来,Lazada、Shopee、TiktokShop围绕东南亚和拉美展开竞争的拉锯战,无一不在证明这些新兴市场的重要性。未来,东南亚等新兴电商市场仍为市场所看好,以跨境电商为主的数字经济预计到2025年仍以17%的年复合增长率上升。

 延伸阅读 1-1

中国跨境电子商务综合试验区

中国跨境电子商务综合试验区是中国设立的跨境电子商务综合性质的先行先试的城市区域,旨在在跨境电子商务交易、支付、物流、通关、退税、结汇等环节的技术标准、业务流程、监管模式和信息化建设等方面先行先试。通过制度创新、管理创新、服务创新和协同发展,破解跨境电子商务发展中的深层次矛盾和体制性难题,打造跨境电子商务完整的产业链和生态链,逐步形成一套适应和引领全球跨境电子商务发展的管理制度和规则,为推动中国跨境电子商务健康发展提供可复制、可推广的经验。自2015年3月7日国务院同意设立中国(杭州)跨境电子商务综合试验区,截至2022年年底,中国跨境电子商务综合试验区数量已达165个,覆盖31个省份。这些试验区极大推动跨境电商行业的发展。

第一批:2015年3月7日,国务院同意设立中国(杭州)跨境电子商务综合试验区。

第二批:2016年1月6日,国务院常务会议决定,在天津市、上海市、重庆市、合肥市、郑州市、广州市、成都市、大连市、宁波市、青岛市、深圳市、苏州市这12个城市设立第二批跨境电子商务综合试验区。

第三批:2018年7月24日,国务院同意在北京市、呼和浩特市、沈阳市、长春市、哈尔滨市、南京市、南昌市、武汉市、长沙市、南宁市、海口市、贵阳市、昆明市、西安市、兰州市、厦门市、唐山市、无锡市、威海市、珠海市、东莞市、义乌市等22个城市设立跨境电子商务综合试验区。

第四批:2019年12月15日,国务院同意在石家庄市、太原市、赤峰市、抚顺市、珲春市、绥芬河市、徐州市、南通市、温州市、绍兴市、芜湖市、福州市、泉州市、赣州市、济南市、烟台市、洛阳市、黄石市、岳阳市、汕头市、佛山市、泸州市、海东市、银川市等24个城市设立跨境电子商务综合试验区。

第五批:2020年4月27日,国务院同意在雄安新区、大同市、满洲里市、营口市、盘锦市、吉林市、黑河市、常州市、连云港市、淮安市、盐城市、宿迁市、湖州市、嘉兴市、衢州市、台州市、丽水市、安庆市、漳州市、莆田市、龙岩市、九江市、东营市、潍坊市、临沂市、南阳市、宜昌市、湘潭市、郴州市、梅州市、惠州市、中山市、江门市、湛江市、茂名市、肇庆市、崇左市、三亚市、德阳市、绵阳市、遵义市、德宏傣族景颇族自治州、延安市、天水市、西宁市、乌鲁木齐市等46个城市和地区设立跨境电子商务综合试验区。

第六批:2022年1月22日,国务院同意在鄂尔多斯市、扬州市、镇江市、泰州市、金华市、舟山市、马鞍山市、宣城市、景德镇市、上饶市、淄博市、日照市、襄阳市、韶关市、汕尾市、河源市、阳江市、清远市、潮州市、揭阳市、云浮市、南充市、眉山市、红河哈尼族彝族自治州、宝鸡市、喀什地区、阿拉山口市等27个城市和地区设立跨境电子商务综合试验区。

第七批:2022年11月14日,国务院同意在廊坊市、沧州市、运城市、包头市、鞍山市、延吉市、同江市、蚌埠市、南平市、宁德市、萍乡市、新余市、宜春市、吉安市、枣庄市、济宁市、泰安市、德州市、聊城市、滨州市、菏泽市、焦作市、许昌市、衡阳市、株洲市、柳州市、贺州市、宜宾市、达州市、铜仁市、大理白族自治州、拉萨市、伊犁哈萨克自治州等33个城市和地区设立跨境电子商务综合试验区。

中华人民共和国商务部、中华人民共和国海关总署、国家税务总局等部门出台了一系列支持跨境电商综合试验区发展的政策措施,其中最具含金量的主要有以下四个方面。

1. 无票免税

跨境电商零售出口"无票免税"政策。对跨境电子商务综合试验区(简称"综试区")内的跨境电子商务零售出口企业未取得有效进货凭证的货物,凡符合规定条件的,出口免征增值税和消费税。

2. 所得税核定征收

跨境电商零售出口企业所得税核定征收政策。在综试区内符合一定条件的出口企业试行核定征收企业所得税办法,采用应税所得率方式核定征收企业所得税,应税所得率统一按照4%确定。符合小型微利企业优惠政策条件的企业可享受小型微利企业所得税优惠政策;对于取得的收入属于《中华人民共和国企业所得税法》第二十六条规定的免税收入的,可享受免税收入优惠政策。

3. 通关便利化

通关便利化政策。针对综试区内符合条件的跨境电子商务零售商品出口,海关通过采用"清单核放,汇总申报"的便利措施进行监管验放,以提高企业通关效率,降低通关成本。

4. 放宽进口监管

放宽进口监管条件。针对跨境电商零售进口商品,不执行首次进口许可批件、注册或备案要求,而是按个人自用进境物品监管标准进行管理。

本 章 小 结

1. 跨境电商是指分属不同关境的交易主体,通过电子商务平台达成交易、进行电子支付结算,并通过跨境物流送达商品、完成交易的一种国际商业活动。跨境电商是一种新型贸易方式,具有全球性和非中心化、匿名性、即时性、无纸化等特征。

2. 跨境电商的分类方法多样,最常见的按商业运行模式划分,主要有 B2B、B2C、C2C 三种跨境电商模式,其中 B2B 模式目前贸易量最大。

3. 跨境电商现存的问题主要有:课税困难性、自由和责任的不对等性、法律危机、配送问题、电子支付的安全性与隐私性。

4. 跨境电商的发展趋势:持续高速发展、B2C 模式发展迅速、品牌化趋势更加明显、直播购物与短视频营销将成为主流趋势、新兴市场仍处于蓝海阶段。

课后习题

一、单选题

1. 下列关于电子商务与传统商务的描述,正确的是(　　)。
   A. 传统商务受到地域的限制,其贸易伙伴通常是固定的,而电子商务充分利用互联网,其贸易伙伴可以不受地域的限制,选择范围很大
   B. 随着计算机网络技术的发展,电子商务将完全取代传统商务
   C. 客户服务职能采用传统的服务形式,电子商务在这一方面还无能为力
   D. 客户购买的任何产品都只能通过人工送达
2. (　　)在整个跨境电商中的占比最大,约占整个电子商务出口的90%。(　　)虽只占跨境电商总量的10%左右,但却是增长最为迅速的部分。
   A. B2B　B2C　　B. B2C　B2B　　C. B2B　C2C　　D. C2C　B2C

二、多选题

1. 电子商务以满足企业、商人和顾客的需要为目的,增加(　　),提高服务质量,降低交易费用。
   A. 交易时间　　B. 贸易机会　　C. 市场范围　　D. 服务传递速度
2. 电子商务实质上形成了一个(　　)的市场交换场所。
   A. 在线实时　　B. 虚拟　　C. 全球性　　D. 网上真实

三、判断题

1. 跨境电子商务分为出口跨境电子商务和进口跨境电子商务。(　　)
2. 跨境电子商务与传统国际贸易模式相比,受到地理范围的限制较少,受各国贸易保护措施影响较小,交易环节涉及的中间商较少,因而商品价格更低廉,利润率更高。(　　)
3. 按照交易平台分类,跨境电子商务分为B2B、B2C和C2C。(　　)
4. 在跨境电子商务整个交易过程中,议价、下订单、物流、支付等信息都会有记录,消费者可以实时追踪自己的商品发货状态和运输状态。(　　)
5. 随着跨境贸易逐渐向小批量、碎片化发展,小额贸易存在难以快速通关、规范结汇、享受退税等问题。(　　)

四、简答题

1. 跨境电子商务与国内电子商务的区别是什么?
2. 跨境电子商务与传统国际贸易的区别是什么?
3. 跨境电子商务具有哪些特征?
4. 当前跨境电子商务存在的问题是什么?
5. 跨境电子商务的发展趋势是怎样的?

第二章 出口跨境电商

 学习目标

知识目标

- 了解我国出口跨境电商的现状
- 了解速卖通的发展历程、特点,掌握速卖通的平台注册和运营方式,以及 AliExpress 无忧物流的基本概念
- 了解亚马逊平台的特点、优势,掌握亚马逊平台的注册、卖家账户类型、收费标准、FBA 物流
- 了解 Wish 的发展历程、特点,掌握 Wish 的平台注册方法以及 Wish Express 配送的优点和 Wish FBW 运作流程
- 了解 eBay 平台的服务模式、优势,掌握 eBay 的卖家账户类型、运营模式等
- 了解 Shopee 平台的优势,掌握 Shopee 的入驻渠道、入驻流程等

能力目标

- 能够描述出口跨境电商的发展历程、模式
- 能够根据企业自身的特点和商品的特性,选择合适的跨境电子商务平台
- 能够在各个跨境电子商务平台完成账号注册
- 能够掌握各个跨境电子商务平台的相关规则
- 能够概括各个跨境电子商务平台之间的异同
- 能够阐明各个跨境电子商务平台的主流物流

 关键概念

出口跨境电商　速卖通　亚马逊　Wish　eBay　Shopee

本章框架图

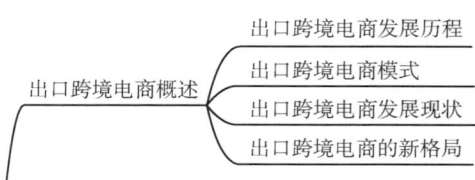

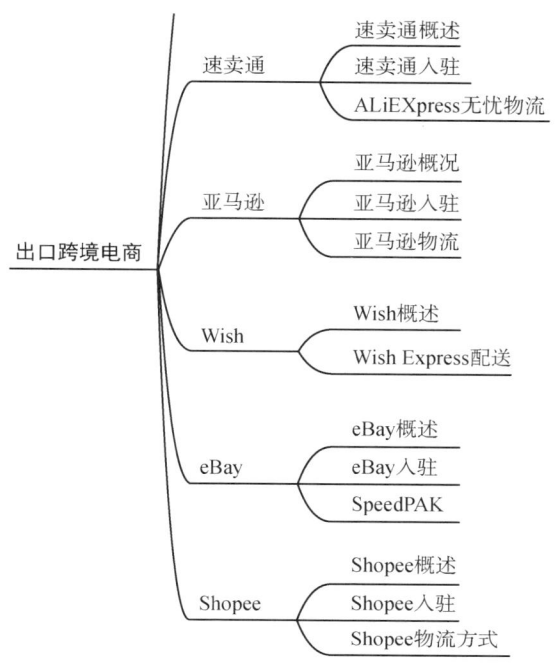

在跨境电子商务的支持下,海外品牌进入中国市场。与此同时,中国品牌为了进一步扩展市场也开始走出国门。但这一切来得并不容易。对于海外消费者来说,中国品牌在中国积累的"知名度"一点都不起作用,他们始终持有中国制造"低价"的固有印象,很难改变。本土品牌要蜕变成国际品牌,从来就不是简单的事情。

品牌、产品要与海外需求接轨,跟企业相比,品牌商需要花更多心思去研发产品和营销品牌,因此其投入成本往往会更高,品牌商通常利用自己的品牌效应抬高价格,来分摊成本。但这一切在品牌出海时,却变得更为复杂。在中国,品牌可能已经积累了一定的粉丝基础,有品牌的影响力,有销售、市场的认同。而在国外,这一切都得从零开始。产品对海外消费者的适配性、跨境人才、公司架构等都是跨境企业不得不突破的瓶颈。对于刚刚进入跨境市场的品牌企业,它们更希望找到的是懂业务、肯实操、能身兼多职,并且能和公司一起从零开始创造业务的人才。吸引和聚集这些人才对跨境公司来说确实是个挑战。

B2C 跨境电子商务平台主要分为第三方电子商务平台和独立电子商务平台。第三方电子商务平台主要有速卖通、亚马逊、Wish、eBay、Shopee 等,这几个平台适合个人、中小型企业入驻,门槛不高,每个平台都有自己的优劣势,买家可根据自己的企业规模和商品特性,选择适合的电子商务平台。

第一节　出口跨境电商概述

随着电子商务规模的不断扩大,我国电子商务自 2016 年开始从超高速增长期进入相对稳定的发展期。但我国跨境电子商务继续保持高质量发展的增长态势,尤其是出口跨境电商,保持着量的稳定增长和质的稳步提升态势。

一、出口跨境电商发展历程

出口跨境电商是指境内企业借助电子商务平台与境外企业或个人买家达成交易,通过跨境物流将商品送至境外,从而完成交易的商业活动。作为全球商品流通新模式和中国品牌出境新渠道,我国出口跨境电商已经成为外贸行业重要的新增长引擎。据海关统计数据,2022 年我国跨境电商进出口额达到 2.11 万亿元,同比增长 9.8%。其中,出口额达到 1.55 万亿元,同比增长 11.7%。

目前,在出口跨境电商领域中,位于第一梯队和第二梯队的电子商务平台包括阿里巴巴国际站、中国制造网、全球速卖通、Wish、兰亭集势、环球易购等。我国出口跨境电商的主要出口目的地为美国、法国等发达国家。在出口跨境电商的商品品类中,3C 电子产品、服装辅料、家庭园艺、户外用品、健康美容类商品的出口量较大。

(一) 出口跨境电商 1.0 时代(1999—2003 年)

这一阶段出口跨境电商的主要商业模式是网上展示、线下交易。盈利模式主要是为企业提供信息展示服务,并收取会员费或服务费。

(二) 出口跨境电商 2.0 时代(2004—2013 年)

2004 年,出口跨境电商平台开始实现交易、支付、物流等流程的电子化,逐步发展为在线交易平台。盈利模式是按成交效果来收取"交易佣金"。2013 年左右,大量 B2C 出口跨境企业兴起,行业竞争加剧。亚马逊、eBay、Wish、速卖通等平台是主要销售渠道,部分企业开始自建平台,提供差异化商品。

(三) 出口跨境电商 3.0 时代(2014—2018 年)

这一阶段的出口跨境电商实现了贸易服务的线上化,交易型平台向服务型平台转变,线上服务扩展到了营销、互联网金融、仓储和网络配套服务等。同时,平台通过对积累的大量交易数据进行大数据挖掘,向商家提供智能搜索推荐、精准营销等增值服务。

(四) 出口跨境电商 4.0 时代(2019 年至今)

除了交易、贸易服务以外的相关产业不断被整合到以平台为核心的贸易活动中来,还提供更多的配套服务,如管理、研发、融资等,打通了信息孤岛,增强了数据的联通和分析,推动了跨境贸易的产业结构化升级。出口跨境电商的发展历程如图 2-1 所示。

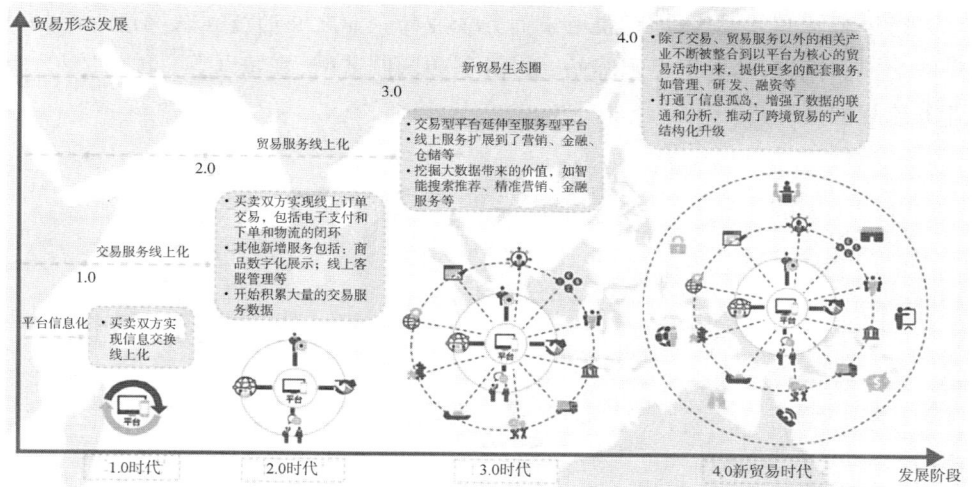

图 2-1　出口跨境电商的发展历程

二、出口跨境电商模式

(一) 零售——B2C 跨境电子商务模式

B2C 跨境电子商务模式，即境内企业通过出口 B2C 跨境电子商务平台，直接面向消费者个人开展在线销售产品或服务的模式。其主流平台包括亚马逊、eBay、速卖通、Wish、Lazada、Jollychic、Zaful 等。

B2C 跨境电商的基本业务流程如下：境内卖家将商品上架至跨境电子商务网站，境外买家在跨境电子商务网站上下单购买商品，境内卖家使用国际物流发送商品，商品经过海关检验后进入境外买家所在国家，由当地物流进行配送。B2C 跨境电商的基本业务流程如图 2-2 所示。

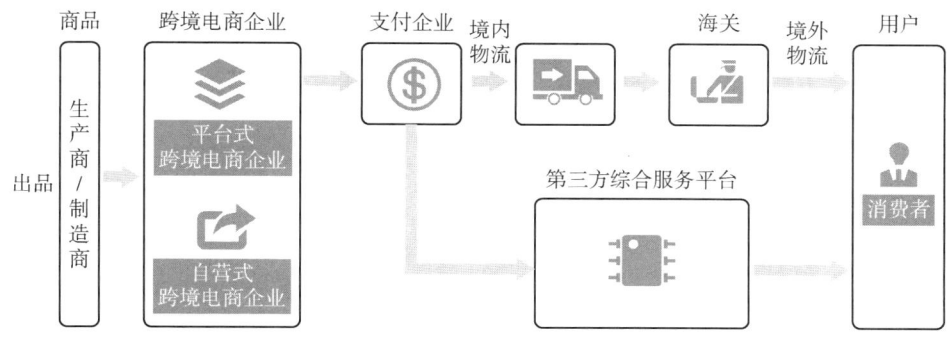

图 2-2　B2C 跨境电商的基本业务流程

(二)批发——B2B 跨境电子商务模式

B2B 跨境电子商务模式,即跨境电子商务企业与企业之间通过互联网进行产品、服务及信息的交换。例如,阿里巴巴国际站、敦煌网、中国制造网、大龙网等。B2B 跨境电商的基本业务流程如图 2-3 所示。

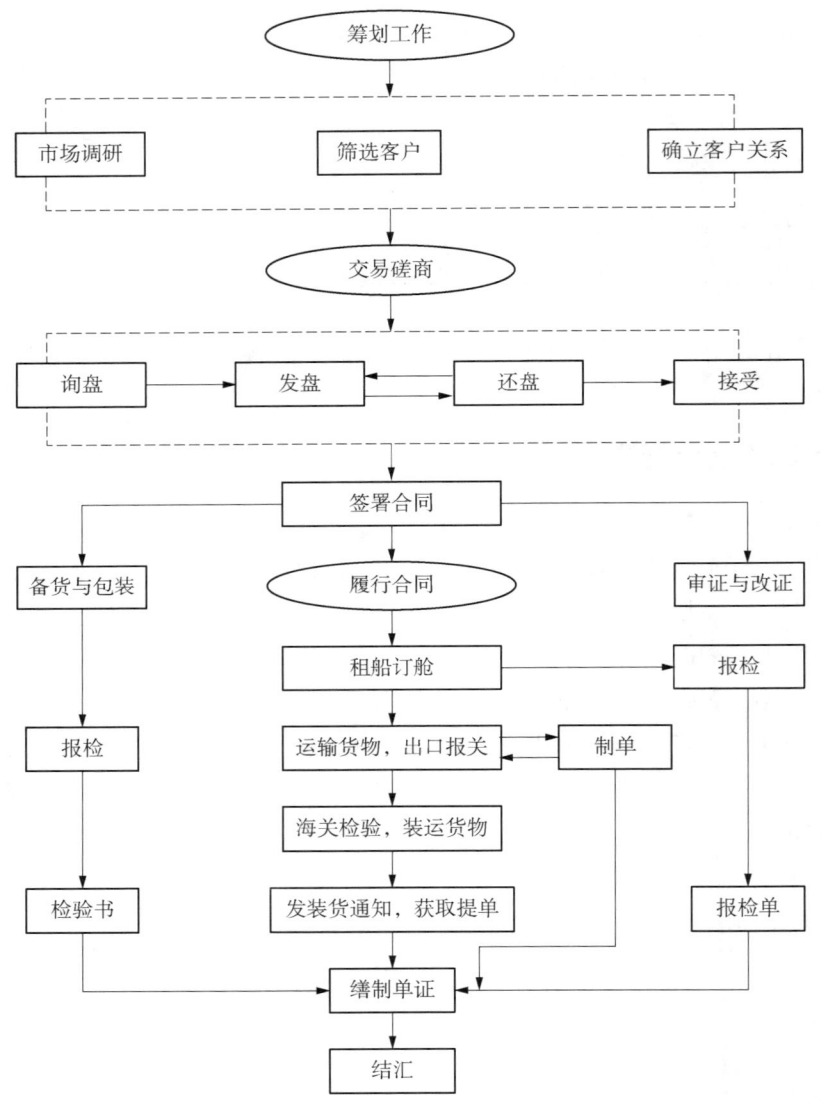

图 2-3 B2B 出口跨境电商的基本业务流程

(三)Drop Shipping

Drop Shipping 是一个外贸术语,是供应链管理中的一种方法。它是指卖家无需储存商品,而是把客户订单和装运细节提供给供货商,供货商直接将货物发送给最终客户,卖家赚取中间差价。简单地说,就是一键代发货销售模式。这种模式非常适合小型企业或个人商家,他们可以在自己的店铺上传厂家或供应商的产品,吸引买家到店铺实现交易,然后直接让厂家或供应商发货给买家。

三、出口跨境电商发展现状

(一) 跨境出口电商稳步增长

艾媒咨询分析师认为,国外消费者偏向于电商这种更少接触、更安全的购物方式,这促进了电商的发展。此外,中国政府对跨境电商的多项支持政策也进一步推动了中国跨境电商的发展。随着中国跨境出口电商行业的逐渐成熟,行业规模增长速度有所放缓,预计2024年中国跨境电商出口规模有望达到2.95万亿元。

(二) 中国跨境出口电商独立站模式发展势头强劲

数据显示,2021年中国企业在海外建立的独立站数量已达20万个。中国跨境电商独立站市场规模从2016年的0.2万亿元提升至2021年的1.1万亿元。预计到2025年,跨境电商独立站市场占跨境电商B2C市场的份额将从2020年的25%上升至41%。独立站模式具备一定的经营灵活性,易于收集、分析用户数据以运营私域流量,能够有效规避第三方跨境电商平台合规风险等优势,未来发展势头强劲。中国跨境出口电商产业链图谱如图2-4所示。

图2-4 中国跨境出口电商产业链图谱

数据来源:艾媒咨询.2023年中国跨境出口电商行业研究报告[EB/OL].(2023-09-12)[2024-06-27]. https://baijiahao.baidu.com/s?id=1776794011905590117&wfr=spider&for=pc.

(三) 跨境出口电商产品将趋向精品化、品牌化

随着电商经济的不断发展,消费水平的提高,消费者对产品"质"的追求将进一步提升,跨境出口电商产品将趋向精品化、品牌化。随着社交平台的进一步发展及公域流量成

本的提高，跨境出口电商产品运营方式将趋向数字化、本土化和引流方式多样化。此外，行业也面临着过度依赖第三方购物平台、跨境电商市场竞争激烈，以及海外市场的不确定因素较多等风险与挑战。

四、出口跨境电商的新格局

未来，区块链、大数据等新技术有望开辟数字经济下跨境电子商务新道路。通过对新技术的运用，企业能够进一步了解消费者的购物习惯、兴趣爱好和购买意愿，从而进行有针对性的广告营销和推送，提供个性化服务。出口跨境电商是我国外贸发展的重要推动力之一，其逐渐走向成熟。跨境电子商务呈现出的新格局如图2-5所示。

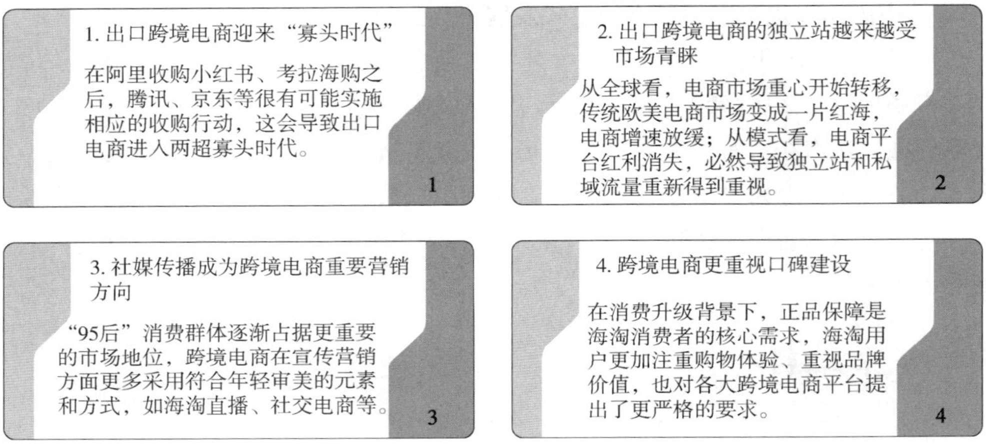

1. 出口跨境电商迎来"寡头时代"
在阿里收购小红书、考拉海购之后，腾讯、京东等很有可能实施相应的收购行动，这会导致出口电商进入两超寡头时代。

2. 出口跨境电商的独立站越来越受市场青睐
从全球看，电商市场重心开始转移，传统欧美电商市场变成一片红海，电商增速放缓；从模式看，电商平台红利消失，必然导致独立站和私域流量重新得到重视。

3. 社媒传播成为跨境电商重要营销方向
"95后"消费群体逐渐占据更重要的市场地位，跨境电商在宣传营销方面更多采用符合年轻审美的元素和方式，如海淘直播、社交电商等。

4. 跨境电商更重视口碑建设
在消费升级背景下，正品保障是海淘消费者的核心需求，海淘用户更加注重购物体验、重视品牌价值，也对各大跨境电商平台提出了更严格的要求。

图 2-5　跨境电子商务呈现出的新格局

第二节　出口跨境电商平台——速卖通

全球速卖通（AliExpress，以下简称"速卖通"）是阿里巴巴为了帮助我国中小企业接触境外买家，实现小批量、多批次快速销售，拓展利润空间而全力打造的融订单、支付、物流于一体的外贸在线交易平台。

一、速卖通概述

（一）速卖通的发展历程

速卖通（网址为 http://seller.aliexpress.com）是阿里巴巴旗下唯一面向全球市场打造的在线交易平台，被广大卖家称为国际版"淘宝"。速卖通于 2010 年 4 月上线，经过迅猛发展，目前已经覆盖 230 多个国家和地区的海外买家。每天海外买家的流量已经超过

6 800万人次,交易额年增长速度持续超过600%,已经成为全球最大的跨境交易平台。速卖通优势行业主要有服装服饰、手机通信、鞋包、美容健康、珠宝手表、消费电子、计算机网络、家居、汽车摩托车配件、灯具等。

速卖通依靠阿里巴巴雄厚的实力在信息、物流和资金三个方面打造自己的优势。在信息方面阿里巴巴收购了美国电子商务SaaS提供商Vendio公司。Vendio公司拥有丰富的网店零售服务经验,其核心业务是帮助中小商店建立网上销售平台,并同步接入各种不同的网上销售渠道,如eBay、亚马逊。被收购后,Vendio可以将其服务的8万多家美国B2C零售卖家与速卖通对接,可通过B2C的模式将速卖通的产品推向全美。在物流方面,阿里巴巴与国际快递巨头UPS合作,整合UPS的优质运输技术,让客户体验到在线管理货运和在线追踪的便利。在资金方面,阿里巴巴与全球最大的在线支付公司PayPal合作。速卖通用户可以便利地使用PayPal实现支付。

和淘宝一样,卖家把编辑好的商品信息通过速卖通平台发布到海外,在交易达成后,类似国内的发货流程,通过国际快递将商品运送到买家手中。速卖通上的卖家就这样轻松地与220个国家和地区的买家达成交易。

(二)速卖通平台的特点

速卖通平台及其业务具有以下特点。

(1)进入门槛低,能满足众多小企业做出口业务的愿望。阿里巴巴的速卖通平台对卖家没有企业组织形式与资金的限制,方便卖家进入。

(2)交易流程简单,买卖双方的订单生成、发货、收货、支付等全在线上完成。

(3)双方的操作模式类似国内的淘宝平台操作,非常简便。商品选择多,价格低廉。

(4)速卖通平台上的商品具有较强的价格竞争优势,与传统国际贸易业务相比,具有较强的市场竞争优势。

二维码2-1
认识全球速卖通平台

二、速卖通入驻

(一)速卖通平台注册

全球速卖通平台卖家的入驻流程如下:注册账号—认证企业支付宝—选择店铺类型、经营大类、经营的商标—提交资料—审核通过—缴纳费用—发布商品。登录速卖通平台,按照注册流程,逐步完成账号的注册和认证。卖家申请在全球速卖通开设店铺的基本流程如图2-6所示。

(二)全球速卖通平台店铺概况

在速卖通平台,一个企业最多可申请开通3个速卖通店铺账户,速卖通平台店铺的类型及特点如表2-1所示。

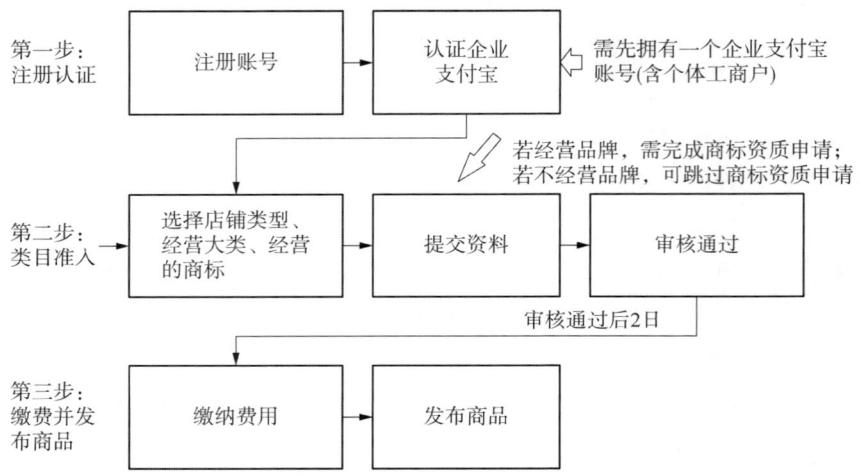

图 2-6 卖家申请在全球速卖通开设店铺的基本流程

表 2-1 速卖通平台店铺的类型及特点

店铺类型	官方店	专卖店	专营店
店铺类型介绍	卖家以自有品牌或由权利人独占性授权（仅商标为R商标且非中文商标）入驻全球速卖通开设的店铺	卖家以自有品牌（商标为R商标或TM状态），或者持他人品牌授权文件在全球速卖通开设的店铺	经营1个及以上他人或自有品牌（商标为R商标或TM状态）商品的店铺
单店铺可申请品牌数量	仅1个	仅1个	可多个
平台允许的店铺数	同一品牌（商标）仅1个	同一品牌（商标）可多个	同一品牌（商标）可多个
店铺名称	品牌名＋official store（默认店铺名称）或品牌名＋自定义内容＋official store	品牌名＋自定义内容＋store	自定义内容＋store
二级域名	品牌名（默认二级域名）或品牌名＋自定义内容	品牌名＋自定义内容	自定义内容

（三）速卖通平台的运营模式

速卖通信息流运作模式：一个市场能否正常、有效地运作主要取决于交易双方能够获取的信息量和信息的可靠程度。掌握大量真实可靠的信息是任何交易的第一步。速卖通为交易提供了便捷的交流工具，开发了名为"Trade Message"的软件，可以确保买卖双方信息的高效传递。

速卖通物流运作模式：速卖通支持四大商业快递（DHL、UPS、FedEX 和 TNT）、中国邮政、顺丰速运及速卖通平台合作的物流等多种快递方式。小卖家作为独立的经营主体,可以自行联系物流并进行发货。除了单独发货,卖家可以借助速卖通的平台在线发货。此外,速卖通正式开启了美国、英国、德国、西班牙、法国、意大利、俄罗斯、澳大利亚、印度尼西亚9个国家的海外仓服务,力求为卖家提供更便捷的物流解决方案。

速卖通资金流运作模式:速卖通的资金流运作模式与淘宝相似,速卖通只充当中介。类似于淘宝的支付宝,速卖通开发了阿里巴巴国际支付宝Escrow。目前,国际支付宝Escrow支持多种支付方式,包括信用卡、T/T银行汇款、MoneyBookers和借记卡等,并在继续开拓更多的支付方式。除了Escrow,速卖通还同时支持电汇和其他跨国在线支付方式。

速卖通的盈利模式:速卖通平台的收入来源主要包括保证金和交易服务费。除此之外,速卖通也会对卖家使用的广告营销服务收取服务费。

速卖通平台将各行业划分为十六个经营范围,每个经营范围分设不同的经营大类,每个速卖通账号只准选取一个经营范围,并可在该经营范围下跨越经营大类经营。对于2019年11月27日后入驻的新卖家,其不同经营大类的保证金在10 000～50 000元人民币不等;交易服务费(交易佣金)为5%～10%不等。例如,女装佣金为8%,服务费只在交易完成后对卖家收取,买家不需支付任何费用。

三、AliExpress无忧物流

AliExpress无忧物流是全球速卖通和菜鸟网络联合推出的速卖通官方物流服务,能够为速卖通卖家提供包括稳定的国内揽收、国际配送、物流详情追踪、物流纠纷处理、售后赔付等服务在内的一站式物流解决方案。这些服务帮助降低了物流不可控因素对卖家经营造成的影响,让卖家放心地在速卖通平台上经营。

(一)AliExpress无忧物流概述

AliExpress无忧物流的发货流程和"线上发货"类似,都需要卖家在买家下单后先创建物流订单,再通过上门揽收或自寄方式将货物交到国内集货仓。而相比货代发货和线上发货,AliExpress无忧物流具有渠道稳定、时效性强、运费优惠、操作简单、平台承担售后和商品赔付责任等优势。这些优势能够大大减轻物流对卖家造成的困扰。AliExpress无忧物流与线上发货、货代发货的对比如表2-2所示。

表2-2 AliExpress无忧物流与线上发货、货代发货的对比

项目	AliExpress无忧物流	线上发货	货代发货
物流服务	稳定:官方物流,由菜鸟搭建,覆盖全球优质物流网络	稳定:由第三方优质物流商合作平台作为第三方监管	不确定:货代市场鱼龙混杂,提供的服务不可控
人力成本	节省:一旦产生物流纠纷,卖家无须响应,由平台介入进行全流程处理	耗费:需要由卖家自己花费大量的时间、精力和人力处理物流咨询、投诉	耗费:需要由卖家自己花费大量的时间、精力和人力来处理物流咨询、投诉

(续表)

项目	AliExpress 无忧物流	线上发货	货代发货
资金风险	低:若因物流原因导致订单超出限时到达时间未妥投,由平台承担赔款	低:因物流问题导致的损失可在线向物流商发起索赔	高:因物流问题导致的损失由卖家自己承担,向物流方申请索赔困难
卖家保护	有:因物流原因导致的 DSR (detail seller rating,卖家服务评级系统的简称。DSR 评分有三个指标,分别是商品描述、商品服务和发货速度)低分、仲裁提起率、卖家责任率均不计入考核	有:因物流问题导致的纠纷、DSR 低分不计入考核	无:因物流问题导致的纠纷将会影响卖家服务等级的考核

(二) AliExpress 无忧物流服务

目前,AliExpress 无忧物流提供了多种服务选项,包括无忧简易、无忧标准、无忧自提、无忧优先等,这些都是通过菜鸟网络与多家优质物流服务商合作搭建的全球物流网络进行配送。菜鸟智能分单系统会根据目的国(地区)、商品品类、重量等因素选择最优的物流方案。AliExpress 无忧物流是菜鸟网络推出的优质物流服务,为速卖通卖家提供国内揽收、国际配送、物流详情追踪、物流纠纷处理,售后赔付等一站式的物流解决方案。

1. AliExpress 无忧简易

AliExpress 无忧简易(AliExpress Saver Shipping)是专门针对速卖通卖家的小包货物推出的简易类物流服务,由平台承担售后和赔付责任,正常情况下的时效为 30 天左右。

2. AliExpress 无忧标准

AliExpress 无忧标准(AliExpress Standard Shipping)是菜鸟网络推出的优质物流服务,为速卖通卖家提供国内揽收、国际配送、物流详情追踪、物流纠纷处理以及售后赔付等一站式物流解决方案。正常情况下,到达目的地的时间为 16~35 天。

3. AliExpress 无忧自提

AliExpress 无忧自提(AliExpress PickUp Service)是专门针对速卖通卖家的能够放入目的国自提柜中的包裹推出的快速类自提物流服务。该服务旨在最大限度解决最后一公里投递时效问题,为买家提供更便捷的自提方式。

4. AliExpress 无忧优先

AliExpress 无忧优先(AliExpress Premium Shipping)是菜鸟网络推出的优质物流服务,为速卖通卖家提供国内揽收、国际配送、物流详情追踪、物流纠纷处理和售后赔付等一站式物流解决方案。该服务运送范围覆盖全球 176 个国家及地区。AliExpress 无忧物流提供的 4 种物流服务,如表 2-3 所示。

表 2-3　AliExpress 无忧物流提供的 4 种物流服务

物流名称	物流类型	运送范围	寄送限制
无忧简易	简易类物流	俄罗斯、西班牙、乌克兰、白俄罗斯、智利等 39 个国家和地区	白俄罗斯、乌克兰、智利不支持任何带电货物及化妆品；俄罗斯接受含电池类物品（电池需内置），不接受纯电池类物品
无忧标准	标准类物流	全球 254 个国家和地区	不接受配套电池和纯电池；南非不支持任何带电货物及化妆品，多米尼加共和国不支持任何带电货物
无忧自提	标准类物流	俄罗斯本土 66 个州，183 个城市的近 800 个自提柜	只支持承运普通货物，不支持带电物品、纯电池类物品及化妆品
无忧优先	快速类物流	全球 176 个国家和地区	只支持承运普通货物，不支持带电物品、纯电池类物品及化妆品

第三节　出口跨境电商平台——亚马逊

亚马逊是全球商品品种较多的网上零售商和全球第二大互联网企业，同时也是全球第一的 B2C 电子商务平台。随着亚马逊的持续发展壮大，中国卖家将获得更广阔的发展空间。

一、亚马逊概况

（一）亚马逊公司

1. 亚马逊发展历程

亚马逊是全球范围内成功的电子商务企业之一。其平台开放、流量优质、利润高，吸引着全球各地的卖家。亚马逊在中国的发展风生水起，不少中国卖家也通过入驻亚马逊拓展海外贸易的销售渠道。亚马逊公司成立于 1995 年 7 月，总部位于美国西雅图，是美国的一家网络电子商务公司，最初只经营书籍销售业务。而今，亚马逊已成为商品种类齐全的网上零售商。亚马逊及其他销售商为客户提供数百万种独特的全新、翻新及二手商品，涵盖了广泛的类别。亚马逊拥有 19 大海外站点，如图 2-7 所示。

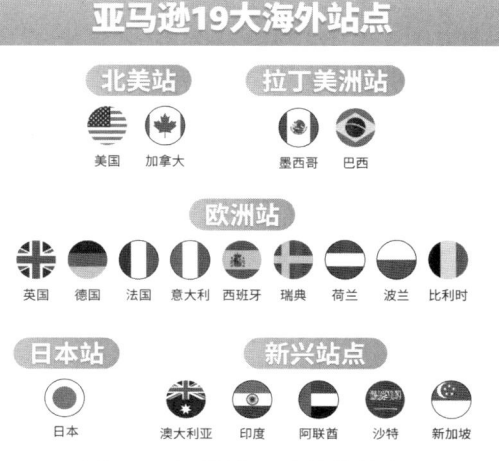

图 2-7　亚马逊 19 大海外站点

2. 亚马逊中国

亚马逊中国的前身为卓越网,卓越网被亚马逊公司收购后成为其子公司,主要经营图书音像软件、图书、影视等业务。卓越网创立于2000年,为客户提供各类图书、音像、软件、玩具礼品、百货等商品。亚马逊中国总部设在北京,并成立了上海和广州分公司。至今,亚马逊中国已经成为中国网上零售的领先者,也是全球领先的电子商务公司之一。亚马逊中国秉承"以客户为中心"的理念,承诺"天天低价,正品行货",致力于从低价、选品、便利3个方面为消费者打造一个百分百可信赖的网上购物环境。

作为在中国具有领先地位的B2C电子商务网站,亚马逊中国为消费者提供32个大类、上千万种产品,通过货到付款等多种支付方式,为消费者提供了便利、快捷的网上购物体验。亚马逊中国于2014年10月30日宣布,为迎接"11·11"的到来,亚马逊将主打国际品牌。自宣布之日起,亚马逊美国、德国、西班牙、法国和意大利为中国消费者开通直邮服务。自此,亚马逊"海外购"服务开始试运行。

亚马逊中国有14个运营中心,分别位于北京(2个)、广州(2个)、成都(2个)、武汉、沈阳、西安、厦门、昆山、上海(自2014年1月起运营)、天津、哈尔滨、南宁,总运营面积超过70万平方米,拥有世界一流的自动化包装流水线、商品摄影棚和图片处理平台,以及先进的订单处理系统和库存管理系统。

(二)亚马逊的特点

作为世界范围内成功的电子商务企业,亚马逊与其他电子商务平台相比具有以下几个特点。

1. 产品只按定价销售

亚马逊不提供任何拍卖模式的服务,产品只按定价销售。其产品通过展示、搜索以及分类的形式显示。

2. "宽进严管"

亚马逊采取"宽进严管"的管理方式,个人和企业都可以在其平台上开设店铺。而且亚马逊允许卖家销售旧的或者维修过的产品,但要求产品的质量和信息准确性得到严格保障。相对于较低的进入门槛,亚马逊对卖家的管理较为严格。无论是个人卖家还是企业卖家,都必须遵守亚马逊的全方位保障条款。买家权益在亚马逊平台上得到全面重视,保障了消费者的权益和购物体验。

3. 以产品为中心

在组织结构上,eBay和国内其他电子商务开放平台一般都是以店铺为中心,亚马逊与之不同,采取以产品为中心的结构。亚马逊不为店铺开辟专门的二级域名,而是将大多数店铺的首页设计成产品列表的形式,以此淡化店铺的存在,确保平台的统一品牌形象。

4. 重产品详情，轻客服咨询

亚马逊平台没有设置在线客服，鼓励买家自助购物。在没有客服可以咨询的情况下，商品详情页显得尤为重要。卖家要尽可能详尽地完善产品详情页，以便消费者获取所需信息。统一的产品详情页在很大程度上节省了卖家的工作量，也减少了卖家利用不实介绍来促成交易的情况，同时引导卖家将精力和时间放在价格、配送、售后等服务上。

5. 重推荐，轻广告

亚马逊相对不太重视各种收费广告，买家进入网站后看到的一般都是基于后台数据的关联推荐和排行推荐。而这些推荐的依据一般都是用户的购买记录、买家的好评度和推荐度等因素。

6. 重视客户反馈

亚马逊非常重视客户的反馈，这主要体现在两个方面：一是商品的评论，二是客户对服务质量的评价等级。在亚马逊平台上，顾客反馈和产品评论是很重要的，它们反映着顾客是否体验满意。亚马逊认为，不要以为没有反馈和评价就可以避免麻烦，相反，没有反馈和评价可能会导致账号被关闭，因此亚马逊积极鼓励卖家与顾客互动。

(三) 亚马逊的优势

亚马逊拥有3个明显的优势：国际货源丰富、物流全链条的系统性、规模化。

1. 国际货源丰富

亚马逊在国外经营多年，已经积累了大量的海外供应商资源。消费者可享受到来自美国、德国、西班牙、法国、英国和意大利的共计8 000多万种国际选品。开通直邮服务的品类包括鞋靴、服饰、母婴、营养健康及个人护理产品等。

2. 物流全链条的系统性

亚马逊通过布局大型仓储运营中心，将供应商或者消费者分散的信息流和物流集中起来，发挥规模效应，降低了整个供应链的运行成本，最终打败竞争对手，抢占了更多市场份额。

3. 规模化

亚马逊已与中国(上海)自由贸易试验区、上海市信息投资股份有限公司签订合作备忘录，三方将在自贸区合作展开跨境电子商务业务。亚马逊将通过该跨境通平台开展规模化运营。

二、亚马逊入驻

(一) 亚马逊平台的注册

首先，进入亚马逊官网首页(https://www.amazon.cn/)，点击"全球开店"，如图2-8所示。

图 2-8　亚马逊平台首页

其次,进入注册入口,单击"注册",如图 2-9 所示。

图 2-9　亚马逊平台注册入口

最后,根据网站的注册提示,完成注册及认证。亚马逊平台注册界面如图 2-10 所示,在注册界面,完善相关信息,逐步完成新账号的注册及认证。

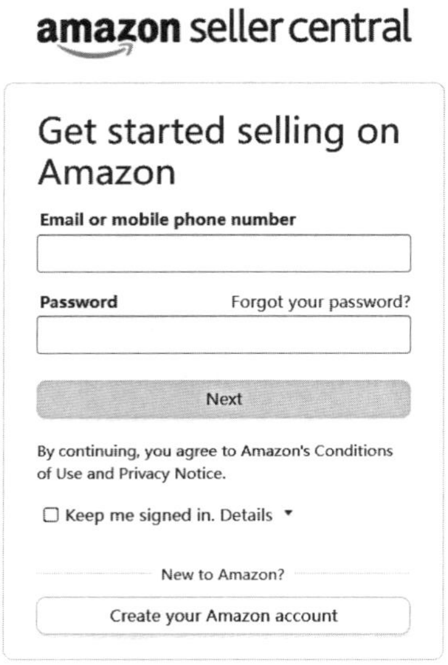

图 2-10　亚马逊平台注册界面

(二)亚马逊卖家账户的类型

对中国卖家来说,在亚马逊平台上注册卖家账号主要有自注册和全球开店两种方式,如图2-11所示。

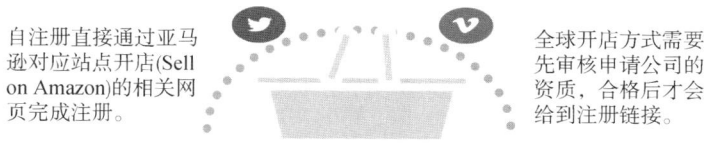

自注册直接通过亚马逊对应站点开店(Sell on Amazon)的相关网页完成注册。

全球开店方式需要先审核申请公司的资质,合格后才会给到注册链接。

图 2-11 亚马逊平台上注册卖家账号的两种方式

就亚马逊注册的账户性质而言,可分为个人账号、公司全球开店账号和美国(本地)公司账号3种类型。

1. 个人账号

个人账号是以个人身份注册的亚马逊卖家账号(适用于美国、加拿大、墨西哥站点,其他站点不可申请)。个人账号注册流程相对简单,有 VISA 或 MasterCard 信用卡即可注册。但是,销售数量存在限制,卖家每月销售不能超过50单,超过销售限制后需要缴纳税款,亚马逊会通过邮件提醒卖家需要绑定当地的 VAT 税号才能继续运营。

个人账号又分为个人卖家(individual)和专业卖家(professional)两种,其实就是个人卖家销售计划(individual selling plan)和专业卖家销售计划(professional selling plan)。店铺的销售计划,与用户用何种方式注册亚马逊账户及用户的亚马逊账户性质没有任何关系。卖家可以在其账号后台对销售计划进行转换。

个人卖家和专业卖家的最主要的区别在于卖家销售计划的销售数量限制、费用以及可享受的销售服务等方面,具体如表2-4所示。

表 2-4 个人卖家与专业卖家的主要区别

主要区别	个人卖家销售计划	专业卖家销售计划
销售数量限制	少于40个商品	可以上传超过40个商品
批量操作	无	有
订单数据报告	无	有
是否有机会获得黄金购物车	无	有
创建促销等其他产品细节服务	无	有
费用	0月租+每笔销售0.99美元+每笔销售佣金	每月39.99美元月租+每笔销售佣金

2. 公司全球开店账号

公司全球开店是亚马逊针对中国卖家群体推出的一项卖家招募计划。卖家可以通过中国公司、新加坡公司进行申请注册。在申请阶段,亚马逊中国招商团队的专门客服会提供对接指导,协助完成账号申请和前期的基本操作指导。

公司全球开店账号必备的核心资料包括中国或新加坡公司的营业执照、一张VISA 或 MasterCard 信用卡。公司全球开店账号只是亚马逊的一个项目名称,并不意味着开通一个账号就可以在各个国家销售。不管是通过全球开店还是自注册,注册亚马逊卖家账号都需要提供特定的信息,包括电子邮箱地址、卖家个人或公司的名称、地址、联系方式,可以支付美元的双币信用卡,在注册期间可以联系到的电话号码等。

3. 美国公司账号

美国公司账号是以美国公司为主体注册的账号,申请时需要提供美国公司的相关资料,以及一张 VISA 或 MasterCard 信用卡等。

(三)亚马逊的服务模式

亚马逊平台能够为卖家提供包括物流服务、推广服务、商业顾问在内的一系列服务。

1. 物流服务

通过亚马逊快捷可靠的多渠道物流服务,亚马逊物流(fulfillment by Amazon,FBA)的库存也可以用于卖家自己的网站或第三方平台产生的订单。这种方式为卖家提供简单方便的跨国业务扩展途径。

2. 推广服务

亚马逊平台提供免费的站内推广服务,商家的商品可以在主题活动中得到免费推广。此外亚马逊也提供付费推广选项,包括关键词搜索、页面广告等,以增加商品的曝光和销量。

3. 商业顾问

亚马逊拥有专业的顾问团队,向平台商家免费提供首次上线的技术支持和咨询服务,并定期提供网络培训服务,帮助卖家更好地理解和利用平台功能。

(四)亚马逊的收费标准

卖家在亚马逊进行商品售卖,需要向平台支付相应的费用。根据站点不同,亚马逊的收费标准有所不同。以美国站为例,亚马逊的费用包括月租费、销售费用、大批量刊登费以及退款手续费。

1. 月租费

亚马逊为卖家提供了两种售卖方案——专业卖家计划和个人卖家计划。如果每月销售物品超过 40 种物品,卖家可选择参与专业卖家计划;如果每月销售物品少于 40 种,则可选择参与个人卖家计划。

参与专业卖家计划的卖家每月需要支付 39.99 美元的月租费(第一个月免费),参与个人卖家计划的卖家则无须支付月租费。

2. 销售费用

一旦产品成功售出,卖家需要向亚马逊支付一定的销售费用,主要有 4 项,如图 2-12 所示。

(1) 成交手续费(per-item fees)。商品成功售出后,成交费的收费标准如下。

① 专业卖家:无须支付。

② 个人卖家:每件商品收取 0.99 美元。

(2) 运费(shipping fees)。这里所说的运费涉及的主要是自主配送的卖家、专业卖家销售的媒体类产品(包括书籍、音乐、视频、DVD 软件及视频游戏),以及个人卖家销售的所有商品。亚马逊平台根据物品类别和买家选择的运送方式收取运费,然后会将最终的收费金额传送给卖家。

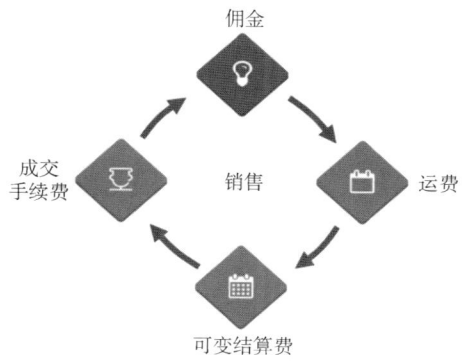

图 2-12 亚马逊销售费用的构成

(3) 佣金(referral fees)。对于自主配送的卖家来说,商品成功售出后,卖家需要按商品的最终成交价格向亚马逊支付一定比例的佣金。而使用 FBA 的卖家的佣金收费标准需要按照 FBA 的具体标准来执行。不同的商品类别有一个最低的佣金比例标准。

(4) 可变结算费(variable closing fees)。对于媒体类商品,包括书籍、DVD、音乐、软件和电脑/视频游戏、视频、视频游戏机等,卖家还需要为成功售出的每件商品支付 1.35 美元的可变结算费。

3. 大批量刊登费

根据每月在亚马逊上发布的活跃类商品的 SKU① 数量,卖家需要支付一定比例的大批量刊登费。卖家每月最多可发布 200 万 SKU,若卖家当月发布的 SKU 数量超过 200 万,则需要为超出的 SKU 支付大批量刊登费,每个 SKU 的费用为 0.000 5 美元。大批量刊登费每月结算一次,由亚马逊平台公布在卖家下个月的结算中。

4. 退款手续费

对于已经收到付款的订单,卖家如果向买家退款,则需要支付一定比例的退款手续费。退款手续费为商品应交佣金的 20%,上限为 5 美元。

三、亚马逊物流

FBA 是指亚马逊提供的仓储及代发货业务。自 2007 年引入 FBA 服务以来,亚马逊将自身平台开放给第三方卖家,将其库存纳入亚马逊全球的物流网络,为其提供拣货、包装以及终端配送的服务,同时亚马逊收取相应的服务费用。自投入使用以来,FBA 一直

---

① SKU 即 Stock Keeping Unit,库存量单位。

被誉为亚马逊最可靠的物流服务体系。亚马逊物流全部流程如图 2-13 所示。

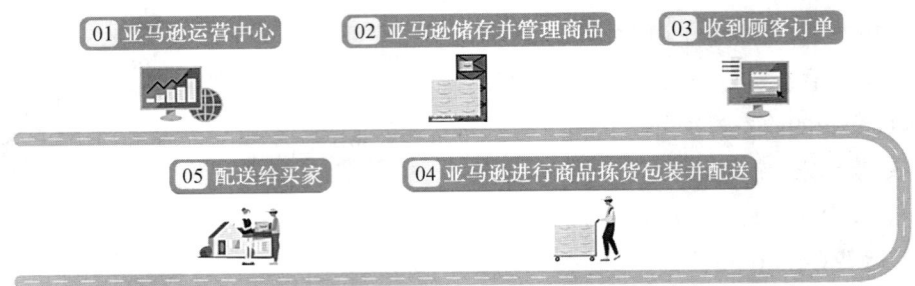

图 2-13　亚马逊物流全部流程

1. FBA 物流优点

（1）提高产品排名，提高客户的信任度，帮助卖家成为特色卖家和抢夺购物车，进而提升销售额。

（2）物流经验丰富，仓储遍布全球，管理智能化。

（3）仓库大多靠近机场，配送速度快。

（4）拥有亚马逊专业客服，能够帮助卖家减轻客服压力。

（5）由 FBA 引起的中差评如果符合亚马逊的相关政策，则可以移除，有助于改善账户表现。

（6）单价超过 300 美元的商品可免运费。

2. FBA 物流缺点

（1）一般来说，费用偏高。

（2）灵活性差，其他第三方海外仓可以由中文客服处理一些问题，而 FBA 客服只能用英文与客户沟通，且邮件回复通常不太及时。

（3）FBA 仓库不为卖家的头程发货提供清关服务。

（4）如果前期工作没有做好，后期标签扫描出现问题会对货物入库造成影响，甚至无法入库。

（5）使用美国站点的 FBA，退货只支持美国地区。

第四节　出口跨境电商平台——Wish

Wish 是一款购物类 App，约 90% 的卖家来自中国。Wish 利用优化算法大规模获取数据，为买家推送符合其兴趣和偏好的商品，让买家在移动端便捷购物的同时享受购物的乐趣。

一、Wish 概述

（一）Wish 的发展历程

Wish 由来自谷歌和雅虎的工程师 Peter Szulczewski 和 Danny Zhang 于 2011 年在美国创立，是一家专注于移动购物的跨境 B2C 电商平台。平台根据用户喜好，通过精确的算法推荐技术，将商品信息推送给感兴趣用户。Wish 主张以亲民的价格为消费者提供优质的产品。截至 2020 年 8 月，Wish 以 750 亿元人民币市值位列《苏州高新区·2020 胡润全球独角兽榜》第 22 名。

Wish 不同于前 3 家跨境电子商务平台，其客户主要来源于移动端。Wish 日均活跃用户超过 100 万，日均新用户超 9 万，超过 90% 的用户来自移动端。该平台销售的商品物美价廉，包括非品牌服装、珠宝、手机、淋浴喷头等，大部分商品都直接从中国发货。Wish 擅长深度挖掘用户数据，采用数据算法进行商品推荐，紧密结合用户特征进行精准营销。

二维码 2-2
认识 Wish
平台

Wish 低调、飞速的崛起可以说是科技、广告和折扣策略完美应用的结果。与传统购物网站不同，Wish 十分注重智能手机的购物体验，通过商品图片给用户提供视觉享受。同时，Wish 的大幅折扣刺激了用户的购买欲。作为一个电子商务新手，Wish 完全没有 PC 端购物平台的设计经验，这也使 Wish 能够不带任何思想包袱地开拓移动端市场。

（二）Wish 的特点

Wish 的主要销售类目是服装服饰，尤其是时尚类服装服饰，其他销售类目还包括母婴用品、家居用品、3C 配件、美妆、配饰等。Wish 上的商品种类丰富，使用更换频率高，具有话题性。

与其他跨境电子商务购物平台相比，Wish 具有自身的特点，如图 2-14 所示。目前，它已发展成为北美最大的移动购物平台。

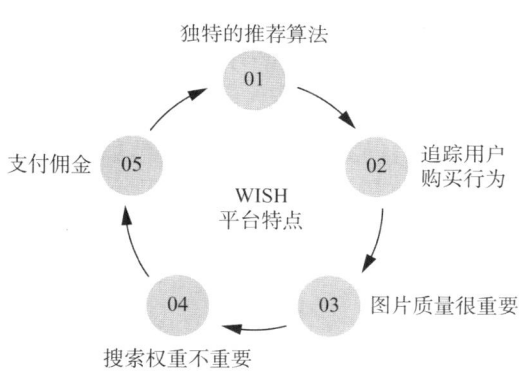

图 2-14 Wish 的特点

1. 独特的推荐算法

Wish 拥有一套自己的推荐算法，根据用户在平台上的购买行为和喜好，以瀑布流的形式向用户推荐可能感兴趣的商品，帮助商户以最简单、最快的方式将商品销售出去。

2. 追踪用户购买行为

Wish 可以对用户的购买行为进行追踪，通过精准推荐和随机探索的方式挖掘用户需求。为了让买家有更好的购物体验，Wish 每次推送的商品数量不多，这种"物以稀为贵"的推送方式更容易受到欢迎。

3. 图片质量很重要

Wish 的买家更加看重产品的图片而非描述，图片的精美度和清晰度直接影响着转化率。因此,在 Wish 上销售产品时,要以图片展示为主,但同时也需要符合图片的质量要求,包括清晰度高和多角度拍摄,同一件商品的图片数量最好不要超过 6 张。

此外,产品要具有差异性和独特性,因为 Wish 在同一页或同一推送下,会将重复或相似度高的产品自动屏蔽。

4. 搜索权重不重要

Wish 的用户很少使用搜索功能,只会简单地浏览页面,看到喜欢的商品才会点击查看。因此,商品标题优化、关键词等在 Wish 上不是非常重要。标题只要简洁明确,包括必要的商品名称、品牌名称、关键属性等词即可,但不能出现侵权词和敏感词。

5. 支付佣金

在 Wish 平台上,上传产品是免费的,只有在交易成功后卖家才需要向平台支付交易佣金,费用为交易额的 15%。另外,在使用 PayPal 收款的情况下,每笔款项还要支付一定的费用。

但是,Wish 平台存在一些显著的缺陷,如对于侵权商品的认定十分严格,只要平台认定商品存在侵权,就会对卖家进行处罚,即使卖家提交证据也很难幸免。此外,Wish 平台偏向买家,只要买家稍微反映产品有瑕疵,Wish 客服会退款并告知买家不需要退货。因为 Wish 的注册地址在美国,这使卖家在纠纷中处于非常被动的地位。

(三) Wish 平台的注册

进入 Wish 网站的"卖家注册"页面,网址为 https://merchant.wish.com/md/welcome-invite-only,点击"填写问卷调查",如图 2-15 所示。随后跳出申请入驻 Wish 商户平台界面,如图 2-16 所示。根据提示逐步完成注册。

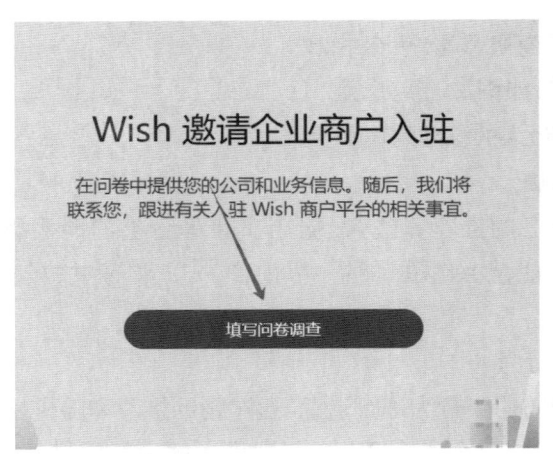

图 2-15　进入 Wish 网站的"卖家注册"页面

图 2-16 申请入驻 Wish 商户平台界面

二、Wish Express 配送

(一) Wish Express 概述

1. 含义

Wish Express(以下简称"WE")是 Wish 为了更好地满足平台用户对配送时效的要求而发起的项目。该项目要求商家提前将产品运到目的地国家的海外仓,当商家收到订单时,产品将从海外仓直接配送至目的地国家的用户手中,从而实现快速配送。WE 项目俗称"海外仓产品项目",对于此项目中的产品,商户需要承诺在规定时效内交付给用户。

2. WE 与 FBW 的区别

WE 是以客户体验为中心的标准化物流服务产品,承诺在 5 个工作日妥投,全程物流可追踪。

FBW(fulfillment by Wish)是指由 Wish 负责履行订单的海外仓。目前,FBW 在美国有 2 个认证仓,在欧洲有 1 个认证仓。

不同之处在于,WE 侧重于用户端,商户可以选择 WE 来妥投所选购的产品;FBW 则侧重于商户端,是一种海外仓服务工具。

(二) WE 项目的优点

(1) WE 产品平均会获得 3 倍多的流量,同时具有差异化的流量入口,如 App WE Tab、Search WE Tab、详情页 WE 产品推荐栏等。

(2) 产品会带有 WE 徽章标识,用于告知用户其将快速收到产品,这会极大地提升转化率。

(3)加入 WE 项目的商户将获得 Wish 退货项目资格,WE 的产品可以退至设定的海外仓,从而降低退款率。

(4)加入 WE,产品将快速到达用户手中,这能提升产品的整体评分,并很快获得评价,缩短产品成长周期和回款周期。

(5)平台会针对 WE 项目提供更多的产品支持,如营销、客服权限等。

(三)Wish FBW 运作流程

Wish 平台订单处理流程为:包裹详情—配送服务—发件人信息—确认配送—打印标签。Wish FBW 运作流程如图 2-17 所示。

二维码 2-3
Wish 运营的
八大核心

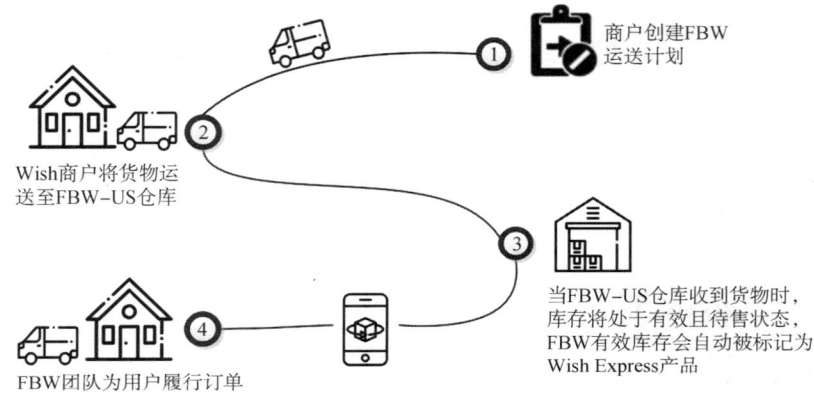

图 2-17 Wish FBW 运作流程(以 FBW-US 为例)

第五节 出口跨境电商平台——eBay

eBay 作为全球商务与支付行业的领先者,为不同规模的商家提供了共同发展的商业平台。eBay 在线交易平台是全球领先的线上购物网站,拥有 1.45 亿活跃用户,遍布全球 100 多个国家和地区。目前 eBay 有 20% 的交易额属于跨境交易,其中每 3 个新用户中就有一个进行跨境交易。eBay 的电子支付品牌为 PayPal。

借助强大的平台优势、安全快捷的支付解决方案及完善的增值服务,自 2007 年以来,数以万计的中国企业和个人用户通过 eBay 在线交易平台和 PayPal 支付解决方案将产品销售至全球 200 多个国家和地区。

一、eBay 概况

(一)eBay 平台

eBay 集团于 1995 年 9 月成立于美国加州硅谷,是全球商务和支付行业的领先者,为不同规模的商家提供公平竞争、共同发展的机会。

(二) eBay 的服务模式

eBay 拥有 38 亿海外买家客户资源，覆盖欧美发达国家消费市场和新兴经济体市场，为中国出口企业、商家提供出口电子商务网上零售服务，将中国制造的产品销往世界各地。

借助 eBay 全球平台，中国卖家打造品牌形象，提升产品在世界范围内的可信度。同时，eBay 为买卖双方缩减中间环节，创造价格优势，帮助卖家降低运营成本。

eBay 不仅能为卖家和消费者提供交易平台等基础服务，还积极布局出口电子商务"产业链"服务，为卖家提供多项服务，帮助他们更好地开拓海外市场。

1. 全面的销售服务指导

eBay 平台为入驻卖家提供涵盖"售前准备、刊登物品、售出并发货"等方面的全套服务指导，这包括跨境交易认证、业务咨询、疑难解答、外贸专场培训、电话培训、外贸论坛热线、洽谈物流优惠等，帮助卖家全面理解 eBay 销售政策，迅速熟悉平台操作和销售模式。

2. 完善的配套服务

eBay 与其合作伙伴共同为卖家提供完善的配套服务，包括物流、仓储和融资等各个环节。eBay 配套服务的具体内容如图 2-18 所示。

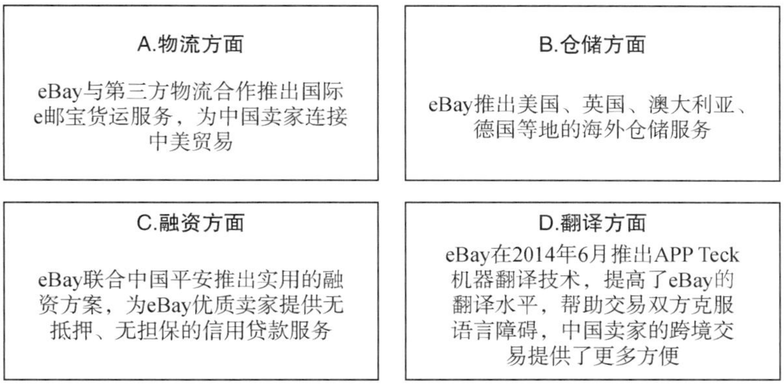

A.物流方面	B.仓储方面
eBay 与第三方物流合作推出国际 e 邮宝货运服务，为中国卖家连接中美贸易	eBay 推出美国、英国、澳大利亚、德国等地的海外仓储服务
C.融资方面	**D.翻译方面**
eBay 联合中国平安推出实用的融资方案，为 eBay 优质卖家提供无抵押、无担保的信用贷款服务	eBay 在 2014 年 6 月推出 APP Teck 机器翻译技术，提高了 eBay 的翻译水平，帮助交易双方克服语言障碍，中国卖家的跨境交易提供了更多方便

图 2-18 eBay 的配套服务

3. 外贸培训

eBay 平台设有"外贸大学"，数百家优秀外贸企业在此分享成功经验。此外，"外贸大学"推出了有针对性的各类专题课程供各位卖家学习，帮助卖家解决跨境贸易中遇到的各类问题。

4. 及时的动态信息

eBay 利用大数据分析技术对市场进行深入了解和分析，为卖家提供全球市场动态信息，让各位卖家及时了解国际市场动态，准确把握市场商机。

5. 卖家保护政策

eBay 推出卖家保护政策，并从保护政策的有效执行、卖家质量评估监督、发展中市场的多重卖家保护等多方面入手,不断强化对卖家的保护和支持。

6. 高质量的本地服务

在本地服务上,eBay 拥有客户经理和客户服务团队,为卖家提供包括业务咨询、市场分析等一系列增值服务在内的高质量服务,为卖家业务的快速发展提供强大助力。

(三) eBay 的销售方式

eBay 为卖家提供了 3 种刊登物品的方式。卖家可以根据自己的需要和实际情况来选择物品刊登方式,走出低成本、高收益的第一步。

1. 拍卖方式

拍卖,顾名思义就是通过竞拍的方式进行销售,价高者得,这是 eBay 卖家常用的销售方式。卖家设置商品的起拍价格和在线时间,对商品进行拍卖,商品下线时出价最高的买家就是该商品的中标者,商品即可以中标价格卖出。

不过,卖家采取这种方式销售物品,需要根据自己设定的起拍价缴纳一定比例的刊登费。此外,根据物品最后的成交价格卖家还需要缴纳一定比例的成交费。

(1) 拍卖方式的优势。为商品设置较低的起拍价能够很好地激起买家踊跃竞拍的兴趣,通过连番竞拍也可以为卖家带来不错的利润。

此外,拍卖的销售方式还可以增加商品的搜索权重,在商品的搜索排序中,即将结束拍卖的物品可以在"即将结束/Ending Soonest"的商品搜索排序中获得较靠前的排名。

(2) 适宜选择拍卖方式的情况。以拍卖的方式销售物品是低成本、高收益的一种销售方式。那么,究竟什么情况下卖家适宜选择此种方式呢?

① 自己无法确定物品的价格,但又希望能够将物品快速售出,可采取拍卖方式,借助 eBay 确定物品的价格。

② 所售的产品非常独特、平时难以买到,且市场对该物品存在需求,能引起买家们的竞争。

③ 在售的商品有较高的成交率,通常在物品刊登后就能卖出去。

④ 在 eBay 上有销售,但在最近时间内没有成交的情况。卖家可以借拍卖方式提高商品在按照"即将结束的物品"排序时的商品搜索排名。

2. 一口价方式

一口价的方式就是以定价的方式来刊登物品的销售方式,这种销售方式能够方便买家非常快捷地购得商品。

(1) 一口价方式的优势。采用一口价的方式可以获得很多优势,具体表现为以下几点。

① 较低比率的成交费。采用一口价的方式可以根据自己为物品所设定的价格支付刊登费,物品成交后缴纳较低比率的成交费。

② 议价功能。采用一口价的销售方式可以免费为物品设置议价功能,若物品最后的成交价是降价后的价格,按照成交金额支付一定的成交费。

③ 物品展示时间长。采用一口价的方式可设置物品的在线时间,最长可达30天,这样能保证商品可以得到充分展示。

④ 一次性刊登。物品数量较多时,卖家可采用"多数量物品刊登"的方式,一次性即可完成销售刊登,操作简单快捷。

⑤ 操作省时省力。在销售热门库存商品时,可以使用预先设置好的物品说明和物品描述,使物品刊登省时省力。

(2) 适宜选择一口价方式的情况。若卖家在销售物品时遇到以下几种情况,可以考虑选择采用一口价方式。

① 非常清楚所售物品的价值,或者自身对物品的价值有清晰的预估,希望能从物品上获得相应的价值。

② 希望商品能获得更长时间的展示,以供买家购买。

③ 所要销售的物品有多件,可以采取多数量刊登的方式将所有物品整合到一次刊登中。

④ 所要销售的物品库存较多,且不想花费太多的刊登费。

3. "拍卖+一口价"方式

"拍卖+一口价"方式是一种综合刊登方式,卖家在销售商品时选择拍卖方式,可以在设置一个最低起拍价的同时根据自己对物品价值的评判设置一个满意的"保底价",即一口价。这种"拍卖+一口价"的方式能够同时综合拍卖方式和一口价方式的所有优势,让买家可以根据自身需求和情况灵活地选择购买方式,同时为卖家带来更多的商机。

当卖家遇到以下两种情况时,可以考虑选择"拍卖+一口价"的方式。

(1) 所销售的物品种类较多,想要尽可能地吸引更多需求不同的买家。

(2) 希望提升销量,扩大买家对库存商品的需求。通过"拍卖+一口价"的方式,可以让更多的买家了解自己的店铺和其他销售物品。

(四) eBay 的优势

eBay 拥有数目庞大的在线商店,每天有数百万件商品更新,每天有数百亿元的资金通过安全快捷的 PayPal 支付方式实现流通。面对庞大的跨国市场,eBay 拥有无与伦比的优势。

1. 门槛低

用户只需要简单地注册一个 eBay 账户,就可以在 eBay 旗下的全球各个站点轻松地开展外贸销售。

2. 利润高

eBay 在全球拥有多个站点,覆盖 190 多个国家和地区的消费人群,卖家可以将自己的产品销往全世界。此外,依靠其全球 C2C 平台,eBay 中国上的卖家几乎无须为推广问题而担忧。卖家在 eBay 全球平台上可以接触到终端消费者，从而缩短交易流程，获得更高的利润。

3. 支付方便

eBay 平台使用 PayPal 在线支付工具，确保交易安全便捷。PayPal 支持全球多种货币，让卖家的跨境支付无忧。

4. 销售方式灵活

eBay 平台为卖家提供了多种销售方式，包括拍卖方式、一口价方式以及"拍卖＋一口价"方式，让卖家和买家有更多的选择。

二、eBay 入驻

（一）eBay 平台的注册

首先，进入 eBay 首页（https://www.ebay.cn/），找到注册入口，如图 2-19 所示。

图 2-19 eBay 注册入口

其次，点击"注册"，按照网站要求，逐步完成注册，如图 2-20 所示。

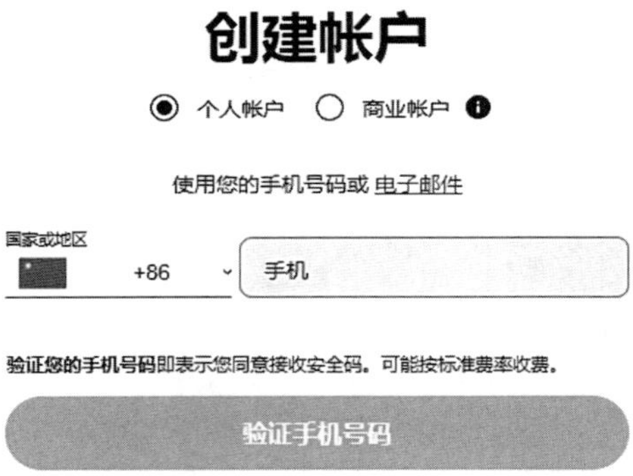

图 2-20 注册账号

(二) eBay 收费构成

卖家在 eBay 上开设店铺、刊登物品进行销售并不是免费的，而是需要支付一定的手续费。eBay 平台的收费主要包括 5 个部分，如图 2-21 所示。

图 2-21　eBay 收费构成

刊登费是指非店铺卖家在 eBay 站点刊登物品进行销售时需要缴付的费用，无论物品是否售出，只要刊登就要支付刊登费。根据所选刊登方式或物品所属的目录的不同，刊登费的金额也会有所区别。

成交费是指物品成功售出后，按照成交价的一定比例向 eBay 缴付的费用，物品未售出则无须缴付成交费。

特色功能费是指为物品添加一些特殊功能所要缴付的费用。具体费用取决于卖家是否选择使用特色功能。

PayPal 收款手续费则是单独通过 PayPal 来收取的，与 eBay 的手续费是分开的。

店铺费是针对在 eBay 站点开设店铺的卖家来收取的店铺月租费，不同站点、不同等级店铺的费用标准均不相同。

以上这些收费都是指在注册完成后，根据选择在哪个站点刊登产品而确定的收费标准，与在哪个国家站点注册无关。当然，选择的刊登站点不同，收费标准也不相同。

(三) eBay 卖家账户的类型

根据注册地的不同以及注册主体的不同，eBay 卖家的账户分为不同的类型。不同的站点对账户会有不同的限制，不同的账户类型也有不同的优势。

1. 根据注册地不同

根据卖家注册账户的地点不同，卖家账户分为两种类型，如图 2-22 所示。

图 2-22　eBay 卖家账户类型

中国卖家的国内账户在 eBay 受到的限制较多，而海外账户相对来说具有较明显的竞争优势。

2. 根据注册主体不同

根据注册主体的不同，卖家账户分为两种类型，如图 2-23 所示。

图 2-23 eBay 卖家账户类型

在 eBay 欧洲站（如德国站）刊登物品销售的卖家必须是商业账户。如果卖家注册的是企业账户，则可通过 eBay 提供的绿色通道来申请。

（四）eBay 平台的运营模式

1. eBay 信息流运营模式

eBay 提供了"站内信"的功能，使卖家能够轻松管理买家的电子邮件，与买家进行沟通。

2. eBay 物流运营模式

国际 e 邮宝为 eBay 中国寄件人提供发往美国等国家的包裹寄递服务。此外，2014 年 eBay 与万邑通签署战略合作协议，万邑通以海外仓为基础，依靠大数据为 eBay 卖家提供海外仓管理和最后一公里派送的服务。

3. eBay 资金流运营模式

PayPal 是 eBay 推荐的收付款工具。截至 2023 年年底，PayPal 在全球范围内拥有超 4.26 亿活跃用户，服务遍及全球 193 个国家及地区，共支持 26 种货币收付款交易。PayPal 可以让中国卖家无须在海外设立账户就能进行收付款。

4. eBay 盈利模式

eBay 的收费项目繁多，当卖家在 eBay 上刊登物品时，eBay 会收取一定比例的刊登费；物品售出以后，卖家需要缴纳小额比例的成交费。因此在 eBay 交易中产生的基本费用为刊登费加上成交费。此外，为物品添加特殊功能和使用买家工具还需缴纳相应的功能费。开设 eBay 店铺的卖家，每月还需额外支付相应的店铺月租费，费用根据所选的店铺级别而定。

三、SpeedPAK

SpeedPAK 物流管理方案是 eBay 联合其物流战略合作伙伴橙联科技股份有限公司共同打造的，是以 eBay 平台物流政策为基础，为 eBay 大中华区出口跨境电商卖家量身定制的直邮物流解决方案。SpeedPAK 整合了目前市场上各项优质的国内揽收、国际空运及海外"最后一公里"派送资源,提供了高效的门到门国际派送服务。

SpeedPAK有以下几个特点。

1. 平台保护

SpeedPAK与eBay平台对接,推出的物流服务高度契合eBay平台的政策要求,因此享受相应的平台保护。

2. 合规

SpeedPAK物流管理方案采用完全合法、合规的物流渠道进行货运。这就需要在国内分拣中心就对包裹进行安全扫描,并且拦截和退回违反进出口国海关规定或者不符合航空运输安全规定的商品。

这个合规操作流程虽然可能导致小部分物品被退回,但是确保了SpeedPAK在海关等各个渠道获得良好的信用记录,保障了绝大多数合规物品可以获得稳定的通关效率及较低查验率。

3. 稳定

SpeedPAK使用大数据系统对物流服务质量进行实时监控,建立有效预警机制,保障全年服务时效的稳定性。

第六节 出口跨境电商平台——Shopee

虾皮购物(Shopee)成立于2015年,是领航跨境电商平台,覆盖新加坡、马来西亚、菲律宾、泰国、越南、巴西、墨西哥、哥伦比亚、智利等十余国市场,同时在中国深圳、中国上海和中国香港设立跨境业务办公室。2022年第二季度,Shopee保持业绩增长态势,其中总订单数达到20亿,同比增长41.6%。财报数据显示,Shopee电商平台在2022年第二季度的商品交易总额(gross merchandise volume,GMV)为190亿美元,同比增长27.2%;总营收为17亿美元,同比增长51.4%。

一、Shopee概述

(一) Shopee简介

Shopee是一个电子商务平台,总部设在新加坡,隶属于Sea Group(以前称为Garena),该公司于2009年由李小冬创立。Shopee为全球华人用户的在线购物和销售商品提供服务。首站可选择中国台湾站与马来西亚站,个体营业执照只能选择中国台湾站,公司执照可选择马来西亚站作为首站。

2023年3月7日,Shopee母公司Sea Group发布了2022年第四季度及2022年全年财报。财报显示,在2022年第四季度,Sea Group实现营收35亿美元,同比增长7.1%,毛利润17亿美元,同比增长29.5%。Shopee在同期的营收为21亿美元,同比增长

31.8%，总订单数达到 17 亿。Shopee 的发展历程如图 2-24 所示。

2015年	Shopee于新加坡成立并设立总部
2016年	01月 在深圳和香港设立办公室，开展中国跨境业务
2017年	07月 上海办公室开业，服务华东市场 10月 母公司Sea Group集团在纽约证券交易所上市
2018年	09月 SLS物流服务全面覆盖东南亚等7大市场 11月 与义乌市签署战略合作协议，推动当地企业出海
2019年	04月 厦门孵化中心落成，Shopee完成珠三角、长三角和海西三大经济区布局 06月 与杭州市达成战略合作，构建数字丝路"新杭线" 07月 发布"虾皮国际平台(SIP)"，助力内贸卖家出海 11月 "虾皮网红营销服务(SKS)"重磅上线，掀起东南亚直播带货风
2020年	05月 SLS开启"3+1"升级计划，以头程揽收、干线运输、全程保险及海外仓储，保障跨境物流 06月 Shopee跨境中国香港新办公室开业、Shopee跨境义乌运营中心正式启用 08月 Shopee在中国启动第一届"全球管培生计划"，招聘并培养未来全球化电商人才
2021年	03月 Shopee作为跨境电商平台代表接受国家商务部服贸司调研，共同探讨服贸建设的发展方向 05月 与河北白沟新城签订合作备忘录，设立白沟运营中心，增设白沟物流揽货点

图 2-24 Shopee 发展历程

(二) Shopee 的平台优势

(1) 面向东南亚蓝海市场，跨境业务发展迅猛。

(2) 专注移动端市场，顺应东南亚电子商务移动化趋势。

(3) 提供全方位的跨境电子商务解决方案，享受平台优惠的政策扶持。

(4) 母公司 Sea Group 为东南亚最大的互联网公司，拥有雄厚的资金、技术及人才支持。

二、Shopee 入驻

(一) 入驻 Shopee 的渠道

(1) 官网网址入驻(http://Shopee.cn/)。

(2) 直接发送申请资料至官方邮箱。

(3) 加入 Shopee 官方建立的 QQ 官方招商群。

(4) 参加 Shopee 招商会，现场直接与招商经理对接。

(二) 入驻流程

登陆官网 https://shopee 填写申请表—开通店铺 & 上传商品—资质审核，入驻流程如图 2-25 所示。

(三) 申请入驻的条件和资料

接下来，以商家注册中国台湾站点为例说明申请入驻 Shopee 所需要的条件和资料。

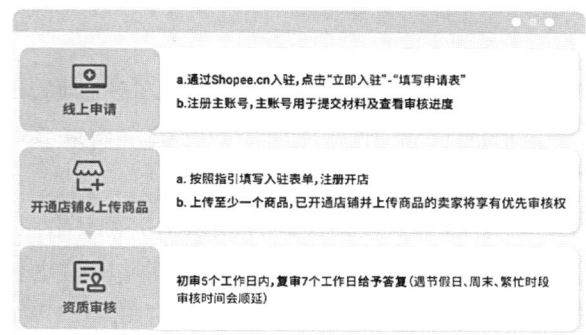

图 2-25 入驻流程

（1）注册中国台湾站点需要同时满足的条件如下。

① 有限公司或个体工商户的企业资质需在有效期内且无经营异常。

② 具有 3 个月以上的外贸平台操作经验（淘宝、京东、拼多多、1688 等）。

③ 产品最小存货单位（stock keeping unit，SKU）数量需超过 50，并符合本地出口和当地进口的要求。

（2）注册中国台湾站点需要提交的材料如下。

① 法人身份证原件（正反面）分别放置在营业执照原件右上角后拍照，以此照片为材料。

② 开店时长超过 3 个月的相关内贸平台（淘宝、拼多多、京东、1688 等）链接。

③ 近 3 个月内贸的流水订单截图。

④ 验证店铺的真实性的相关材料（无须主动提交，审核人员会联系并告知所需材料）。

⑤ 公司办公地址。

二维码 2-4
五大跨境电子商务平台区别

三、Shopee 物流方式

（一）SLS

SLS（Shopee Logistics Service）是 Shopee 自建的跨境物流服务，这个物流在中国国内建有中转仓，商家只需要把产品邮寄到中转仓就可以了，剩下的运输、出口报关、进口清关、送货配送等环节可以全部交给 Shopee，坐等回款。

SLS 物流的优势如下：

① 自建物流，信心更有保证。

② 时效更快，通常为 5～15 天，价格更低。

③ 是印度尼西亚、新加坡、菲律宾、马来西亚、泰国推荐使用的物流渠道。

（二）LWE

LWE（Logistics Worldwide Express）是 Shopee 在马来西亚的指定物流供应商。

LWE 在马来西亚使用 Poslaju 作为末端派送的服务商,前两次派送均免费,从第三次派送开始将产生额外费用。

如果第一次派送失败,包裹将被退回至投递地址所属的邮局,等待收件人自提。若 3 天内无人取件,包裹将被退回 LWE 站点,届时 LWE 客服将联系收件人以确认派件地址。地址确认后,将安排第二次派送。

确认地址有误的,LWE 客服将直接通过邮件联系卖家确认收件地址及联系方式,以进行第二次派送。卖家需要在 10 天内确认收件地址,否则包裹将被销毁。若需要改派其他地址,将产生额外费用。如果第二次派送还是无法成功送达,LWE 客服将联系卖家进行下一次派送,但将产生额外费用。

除新加坡、马来西亚及中国法律法规所明确规定的限制及禁止情形外,LWE 在新加坡、马来西亚渠道还有如下限制和注意事项:①包裹限重:20 kg;②包裹尺寸要求:单边小于 1.5 M;③不可寄递药品、食品(干货类除外)、纯电池类货物(如移动电源)及含有太阳能面板的电器;④中国向马来西亚寄递手机、平板以及对讲机每件需加收 45 RMB;⑤马来西亚会对 CIF(cost insurance and freight)价值超过 500 MYR 的包裹征收 6% 的商品及服务税(good and services tax,GST);⑥新加坡会对 CIF 价值超过 400 SGD 的包裹征收 7% 的 GST。

(三)圆通速递

Shopee 在中国台湾统一使用圆通速递(YTO)作为平台指定的物流供应商,提供宅配与店配服务。支持货到付款(to cash on delivery,GOD)与非货到付款(Non-COD)两种支付方式。

(四)海外仓

商家在当地站点租用仓库,选择不使用官方仓,自行联系当地的物流公司进行配送。优点是时效快,物流成本低,留评率和好评率会提升。缺点是前期投入成本高,包括仓库租金、人工成本、管理费等。

延伸阅读 2-1

美国主流跨境电商平台

亚马逊为美国最大电商公司。亚马逊目前已开放 19 大海外站点:北美站(美国站、加拿大站)、拉丁美洲站(墨西哥站、巴西站)、欧洲站(英国站、法国站、德国站、意大利站、西班牙站、荷兰站、瑞典站、波兰站、比利时站)、日本站、澳洲站、新加坡站、中东站(阿联酋站、沙特站)、印度站。

eBay 为线上拍卖及购物网站。eBay 平台优势有:开店门槛较低;专业客服支持;定价方式多样化。

Wish 为全球 B2C 电商,主打低价,有 90% 的卖家来自中国,是北美和欧洲最大的移动电商平台。Wish 平台的优势有:全球覆盖,3 亿海外买家,销售有保障;产品曝光;移动购物,买卖高效,复购率高达75.5%;智能推送,精准触达消费者。

Newegg是一家在线零售商,其销售的产品包括计算机硬件和消费电子产品。目前,Newegg有75个类型可供商家选择并销售。

Walmart为美国的跨国零售企业,是世界上最大的零售商,每月有超过1亿次独立访问。

Jet为沃尔玛旗下独立电商网站,日浏览量达100万次。

Tophatter为美国新一代闪拍平台,专注于移动端,在全球14个国家拥有超过2 500万名忠实消费者。Tophatter连续4年增长率超过100%。

Etsy为网络商店平台,以手工艺成品买卖为主要特色,被誉为"祖母的地下室收藏"。

Opensky为美国新兴的一家小众电商平台,Opensky的主要受众为35~65岁高收入女性群体。

Wayfair主要销售家具和家居用品,是北美排名第一的专业家居电商销售平台,每月访问量均保持6 000万次以上。

Overstock是美国当地知名的网上购物平台和品牌折扣销售平台,每月访问量达3 500万次。同时,Overstock还是"女性杀手",据了解,平台女性消费者占比高达76%。

BestBuy为全球最大的家用电器和电子产品零售集团。

Sears为最大连锁百货,有1亿种产品,面向100多个国家。

Zibbet是原创手工艺品、艺术品、古董和工艺品的交易平台,深受艺术家、手工艺人、工匠和收藏家的喜爱。约有50 000名卖家在网站上销售手工产品。

Tanga为美国知名电商平台,具有极强的用户黏性。

Reverb为全球二手乐器交易平台,每年访问量达8 000万次。

Cratejoy专门销售订阅盒,网站月浏览量达300万次。

Bonanza为卖家友好型的电商平台,拥有数千万种商品,覆盖7个国家。

Rakuten为美国领先的固定价格电商平台,吸引了广泛的受众。

Houzz为家装平台,兼具网上市场和社交网站功能。

本 章 小 结

1. 出口跨境电商是指境内企业借助电子商务平台与境外企业或个人买家达成交易,通过跨境物流将商品送至境外,完成交易的商业活动。随着电子商务规模的不断扩大,尤其是出口跨境电商,保持着量的稳定增长和质的稳步提升态势。出口跨境电商模式分为B2C跨境电子商务模式、B2B跨境电子商务模式、Drop Shipping。

2. 全球速卖通被称为国际版"淘宝",帮助中小企业接触境外买家,实现小批量、多批次快速销售,拓展利润空间而全力打造的融订单、支付、物流于一体的外贸在线交易平台。

全球速卖通平台的店铺类型包括官方店、专卖店、专营店。

3. 亚马逊是全球商品品种最多的网上零售商和全球第二大互联网企业,也是全球第一的B2C电子商务平台,具有国际货源丰富,物流全链条的系统性、规模化的优势。

4. Wish是一款购物类App,主要销售类目是服装服饰,具有独特的推荐算法、追求用户购买行为、注重图片质量等特点。

5. eBay作为全球商务与支付行业的领先者,为不同规模的商家提供共同发展的商业平台。eBay的销售方式有拍卖方式、一口价方式、"拍卖＋一口价"方式。该平台具有门槛低、利润高、支付方便、销售方式灵活的优势。

6. Shopee是领航跨境电子商务平台,致力于构建一站式跨境出海方案,以打造SLS物流服务、中文/多语种互译、支付保障、中国卖家中心的基础硬实力,提供流量、孵化支持等运营软实力,整合优质三方合作伙伴的资源聚合力,成就每一种出海可能。

课后习题

一、选择题

1. 主要目标市场为东南亚国家的跨境电子商务平台是（　　）。
   A. 速卖通　　　　B. eBay　　　　　C. 亚马逊　　　　D. Shopee

2. 阿里巴巴速卖通网站地址是（　　）。
   A. www.alibaba.com　　　　　　　B. www.aliexpress.com
   C. www.1688.com　　　　　　　　D. www.made-in-china.com

3. 企业对消费者的电子商务模式的英文缩写是（　　）。
   A. B2B　　　　　B. B2C　　　　　C. C2C　　　　　D. O2O

4. 下列选项中,属于亚马逊FBA的服务范围的是（　　）。
   A. 回复客户邮件　B. 上传产品　　　C. 处理退货　　　D. 帮助卖家选品

5. 亚马逊平台海外仓物流的英文简称是（　　）。
   A. AliExpress　　B. FBA　　　　　C. SLS　　　　　D. SpeedPAK

6. 专注于移动端的跨境电子商务平台是（　　）。
   A. 速卖通　　　　B. eBay　　　　　C. WISH　　　　　D. Shopee

7. 注册亚马逊账号需要首先选择销售计划,即个人销售计划和（　　）。
   A. 专业销售计划　　　　　　　　　B. 全球销售计划
   C. 官方销售计划　　　　　　　　　D. 企业销售计划

8. Shopee的母公司为东南亚最大的互联网公司（　　）。
   A. SCE　　　　　B. SFA　　　　　C. SEA　　　　　D. SLS

9. （　　）旗下的速卖通平台已成为全球最活跃的跨境电商平台之一,并依靠会员基础,成为目前全球产品品类最丰富的平台之一。
   A. 无忧物流　　　B. 腾讯　　　　　C. 阿里巴巴　　　D. SLS

10. 在速卖通平台,一个企业最多可申请开通( )个速卖通店铺账户。
    A. 5　　　　　　　B. 6　　　　　　　C. 3　　　　　　　D. 1
11. 关于全球速卖通平台卖家的入驻流程,下列选项中排序正确的是( )。
    ①开通账号　②完善店铺信息　③开店经营　④提交入驻资料　⑤缴纳年费
    A. ③④⑤①②　　　B. ③⑤④①②　　　C. ①④⑤②③　　　D. ①⑤④②③
12. 在速卖通平台,商家以自有品牌(商标为 R 或 TM 状态),或者持他人品牌授权文件在速卖通开设店铺,这种店铺的类型是( )。
    A. 官方店　　　　　B. 专卖店　　　　　C. 专营店　　　　　D. 旗舰店
13. 小张想做跨境电子商务,但是他既不是个体工商户也没有注册公司,那么他无法注册的平台是( )。
    A. eBay　　　　　　B. 亚马逊　　　　　C. 速卖通　　　　　D. Wish
14. "拍卖+一口价"方式的平台是( )。
    A. 速卖通　　　　　B. eBay　　　　　　C. 亚马逊　　　　　D. Shopee
15. Wish 平台订单处理流程包括:①配送服务;②打印标签;③确认配送;④发件人信息;⑤包裹详情。下列选项中,流程排序正确的是( )。
    A. ⑤④③②①　　　B. ⑤①④③②　　　C. ⑤④①②③　　　D. ⑤①②③④

二、多选题

1. 速卖通平台店铺的类型有( )。
    A. 官方店　　　　　B. 专卖店　　　　　C. 旗舰店　　　　　D. 专营店
2. 速卖通平台的特点包括( )。
    A. 入驻门槛高　　　B. 交易流程简单　　C. 操作方便　　　　D. 价格竞争优势
3. 亚马逊的服务模式包括( )。
    A. 物流服务　　　　B. 推广服务　　　　C. 商业顾问　　　　D. 客户服务

三、判断题

1. 主要的跨境电子商务第三方平台有速卖通、Wish、敦煌网、eBay、淘宝等。　　( )
2. 在速卖通开店需要有一个实名认证的支付宝账号。　　( )
3. eBay 向商家收取刊登费和交易成功佣金。　　( )
4. eBay 于 1999 年收购 PayPal。　　( )
5. eBay 的交易方式与其他平台的区别是拍卖。　　( )

四、简答题

1. 简述速卖通、亚马逊平台的特点。
2. 简述 eBay 平台的运营模式。
3. 简述 Wish 平台的独特之处。
4. 简述 B2C 出口跨境电商的基本业务流程。
5. 简述卖家在选择跨境电子商务平台时需要考虑的因素。

第三章 进口跨境电商

 学习目标

知识目标

- 掌握进口跨境电子商务的概念
- 了解进口跨境电子商务的发展过程
- 了解进口跨境电子商务的发展驱动力
- 了解进口跨境电子商务的参与者
- 掌握进口跨境电子商务的基本模式
- 掌握跨境电子商务零售进口业务的操作要点

能力目标

- 能够概括进口跨境电子商务的概念及发展过程
- 能够描述进口跨境电子商务的参与者
- 能够说出进口跨境电子商务的基本模式
- 能够概括跨境电子商务零售进口业务的操作要点

关键概念

进口跨境电子商务　进口跨境电子商务的参与者　进口跨境电子商务的基本模式　进口跨境电子商务政策　跨境电子商务零售进口业务

 本章框架图

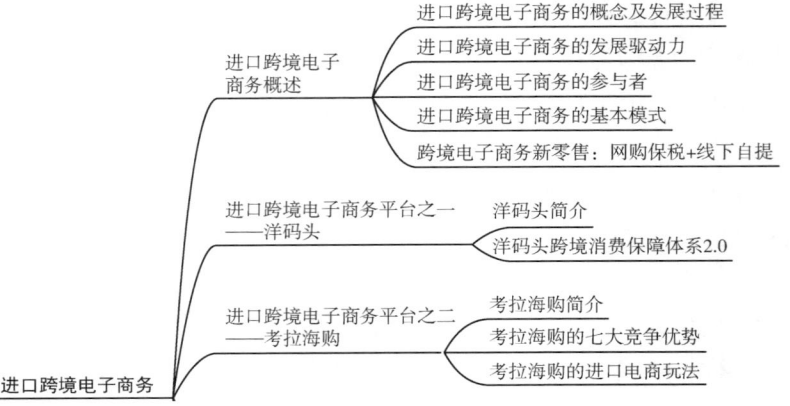

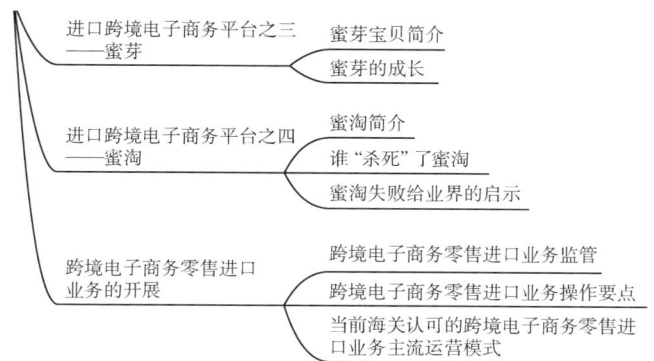

2018年8月31日,十三届全国人大常委会第五次会议表决通过了《中华人民共和国电子商务法》(以下简称《电子商务法》),该法于2019年1月1日起施行。该法是政府调整、企业和个人以数据电文为交易手段,通过信息网络所产生的,因交易形式所引起的各种商事交易关系,以及与这种商事交易关系密切相关的社会关系、政府管理关系的法律规范的总称。

2018年11月财政部等部门联合发布的《关于完善跨境电子商务零售进口税收政策的通知》是自2016年4月8日开始实施跨境电商零售进口新税收政策以来,我国政府第一次详细地对跨境电子商务活动的各个参与方的职责和边界进行定义。定义清晰意味着跨境电子商务(进口)的"游戏规则"已得到确认,适应游戏规则的商家将迎来大发展,不适应游戏规则的商家会被限制甚至打击。该通知明确了跨境电子商务活动的参与主体、主体的责任和权利。

2019年1月1日至2021年3月,包括《电子商务法》在内的大批跨境电子商务相关政策进入实施期,主要体现在:

(1) 自2019年1月1日起,延续实施跨境电子商务零售进口现行监管政策,对跨境电子商务零售进口商品不再执行首次进口许可批件、注册或备案要求,而是按个人自用进境物品进行监管。

(2) 相关政策的适用范围已从商务部、发展改革委、财政部、海关总署、税务总局、市场监管总局印发的《关于完善跨境电子商务零售进口监管有关工作的通知》(商财发〔2018〕486号)所涵盖的北京、天津、上海、唐山、呼和浩特、沈阳、大连、长春、哈尔滨、南京、苏州、无锡、杭州、宁波、义乌、合肥、福州、厦门、南昌、青岛、威海、郑州、武汉、长沙、广州、深圳、珠海、东莞、南宁、海口、重庆、成都、贵阳、昆明、西安、兰州、平潭等37个城市(地区),扩大至2020年的86个城市及海南全岛。2021年,商务部等六部门印发《关于扩大跨境电商零售进口试点、严格落实监管要求的通知》(商财发〔2021〕39号,以下简称《通知》),提出进一步扩大跨境电商零售进口试点(可参照表3-1和表3-2了解我国近年来跨境电子商务行业相关重要政策)。《通知》明确,将跨境电商零售进口试点范围扩大至所有自贸试验区中的所有自贸试验区、跨境电子商务综试区、综合保税区、进口贸易促进创新示范区、保税物流中心(B型)所在城市(及区域),即已基本覆盖国内所有省(自治区、直辖市)。这意味着面向国内消费者的跨境电子商务零售进口业务在全国范围内"全面开花",为跨境电子商务零售进口市场发展带来了新机遇。

(3) 对《跨境电子商务零售进口商品清单》内的商品在实行限额内零关税、进口环节增值税和消费税按法定应纳税额70%征收基础上,进一步扩大享受优惠政策的商品范围,新增消费者需求量大的63个税目商品。

(4) 提高享受税收优惠政策的商品限值上限,将单次交易限值由2 000元提高至5 000元,将年度交易限值由每年2万元提高至2.6万元。

(5) 按照国际通行做法,支持跨境电子商务出口,研究完善相关出口退税等政策。

(6) 明确跨境电子商务参与者的责任权限,依法持续加强跨境电子商务企业、平台和支付、物流服务商等责任落实,强化商品质量安全监测和风险防控,维护公平竞争市场秩序,保障消费者权益。

(7)《通知》再一次明确了严格落实监管规定,强调全面加强质量安全风险防控的重要性,特别强调各试点城市监管部门应及时查处二次销售的违规行为。

第一节　进口跨境电子商务概述

一、进口跨境电子商务的概念及发展过程

进口跨境电子商务是指中国国内消费者通过跨境电子商务第三方平台经营者从海外购买商品的消费行为。它是一种利用"互联网+外贸"向国内引进海外产品的贸易形式。

进口跨境电子商务的发展大致经历了三个阶段。

(一) 代购时代

2005年,我国开始步入个人代购时代,以海外留学生代购为主体。这一时期可被称为跨境电子商务的发展初期,一些留学生、空乘人员等经常出国的群体,会为自己身边的亲朋好友代购一些海外产品。前期消费群体还比较小众,仅限于这些人的亲朋好友,跨境网购普及度不高。随着代购需求的增加,这些人群开始专门购买海外产品,并在淘宝网开店铺售卖。消费者主要通过海外买手和职业代购获得进口产品。消费者集中、小众、普及度不高,且到货周期长、价格高、缺乏售后服务,产品的真伪及质量难以保障,是代购时代跨境消费的主要特点。随着代购数量的增多,因代购者避税和无证经营带来的一系列法律问题引起了相关监管部门的重视。自2019年1月1日起,即新电商法出台后,私人代购已成为非法主体。

(二) 海淘时代

2007年,我国开始步入海淘时代。这一时期,进口跨境电子商务形成了常规的买方市场和卖方市场,消费群体扩大,商品品类更加丰富。海淘初期,一些文化水平高、会外语、有跨境支付能力的消费者选择直接通过境外电商销售平台(如美国的亚马逊、日本的亚马逊)进行采购。我国一些行业先行者率先发现商机,成立进口跨境电子商务平台,一些消费者逐步开始选择通过进口跨境电子商务平台购买进口产品。洋码头、小红书、蜜芽均在这一阶段成立。

(三) 跨境电子商务时代

2014年是我国跨境电子商务元年,海关总署发布《关于跨境贸易电子商务进出境货物、物品有关监管事宜的公告》和《关于增列海关监管方式代码的公告》(分别简称"56号文"和"57号文"),从国家政策层面上承认了进口跨电子商务的合法性。在此之前,跨境电子商务呈现出以代购、转运为主要特点的业务形态,基本是由海外代购、转运服务商等小微个体和中小企业主导。随着政策的明朗化,电商平台、线下零售商、资本方、创业者、地方政府等多种力量开始竞相涌入跨境电子商务市场。2014—2015年成为进口跨境电商平台成立的高峰期,天猫国际、网易考拉、宝贝格子、聚美海外购、亚马逊海外购、唯品国际、京东全球购、拼多多海淘、丰趣海淘等都在这一时期进入市场。自此,各类进口跨境电子商务平台纷纷涌现,以各自擅长的方式开展业务。图3-1为我国进口跨境电子商务企业起步及发展时间轴。

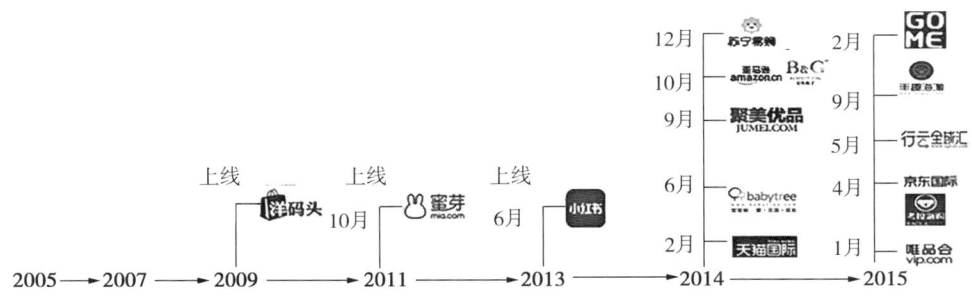

图3-1 中国进口跨境电子商务企业起步及发展时间轴

2014—2023年,国务院、国家税务总局、海关总署等相继发布政策支持跨境电商发展,包括开放试点城市与综合试验区、给予税收优惠、提高通关效率等措施。尤其是保税进口税率按行邮税收取,使其税率明显低于一般进口贸易,对进口零售电商的发展起到了强有力的促进作用。另外,政府在遏制偷税漏税、把控商品质量方面不断加强监管力度,以"三单对接"方式实现信息化监管订单、支付、物流信息,严厉打击刷单逃税行为,提高对进口食品、化妆品等商品的监管标准,促进行业规范发展。据海关总署初步测算,2022年我国跨境电商进出口总额达2.11万亿元,其中进口额为0.56万亿元,同比增长4.9%。

目前,仍存在且发展良好的进口跨境电商 B2C 代表企业有天猫国际、京东国际、考拉海购等。

当下,进口跨境电子商务正步入全产业链竞争时代,业务重点正在由打造爆款单品向提供全程优质服务转移。对于平台而言,消费升级的趋势对其资源整合、全程把控能力提出了更高的要求。从货品采购、通关物流到销售服务,每一个环节都会影响客户体验。这也为电商企业从不同领域着手建立竞争优势提供了切入点。伴随收入水平提升及人口结构变迁,当前跨境电商进口消费呈现出多元化、个性化以及快速多变的发展态势。

二、进口跨境电子商务的发展驱动力

进口跨境电子商务在我国的迅速发展与中国经济发展水平、零售方式、物流环境等因素密不可分。中国零售所发生的深刻变化不仅源自需求端的改变,还受到中产阶级的形成和壮大、移动互联网技术的发展、物流快递的全国性覆盖和进口跨境电子商务政策的引导等因素的影响。

(一)中产阶级的形成和壮大

随着经济的快速发展,我国已逐渐形成相对稳定的中产阶级。基于我国人口基数大的前提,这个群体数量相当庞大,中产阶级的价值观、消费观影响着我国经济和文化的各个方面。中产阶级在消费时更加注重商品的品牌、品质、品位、健康乃至精神上的满足。他们有知识,具备获取海外优质商品信息的能力和购买进口商品的消费水平,因此对进口商品的需求较高。

(二)移动互联网技术的发展

零售业态的不断演进发展一直伴随着先进技术的驱动。线下的沃尔玛和线上的亚马逊都是零售业态新技术的倡导者和践行者。在我国,移动互联网是零售业态变革的最大技术驱动力,移动互联网硬软件快速、全面的普及率,让零售业从各角度发生重大变革。

1. 消费者购买习惯的变化

随着时代的发展和科技的进步,消费者的购买习惯发生了变化,逐渐抛弃电脑端,全面采用手机移动端进行下单和支付。

2. 社交网络服务平台的应用

微信、微博等社交网络服务平台让线上流量变得更为碎片化,借助此类平台,人人都可以成为信息的生产者和消费者,人人都有成为"网红"的潜力。这就使打破渠道垄断、实现渠道多元化成为一种现实和可能;品牌的推广和运营也随之产生了新的模式;小企业、小组织乃至个人都有可能创造小众品牌,消费者也有可能越来越倾向于小众但适用的品牌。

3. 购物场景多元化

微信、微博等网络工具使购物场景层出不穷,代买、团购、拼购等往往采用场景式购物方式,实现消费者与远程购买者的互动。

4. 线下线上融合的零售 O2O 模式出现

移动互联网让线下的体验和服务优势与线上的便捷和用户无边界优势相结合成为可能。零售 O2O 模式实现了线上与线下之间的信息打通、运营创新和供应链一体化,最终实现优势结合,这是此项强商业模式成功的关键。

(三) 物流快递的全国性覆盖

快递物流与电商发展相辅相成,是电商体系得以顺利运转的重要基础设施。随着线下消费向线上转移,网络零售的渗透率进一步提升,物流系统成为电商平台形成竞争优势的关键。畅通的城市及农村物流网络让更多具备消费实力的中国百姓通过更便捷的渠道获得进口跨境商品。

(四) 进口跨境电子商务政策引导

我国政府对进口跨境电子商务政策态度积极,有关部门对跨境电子商务支持力度也愈加明确,主要表现为跨境电子商务法律制度不断完善,监管体系逐步健全,通关效率不断提高,贸易便利化水平不断提升。这让跨境电子商务在更舒适的政策环境下有序发展。

2012 年,国家开放了第一批进口跨境电子商务试点城市;2013 年,政府出台支持跨境电子商务便利通的有关政策;2014 年,进口跨境电子商务开始合法化并有了明确的税收政策;2015 年,国家规范了进口税收政策并降低了部分进口商品的关税。2016 年 3 月 24 日,财政部发布公告,明确自当年 4 月 8 日开始实施跨境电商零售进口新税收政策("四八新政"),跨境电子商务从此告别"免税时代",我国使用"跨境电子商务综合税"代替行邮税。

"四八新政"规定个人单次交易限值为人民币 2 000 元,全年为人民币 20 000 元,限值以内进口的跨境电子商务零售进口商品暂免征关税,进口环节增值税、消费税暂按法定应纳税额的 70% 征收。超过单次限值、累加后超过个人年度限值的单次交易,以及完税价格超过 2 000 元限值的单个不可分割商品,将均按照一般贸易方式全额征税。

"四八新政"在全国引起了很大的反响。经国务院批准,从 2016 年 5 月 1 日起,我国对跨境电子商务零售进口有关监管要求给予一年的过渡期。在过渡期内,继续按照试点模式进行监管,对天津、上海、杭州、宁波、郑州、广州、深圳、重庆、福州、平潭等 10 个试点城市经营的网购保税商品暂不核验通关单,暂不执行化妆品、婴幼儿配方奶粉、医疗器械、特殊食品(包括保健食品、特殊医学用途配方食品等)的首次进口许可批件、注册或备案要求。同时,所有地区的直购模式也暂不执行上述商品的首次进口许可批件、注册或备案要求。

过渡期政策的实施对于引导企业积极适应规范的监管要求、地方不断创新监管服务等发挥了重要作用,促进了跨境电子商务零售进口平稳发展。同时,相关部门也在从有利于促进行业健康发展、有利于维护消费者利益和安全健康的角度研究优化监管安排。为稳妥推进跨境电子商务零售进口监管模式过渡,经有关部门同意,上述过渡期进一步延长至2017年年底。

2017年9月20日,国务院常务会议指出,发展跨境电子商务,推动国际贸易自由化、便利化和业态创新,有利于转变外贸发展方式,增强综合竞争力;会议要求新建跨境电子商务综合试验区,将跨境电子商务监管过渡期政策延长至2018年年底。

2018年,为了鼓励跨境电子商务零售进口的发展,结合我国国情,财政部等部门联合发布《关于完善跨境电子商务零售进口税收政策的通知》,将单次交易限值从2 000元提高到5 000元,将年度交易限值由20 000元提高至26 000元。

2019年3月5日,在第十三届全国人民代表大会第二次会议上,李克强总理在政府工作报告中指出,将改革完善跨境电子商务等新业态扶持政策,推动服务贸易创新发展,发挥好综合保税区作用,优化进口结构,积极扩大进口,加快提升通关便利化水平。表3-1和表3-2显示了2018年至2023年2月我国跨境电子商务行业相关重要政策信息。

表3-1　2018—2019年我国跨境电子商务行业相关重要政策信息

时间	发文单位	文件名称	主要内容
2018年3月	商务部	《关于做好电子商务统计工作的通知》	强化电子商务统计制度执行,建立企业联系机制;优化样本结构,抓好重点企业;提高数据质量,确保工作时效
2018年4月	海关总署	《关于规范跨境电子商务支付企业登记管理》	进一步规范海关跨境电子商务监管工作
2018年7月	国务院	《关于同意在北京等22个城市设立跨境电子商务综合实验区的批复》	明确了新设一批综试区,逐步完善促进其发展的监管制度、服务体系和政策框架,推动跨境电商在更大范围发展
2018年8月	十三届全国人大常委会第五次会议表决通过	《中华人民共和国电子商务法》	是政府调整、企业和个人以数据电文为交易手段,通过信息网络所产生的,因交易形式所引起的各种商事交易关系,以及与这种商事交易关系密切相关的社会关系、政府管理关系的法律规范的总称。自2019年1月1日起施行
2018年8月	知识产权局	《关于深化电子商务领域知识产权保护专项整治工作的通知》	加大重点区域整治力度,加大重点案件打击和曝光力度,加大线下源头追溯和打击力度

(续表)

时间	发文单位	文件名称	主要内容
2018年9月	财政部、税务总局、商务部、海关总署	《关于跨境电子商务综合实验区零售出口货物税收政策的通知》	自2018年10月1日起,对综试区电子商务出口企业出口未取得有效进货凭证的货物,同时符合下列条件的,试行增值税、消费税免税政策
2018年11月	海关总署	《关于启用进出境邮递物品信息化管理系统有关事宜的公告》	为进一步严密进出境邮件监管,提高邮件通关效率,海关总署决定自2018年11月30日起在全国海关推广使用进出境邮递物品信息化管理系统,海关总署与中国邮政集团公司实现进出境邮件全国联网传输数据;邮政企业办理邮件总包的进境、出境、转关手续,应当向海关传输总包路单等相关电子数据等
2018年11月	财政部、发展改革委、工业和信息化部、生态环境部、农业农村部、商务部、人民银行、海关总署、税务总局、市场监管总局、药监局、密码局、濒管办	《跨境电子商务零售进口商品清单》(2018版)	"新增群众需求量大的63个税目商品"。新增类目包括麦芽啤酒、葡萄汽酒、电子游戏产品等,清单中的部分产品标注仅限网购保税模式。自2019年1月1日起实施
2018年11月	财政部、税务总局、海关总署	《关于完善跨境电子商务零售进口税收政策的通知》	通知对税收进行三个方面的调整:一是将年度交易限值由每年2万元调整至2.6万元,将单次交易限值由每人每次2 000元调整至5 000元;二是明确完税价格超过单次交易限值但低于年度交易限值日订单下仅一件商品时,可通过跨境电商零售渠道进口,按照货物税率全额征收关税和进口环节增值税、消费税,交易额计入年度交易总额;三是明确已经购买的电商进口商品不得进入国内市场再次销售
2018年11月	海关总署	《关于实时获取跨境电子商务平台企业支付相关原始数据有关事宜的公告》	参与跨境电子商务零售进口业务的跨境电商平台企业应当向海关开放支付相关原始数据,供海关验核
2018年11月	商务部、发展改革委、财政部、海关总署、税务总局、市场监管总局	《关于完善跨境电子商务零售进口监管有关工作的通知》	是跨境电商零售进口业务自2014年试点以来的一次全面总结,旨在做好跨境电子商务零售进口(以下简称跨境电商零售进口)监管过渡期后的政策衔接,从而促进跨境电商零售进口健康发展。界定跨境电商零售进口,是指中国境内消费者通过跨境电商第三方平台经营者自境外购买商品,并通过"网购保税

(续表)

时间	发文单位	文件名称	主要内容
2018年11月	商务部、发展改革委、财政部、海关总署、税务总局、市场监管总局	《关于完善跨境电子商务零售进口监管有关工作的通知》	进口"（海关监管方式代码1210）或"直购进口"（海关监管方式代码9610）运递进境的消费行为。明确了跨境电商零售进口的主要参与方包括跨境电商进口经营者、跨境电商零售进口经营者、境内服务商、消费者。对跨境电商零售进口商品按个人自用进境物品监管，不执行相关商品首次进口许可批件、注册或备案要求。但对相关部门明令暂停进口的疫区商品，和对出现重大质量安全风险的商品，会采取特殊措施，不适用于按个人自用进境物品监管的政策。按照"政府部门、跨境电商企业、跨境电商平台、境内服务商、消费者各负其责"的原则，明确各方责任，实施有效监管
2018年12月	市场监督管理总局	《关于做好电子商务经营者登记工作的意见》	要求电子商务经营者申请登记为个体工商户的，允许其将网络经营场所作为经营场所进行登记，允许将经常居住地登记为住所，但不得开展线下经营活动
2018年12月	海关总署	《关于跨境电子商务零售进出口商品有关监管事宜的公告》	全面规定了跨境电子商务企业管理、零售进出口商品通关管理等事项。为跨境电子商务零售进出口监管工作提供了详细的法律依据，有助于促进跨境电子商务的健康有序发展
2019年3月	国务院	2019年《政府工作报告》	将改革完善跨境电商等新业态扶持政策，推动服务贸易创新发展，引导加工贸易转型升级、向中西部转移，发挥好综合保税区的作用。优化进口结构，积极扩大进口。办好第二届中国国际进口博览会。加快提升通关便利化水平
2019年12月	财政部、发展改革委、工业和信息化部、生态环境部、农业农村部、商务部、人民银行、海关总署、税务总局、市场监管总局、药监局、密码局、濒管办	《跨境电子商务零售进口商品清单（2019年版）》	自2020年1月1日起调整扩大跨境电子商务零售进口商品清单内容

表 3-2　2020—2023 年 2 月我国跨境电子商务行业相关重要政策信息

时间	发文单位	文件名称	主要内容
2020年1月	商务部、发展改革委、财政部、海关总署、税务总局、市场监管总局	《关于扩大跨境电商零售进口试点的通知》	进一步扩大跨境电商零售进口试点范围，本次扩大试点后，跨境电商零售进口试点范围将从37个城市扩大至海南全岛和其他86个城市（地区），覆盖31个省、自治区、直辖市
2020年3月	海关总署	《关于跨境电子商务零售进口商品退货有关监管事宜的公告》	跨境电子商务出口企业、特殊区域内跨境电子商务相关企业或其委托的报关企业可向海关申请开展跨境电子商务零售、跨境电子商务特殊区域、跨境电子商务海外仓商品的退货业务
2020年4月	国务院常务会议	推出增设跨境电商综合试验区、广交会网上举办等系列举措	推出增设跨境电子商务综合试验区、支持加工贸易、广交会网上举办等系列举措，积极应对疫情影响，努力稳住外贸外资基本盘；决定延续实施普惠金融和小额贷款公司部分税收支持政策
2020年5月	国务院	《关于同意在雄安新区等46个城市和地区设立跨境电子商务综合实验区的批复》	至此，全国105个跨境电商综试区已全面向全国复制推广，各地普惠。政策的加码不仅将带动中国跨境电商的快速发展，也将提升试点城市整体的创新活力，增加了政府招商引资的资本
2020年5月	国家外汇管理局	《关于支持贸易新业态发展的通知》	从事跨境电子商务的企业可将出口货物在境外发生的仓储、物流、税收等费用与出口货款轧差结算。跨境电子商务企业出口至海外仓销售的货物，汇回的实际销售收入可与相应货物的出口报关金额不一致。跨境电子商务企业按现行货物贸易外汇管理规定报送外汇业务报告
2020年6月	海关总署	《关于开展跨境电子商务企业对企业出口监管试点的公告》	自2020年7月1日起，跨境电商B2B出口货物适用全国通关一体化，也可采用"跨境电商"模式进行转关。首先在北京、天津、南京、杭州、宁波、厦门、郑州、广州、深圳、黄埔海关开展跨境电商B2B出口监管试点，根据试点情况及时在全国海关复制推广，有利于推动外贸企业扩大出口，促进外贸发展
2020年7月	商务部	加快推动跨境电商健康有序发展	继续加大政策、制度、管理和服务创新，加快推动跨境电商健康有序发展。商务部新闻发言人高峰表示，近年来，作为新的外贸业态，跨境电商零售出口蓬勃发展，为中小微企业开拓海外市场、吸纳和稳定就业，发挥了积极作用

(续表)

时间	发文单位	文件名称	主要内容
2020年11月	15国组织	《区域全面经济伙伴关系协定》(regional comprehensive economic partnership，RCEP)	RCEP协定的第十二章详细列出了"电子商务"的具体条款。在第十二章电子商务部分中，第四节是关于促进跨境电子商务的内容。其中包括计算设施的位置和通过电子方式跨境传输信息。在通过电子方式跨境传输信息的规定中，一是缔约方认识到每一缔约方对于通过电子方式传输信息可能有各自的监管要求；二是一缔约方不得阻止涵盖的人为进行商业行为而通过电子方式跨境传输信息等
2021年3月	商务部、发展改革委、财政部、海关总署、税务总局、市场监管总局	《关于扩大跨境电商零售进口试点、严格落实监管要求的通知》	将跨境电商零售进口试点扩大至所有自贸试验区、跨境电商综试区、综合保税区、进口贸易促进创新示范区、保税物流中心（B型）所在城市（及区域）。全面加强质量安全风险防控，及时查处在海关特殊监管区域外开展"网购保税+线下自提"、二次销售等违规行为
2022年1月	国务院办公厅	《关于做好跨周期调节进一步稳外贸的意见》	进一步发挥海外仓带动作用。积极利用服务贸易创新发展引导基金等，按照政策引导、市场运作的方式，促进海外仓高质量发展。鼓励具备跨境金融服务能力的金融机构在依法合规、风险可控前提下，加大对传统外贸企业、跨境电商和物流企业等建设和使用海外仓的金融支持进一步调整优化跨境电商零售进口商品清单、扩大进口类别，更好满足多元化消费需求。适时举办国际消费季促进活动，带动消费品进口
2022年1月	国务院	《关于印发"十四五"数字经济发展规划的通知》	针对跨境寄递物流、跨境支付和供应链管理等典型场景，构建安全便利的国际互联网数据专用通道和国际化数据信息专用通道。大力发展跨境电商，扎实推进跨境电商综合试验区建设，积极鼓励各业务环节探索创新，培育壮大一批跨境电商龙头企业、海外仓领军企业和优秀产业园区，打造跨境电商产业链和生态圈
2022年1月	国务院办公厅	《关于促进内外贸一体化发展的意见》	扎实推进跨境电子商务综合试验区建设，鼓励跨境电商平台完善功能，更好对接国内国际市场。促进跨境电商零售进口规范健康发展，丰富产品供给。引导外贸企业、跨境电商、物流企业加强业务协同和资源整合，加快布局海外仓、配送中心等物流基础设施网络，提高物流运作和资产利用效率

(续表)

时间	发文单位	文件名称	主要内容
2022年2月	国务院	《关于同意在鄂尔多斯等27个城市和地区设立跨境电子商务综合试验区的批复》	同意在鄂尔多斯市、扬州市、镇江市、泰州市、金华市、舟山市、马鞍山市、宣城市、景德镇市、上饶市、淄博市、日照市、襄阳市、韶关市、汕尾市、河源市、阳江市、清远市、潮州市、揭阳市、云浮市、南充市、眉山市、红河哈尼族彝族自治州、宝鸡市、喀什地区、阿拉山口市等27个城市和地区设立跨境电子商务综合试验区
2022年5月	国务院办公厅	《关于推动外贸保稳提质的意见》	推动跨境电商加快发展提质增效。针对跨境电商出口海外仓监管模式,加大政策宣传力度,对实现销售的货物,指导企业用足用好现行出口退税政策,及时申报办理退税。尽快出台便利跨境电商出口退换货的政策,适时开展试点。针对跨境电商行业特点,加强政策指导,支持符合条件的跨境电商相关企业申报高新技术企业
2022年9月	国务院办公厅	《关于进一步优化营商环境降低市场主体制度性交易成本的意见》	着力优化跨境贸易服务。进一步完善自贸协定综合服务平台功能,助力企业用好区域全面经济伙伴关系协定等规则。拓展"单一窗口"的"通关+物流""外贸+金融"功能,为企业提供通关物流信息查询、出口信用保险办理、跨境结算融资等服务。支持有关地区搭建跨境电商一站式服务平台,为企业提供优惠政策申报、物流信息跟踪、争端解决等服务。探索解决跨境电商退换货难问题,优化跨境电商零售进口工作流程,推动便捷快速通关。2022年年底前,在国内主要口岸实现进出口通关业务网上办理
2022年11月	国务院	《关于同意在廊坊等33个城市和地区设立跨境电子商务综合试验区的批复》	同意在廊坊市、沧州市、运城市、包头市、鞍山市、延吉市、同江市、蚌埠市、南平市、宁德市、萍乡市、新余市、宜春市、吉安市、枣庄市、济宁市、泰安市、德州市、聊城市、滨州市、菏泽市、焦作市、许昌市、衡阳市、株洲市、柳州市、贺州市、宜宾市、达州市、铜仁市、大理白族自治州、拉萨市、伊犁哈萨克自治州等33个城市和地区设立跨境电子商务综合试验区
2022年12月	国务院办公厅	《"十四五"现代物流发展规划》	支撑全球贸易和跨境电商发展。积极推进海外仓建设,加快健全标准体系。鼓励大型物流企业开展境外港口、海外仓、分销网络建设合作和协同共享,完善全球物流服务网络

(续表)

时间	发文单位	文件名称	主要内容
2022年12月	国务院	《关于构建数据基础制度更好发挥数据要素作用的意见》	针对跨境电商、跨境支付、供应链管理、服务外包等典型应用场景,探索安全规范的数据跨境流动方式。统筹数据开发利用和数据安全保护,探索建立跨境数据分类分级管理机制。对影响或者可能影响国家安全的数据处理、数据跨境传输、外资并购等活动依法依规进行国家安全审查
2023年1月	财政部、海关总署、税务总局	《关于跨境电子商务出口退运商品税收政策的公告》	对符合规定的跨境电商出口退运商品免征进口关税和进口环节增值税、消费税,出口时已征收的出口关税准予退还

三、进口跨境电子商务的参与者

进口跨境电子商务参与者包括海外品牌商、中间交易商、物流服务商、零售商、终端消费者、政府监管部门等。他们综合运用线上和线下的途径,把商品送到消费者手中。

(一)海外品牌商

品牌商的职责是定位客户、做好商品、提升品牌价值,然后根据商品特点和品牌价值选择适合的分销模式和渠道。部分国际品牌经过多年的品牌和渠道经营,已形成多元化和成熟的分销渠道,中国消费者对其品牌已经耳熟能详;其余小众海外品牌只能借助代购平台实现销售。目前品牌商在跨境电子商务生态圈中仅为供应商角色,离贸易商很近,离零售商较远。

(二)中间交易商

一级代理商、贸易商、分销商、供应链金融服务商等中间商在品牌经销商缺位的情况下是激活市场的重要力量,它们通过向电商供货、向微商供货等方式,形成服务跨境电子商务的供应链体系。

互联网和电商的天然特征是"去中间化"。虽然在国内电商圈,品牌商和电商直接对接,中间商的地位显得并不重要,但在跨境电子商务领域,中间商是海外品牌商和零售商之间的贸易润滑剂。例如,海外品牌商可能不给买家提供账期或提供较短的账期,作为中间商的贸易商可用现金采购商品,并给跨境电子商务企业赊账。在这种情况下,中间商承担了供应链金融的角色,从而促成交易。除此之外,不了解中国市场的海外品牌商需要通过中间商去推动品牌影响力和销售业绩,甚至需要引领需求和创造需求。

(三)物流服务商

物流服务商群体大致包括海外仓/保税仓、空运/海运、国内快递/邮政、清关行、转运商和物流解决方案服务商。这些群体基本搭建起了跨境电子商务的物流服务体系。在该体系中，清关是最重要的环节，而清关的重点在于关税。跨境电子商务阳光清关模式基本上包括 B2B、B2C、个人物品和邮政包裹。

（四）零售商

线上电商和 O2O 零售商都是零售商，他们是直接接触消费者、促进消费者下单的群体。根据零售商的规模和实力划分，零售商大致可以分为零售巨头和创业者两类。

1. 零售巨头

现有国内电商"巨头"旗下的跨境业务板块有天猫国际、京东、唯品会、考拉等。这些"巨头"代表现有电商市场格局，其目标是凭借现有的用户规模、流量和资金优势继续维持乃至扩大其在电商市场的份额和地位。

2. 创业者

该类零售商均为跨境电子商务政策放开前后拿到风投的创业公司，代表者包括小红书、蜜芽、洋码头等。面对市场的不确定性，零售巨头们可以凭借其母公司源源不断的现金流生存下去，但创业者们的首要任务却是为生存而战。中国在线零售几乎格局已定，市场份额、用户规模、公司实力造成的规模效应，对零售这一最强调规模效应的商业模式而言，让新进入者门槛极高。创业者的毛利率低，只有通过创新产生差异化，才能生存。例如，深圳海豚村掌握了众多具有排他性的海外零售资源；格格家以食品为主，食品是可以从线下获取流量的品类，用户切入难度小；豌豆公主则拥有强大的日本商品供应链优势。

（五）终端消费者

终端消费者为跨境电子商务进口商品的境内购买人。消费者是通过进口跨境电子商务渠道进口商品的纳税义务人，税款由跨境电子商务平台、物流企业或报关企业代扣代缴。他们的喜好和购买力决定了进口跨境电子商务商品的类型和进口跨境电子商务其他参与者的经营方式。需要特别注意的是，在跨境电子商务零售进口模式下，进口商品用途被限定为"个人自用"，消费者不得将已购买的商品进行再销售。

（六）政府监管部门

政府监管部门以引导者和管理者的身份参与进口跨境电子商务业务，由海关、市场监督管理部门等对进口跨境电子商务行为实施监督管理。对于不同的市场参与主体，商务部、发展改革委、财政部、海关总署、税务总局、市场监管总局于 2018 年颁布的第 486 号文明确了"政府部门、跨境电子商务企业、跨境电子商务平台、境内服务商、消费者各负其责"的原则，承担不同的义务和责任。

以上这些参与者共同构成了进口跨境电子商务的供应链，汇集广泛的海外产品资源，以高效、协调的方式实现产品采购、生产、交付和售后服务的全过程。

四、进口跨境电子商务的基本模式

进口跨境电子商务模式根据不同标准，有不同的分类。

(一) 根据运营模式不同划分

1. 海外代购模式

海外代购模式是消费者熟知的跨国网购概念,是身在海外的人或商户为有需求的境内消费者在境外采购所需商品并通过跨国物流将商品送达消费者手中的模式。海外代购平台的运营重点在尽可能多地吸引符合要求的第三方卖家入驻,平台并不会深度参与采购、销售以及跨境物流环节。入驻平台的卖家根据消费者订单集中采购特定商品,通过跨境物流将商品发至境内订单买家。海外代购平台走的是典型的跨境 C2C 平台路线,代购平台通过向入驻卖家收取入场费、交易费、增值服务费等收获利润,入驻平台的卖家通常要具有海外采购能力或跨境贸易能力。海外代购模式的优势在于为消费者提供了较为丰富的海外商品品类选项且用户流量较大,其劣势是消费者对于入驻商户的真实资质持怀疑态度。因此,交易信用环节可能是 C2C 海外代购平台目前面临的最棘手的难题。此外,海外代购模式对跨境供应链的涉入较浅,较难建立充分的竞争优势。代表商家包括淘宝全球购、京东海外购、易趣全球集市、美国购物网等。

2. 直发/直运平台模式

直发/直运平台模式又被称为 drop shipping 模式。在这一模式下,电商平台通常不需要商品库存,而是把接收到的消费者订单发给批发商或厂商,后者按照订单信息以零售的形式向消费者发送货物。直发/直运平台的部分利润来自商品零售和批发价之间的差额。由于供应商是品牌商、批发商或厂商,因此直发/直运平台模式是一种典型的 B2C 模式,该模式一般对跨境供应链的涉入较深,后续发展潜力较大。直发/直运平台在寻找供货商时往往与可靠的海外供应商直接谈判签订跨境零售供货协议;在跨境物流环节,通常可能会选择自建国际物流系统(如洋码头)或与特定国家的邮政、物流系统达成战略合作关系(如天猫国际)。该模式也存在不容忽视的劣势,如招商缓慢、前期流量相对不足、前期所需资金体量较大、买家信息直接透露给供货商、环节涉及多方、贸易纠纷处理不便、货物品类受限等。因此只有当商品价值较高时才能适用。代表商家包括天猫国际(综合)、洋码头(北美)、跨境通(上海自贸试验区)、苏宁全球购、海豚村(欧洲)、一帆海购网(日本)、走秀网(全球时尚百货)等。

3. 自营 B2C 模式

自营 B2C 模式分为综合型自营和垂直型自营两类。综合型自营跨境 B2C 平台的跨境供应链管理能力强,拥有强势的供应商管理和较为完善的跨境物流解决方案,大部分后备资金充足,但同样面临着业务发展受到行业政策变动影响显著的问题。代表商家有亚马逊和"1 号海购"。垂直型自营跨境 B2C 平台在选择自营品类时会集中于某个特定的范畴,如食品、奢侈品、化妆品、服饰等,供应商管理能力相对较强,但前期需要较大资金支持。代表商家包括中粮我买网(食品)、蜜芽宝贝(母婴)、寺库网(奢侈品)、莎莎网(化妆品)、草莓网(化妆品)等。

4. 导购/返利模式

导购/返利模式是一种比较轻松的电商模式,包括引流部分和商品交易部分。引流部分是指通过导购信息、商品比价、海购社区论坛、海购博客以及用户返利来吸引用户流量;商品交易部分是指消费者通过站内链接向海外 B2C 电商或者海外代购者提交订单实现跨境购物。为了提升商品品类的丰富度和货源的充裕度,这类平台通常会搭配海外 C2C 代购模式。因此,从交易关系来看,这种模式可以被理解为海淘 B2C 模式与代购 C2C 模式的综合体。通常导购/返利平台会把自己的页面与海外 B2C 电商的销售页面进行对接,一旦产生销售,B2C 电商就会给予导购平台 5%～15% 的返点。导购平台则将其所获返点中的一部分作为返利回馈给消费者。导购/返利模式的优势在于平台定位于对信息流的整合,店铺运营简便,较容易开展业务。引流部分可以在较短时间内为平台吸引到不少海购用户,可以比较好地理解消费者的前端需求。但长期而言,由于对跨境供应链把控较弱且进入门槛低,竞争优势建立困难,若无法尽快到达一定的可持续流量规模,其后续发展可能比较难以持续下去。这一模式代表商家有 55 海淘、一淘网、极客海淘网、海淘城、淘淘居、海猫季等。

5. 海外商品闪购模式

除以上进口零售电商模式外,海外商品闪购模式是一种以互联网为媒介的 B2C 电子零售交易活动,以限时特卖的形式定期定时推出国际知名品牌的商品,一般以原价 1～5 折的价格供专属会员限时抢购。每次特卖持续时间为 5～10 天不等,先到先买,限时限量,售完即止。顾客在指定时间内(一般为 20 分钟)必须付款,否则商品会重新被放到待销售商品的列表里。

一旦确立行业地位,闪购平台将形成流量集中、货源集中的平台优势。聚美优品的"聚美海外购"和唯品会的"全球特卖"频道便是此类。两家公司都宣称对海外供应商把控能力强、绝对正品、全球包邮、一价全包。闪购模式对货源、物流的把控能力要求高;对前端用户引流、转化的能力要求高。其任何一个环节的能力有所欠缺都可能导致失败。代表商家包括蜜淘网、天猫国际的环球闪购、聚美优品的海外购、宝宝树旗下的杨桃派等。

(二) 根据履约模式不同划分

跨境零售根据履约模式不同分为直购进口模式和保税进口模式。

1. 直购进口模式

直购进口模式是指国内个人购买者在指定的跨境点上网站订购境外商品,并进行网上申报和计税,商品通过快件邮递等渠道直接从国家寄递进境,通过电商服务平台和通关管理系统实现交易的一种跨境电子商务进口模式。

2. 保税进口模式

保税进口模式是电商企业以货物申报进入海关特殊监管区域或保税场所,境内消费者网上交易后,区内货物以物品逐批分拨配送,按物品缴纳税费和监管的一种跨境电子商务进口模式。直购进口模式和保税进口模式最大的区别在于：前者是个人购买者先下单再由卖家从境外发货，后者是电商企业先从境外发货再由购买者下单。

（三）根据平台运营方不同划分

1. 平台模式

平台模式的运营相对轻量化，重点在于售前的引流、招商、平台管理，售后方面在一定程度上介入物流和服务，以弥补商家不足。其优势在于SKU（库存量单位）丰富，能够满足用户多元化、长期的需求，且选品灵活。劣势则是不同卖家在商品质量、价格、物流、服务方面参差不齐。

2. 自营模式

自营模式更类似于传统零售商，电商企业需要介入售前的选品、供应商管理、运营，并重点管理物流与服务。其优势在于货源稳定、商品质量有一定保障、服务到位、用户体验较好；劣势是SKU有限，且品类、品种拓展难度较大。

表3-3显示了平台模式和自营模式之间的区别。

表3-3　平台模式和自营模式的区别

项目	平台模式	自营模式
选品	众多卖家分别选品，商家能够较为灵活地根据用户需求调整	取决于电商本身的选品能力，选品能力强的平台可制造爆品
商品品类	SKU较多，能够解决用户的多元化、长尾的非标品需求	SKU的数量有一定限制，拓展SKU难度较大，在标品方面有优势
商品质量	规模大的商家商品质量较有保障；规模较小的商家和C端卖家的商品质量，平台较难把控	货源多来自品牌商及较大型代理商，由平台把控质量，容易获得消费者信任
价格	规模大的商家价格有一定优势；规模较小的商家和C端商家的货源偏末端，价格优势小	价格有一定优势：首先，大批量采购成本较低；其次，部分平台补贴价格；但垂直类平台品类单一，价格受政策影响大
仓储物流	模式轻盈，成本较低；用户体验参差不齐	模式较重，成本较高；对仓储物流各环节把控能力较强，用户体验好
服务	随卖家不同参差不齐	服务由电商提供，较好保障，用户体验较好

五、进口跨境电子商务新零售

（一）新零售的概念

新零售是企业以互联网为依托，通过运用大数据、人工智能等先进技术手段，对商品的生产、流通与销售过程进行升级改造，进而重塑业态结构与生态圈，并对线上服务、线下体验及现代物流进行深度融合的零售新模式。

传统零售系统以商品为核心,管理流程主要围绕订货、生产、销售,注重商品的"进销存"管理,比较少触达顾客的前端,关键词是"商品成本"和"交易效率"。新零售系统则贯彻以人为本的理念,围绕人、用户来进行系统管理,关键词是"用户体验"。从"经营商品"到"经营人"的理念改变,将成为新零售发展的基础。

一些商界大佬也对新零售做出了解读。马云认为,新零售就是以大数据为驱动,通过科技发展和用户体验的升级,改造零售业形态;简单来说,未来的零售将以消费者体验为中心,不再是单纯的电子商务,而是泛零售业态;线上线下和物流必须结合在一起,才能诞生真正的新零售。刘强东认为,我们处在一个变革的时代,第四次零售革命的实质是无界零售,终极目标是在"知人、知货、知场"的基础上,重构零售的成本、效率、体验。雷军也认为,新零售是体现互联网思维的线上线下融合的零售新业态,本质就是改善效率,激发老百姓的消费需求。

(二)"新零售"概念的推广和普及

2016年11月11日,国务院办公厅发布了《关于推动实体零售创新转型的意见》(国办发〔2016〕78号,以下简称《意见》),明确了推动我国实体零售创新转型的指导思想和基本原则。同时,在调整商业结构、创新发展方式、促进跨界融合、优化发展环境、强化政策支持等方面做出了具体部署。《意见》在促进线上线下融合的问题上强调,建立适应融合发展的标准规范、竞争规则,引导实体零售企业逐步提高信息化水平,将线下物流、服务、体验等优势与线上商流、资金流、信息流融合,拓展智能化、网络化的全渠道布局。

2017年,"新零售"概念的推广与普及,给因被电子商务重创而奄奄一息的传统零售行业带来了转机。同样,探索运用"新零售"模式升级消费购物体验,推动消费购物方式的变革,构建零售业的全渠道生态格局,必将成为传统电子商务企业实现自我创新发展的又一次有益尝试。随着线上线下深度融合,多元场景成为零售的主战场,各种零售数据从多渠道扑面而来,后端的零售系统就会成为市场竞争的核心利器。拥有一套合适的技术系统成为实体商家最重视也最为关注的决策,进口跨境电子商务也是如此。

(三)进口跨境电子商务的新零售模式:跨境保税+自提

为了提升顾客的购物体验,跨境电子商务企业从新零售概念出发,一方面,开设跨境体验店,通过门店扫码、线上商城等全渠道全场景营销,优化顾客体验;另一方面,借助新零售系统对接物流与海关,加快三单对接("三单"是指电商企业提供的报关单、支付企业提供的支付清单、物流企业提供的物流运单)以提高通关速度,提高经营效率。同时,通过多元零售场景与分销渠道,实现向客户开展全球商品的全渠道营销。图3-2显示了理想的进口跨境电子商务全渠道零售模式。

考虑到跨境电子商务已经在商品准入方面获得了极大便利,如果再在销售范围放开,则对线下零售产业的冲击太大。就如上文所述的进口跨境电子商务新零售理想模式在较大范围变为现实,将对目前的线下零售产业造成毁灭性冲击。2018年11月30日,商务

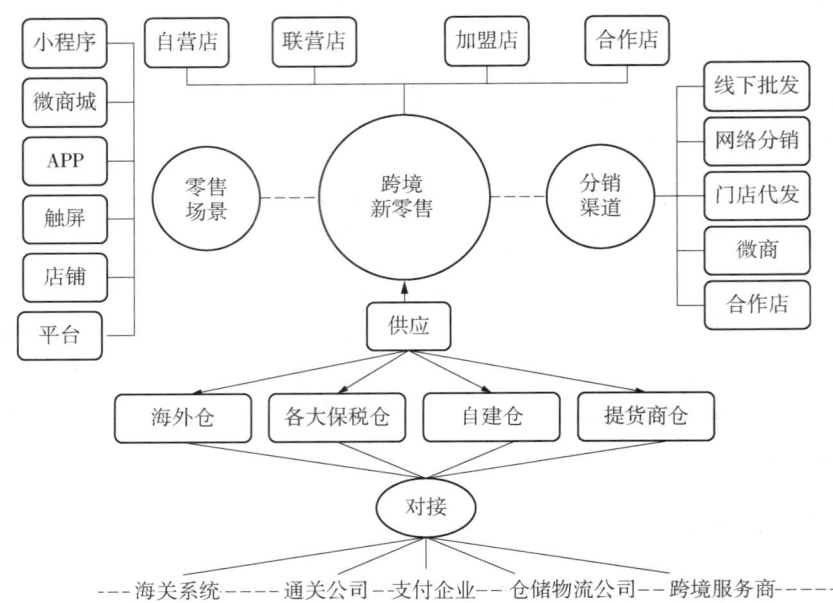

图 3-2 理想的进口跨境电子商务全渠道零售模式

部、财政部等部委发布了《关于完善跨境电子商务零售进口监管有关工作的通知》,对此进行了进一步规范。该通知明确规定,已经购买的电商进口商品属于消费者个人使用的最终商品,不得进入国内市场再次销售;原则上不允许网购保税进口商品在海关特殊监管区域外开展"网购保税+线下自提"模式。

保税自提,有些地区也称之为跨境 O2O 或跨境新零售,是指在海关允许并缴纳税收保金的前提下,允许符合监管要求的电商企业将网购保税进口商品凭保出区展示。消费者可前往跨境体验店选购商品,核验真实身份信息后完成在线下单支付。此时,三单信息(消费者订单、支付单、物流单)与申报清单会即时向海关推送与申报,清单放行后,允许消费者现场提货,实现"线上下单、即买即提"。

跨境保税+自提的运作方式要求严格。一方面,按照风险可控和担保出区的风险管控要求,在申请企业信用状况、试点范围、商品种类、业务开展场所软硬件要求等方面设置了准入条件和门槛,对符合条件的试点电商企业授予税款担保出区资格,并对具备相应资格的试点电商企业网购保税商品实行税款担保出区模式,开立专用税款担保账户。税款担保账户与试点电商企业关联,实现税款的自动核扣与返还,账户可用额度在担保有效期内循环使用。另一方面,对"网购保税+实体新零售"商品实施专用电子账册管理,记录商品的进、出、转、存等情况。海关跨境电子账册管理系统实现与试点电商企业的线下门店仓储管理系统(WMS)的联网监管,直接获取 WMS 系统底账数据,通过比对及时发现数据差异,实现对企业的电子盘库。不仅如此,海关还会利用大数据、云计算等相关信息技术对企业、商品、支付、物流、仓储、消费者等信息开展数据分析,及时发现风险与监管漏洞。

该政策出台后,此前在一些地方大肆推广的线下自提业务已经停止,未来也不会放开。

目前开展该类业务的地方很少,但在海关监管区域还是存在保税自提的特例。下面以郑州中大门保税直购体验中心为例,介绍跨境保税+自提的运作方式。

郑州海关在全国首创的"跨境电子商务O2O线下自提业务流程",从消费者到店下单到自提完成共需5个步骤:"快速注册""线上下单""四单申报""海关审核""线下自提"。跨境电子商务O2O线下自提业务详细步骤如下:

步骤一:快速注册。

消费者通过跨境商城注册,主要是通过手机号验证,注册成跨境电子商务平台会员。跨境电子商务商城一般是App或小程序,每个跨境保税店都会在醒目位置放置下载或关注的二维码,或者通过店内收银台的UPOS注册,然后在线上商城登录、提交订单,因为跨境O2O店的线上、线下数据,必须能够完全整合。

步骤二:线上下单。

消费者通过跨境App商城选择商品,提交订单,并填写姓名、手机号、身份证号码等。

步骤三:四单申报。

消费者下单后,商家后台立即获取订单信息、消费者身份信息、支付信息等,并通过跨境ERP系统向跨境电子商务公共服务平台(如E贸易平台)提交四单(进境单/支付单/订单信息/物流信息)。然后,由公共服务平台集中向海关申报,海关核验通过后进行清关放行。核验过程会在跨境O2O保税店的大厅展示,大厅会有LED滚动屏播报,消费者也能实时看到进程。

步骤四:海关审核。

海关将订单、支付单、运单(也叫物流单)中的订购人信息、收件人信息,商品及价格信息和清单中的订购人信息、收件人信息,商品及价格信息进行数据校验比对,以此确认这三单属于同一笔订单。

步骤五:线下自提。

跨境商品清关过程结束后,消费者可凭支付凭证现场提货。

整个保税跨境电子商务O2O前端现场自提的完成,需要后端一套完整、稳定的系统支撑。跨境电子商务系统包括以下三部分。

第一部分为线上跨境商城,应当具备小程序、App和PC商城的特点,要能兼具海关备案、零售商城、管理会员等功能。

第二部分为跨境O2O展示店,一般具备会员注册、现场零售、对接清关LED播报屏、O2O自提管理等功能。

第三部分为后端四单对碰(三单对碰)跨境ERP系统。要完成跨境保税自提、海外直邮或非自提的常规跨境电子商务业务,一定需要跨境ERP系统完成与跨境电子商务公共服务平台、物流 WMS、支付系统、海关系统的对接。

第二节　进口跨境电子商务平台之一——洋码头

一、洋码头简介

（一）我国海外购物平台先行者

洋码头成立于 2009 年，是我国知名的独立海外购物平台，拥有近 4 000 万用户。洋码头创造性地创立了海外场景式购物模式，通过买手直播真实的购物场景，让我国消费者足不出户，轻松、便捷地享受一站式全球购物，帮助消费者实现消费全球化。

（二）开创性建立"买手制"的海外购物平台

洋码头在全球多个国家和地区拥有几万名认证买手。买手入驻洋码头平台需要通过严格的资质认证与审核，提供海外长期居住证、海外身份、海外信用、海外经营资质等多项证明材料。这些分布于世界各地的买手服务于我国市场，将世界上潮流的生活方式、优质的商品和文化理念通过"动态的场景式直播"和"优质的个性化服务"分享给我国消费者。

（三）直播频道：体验真实的海外"血拼"现场

遍布全球的买手每天向消费者直播世界各地卖场、奥特莱斯、百货公司、精品店等现场购物实况，分享商品，并通过海外直邮的方式，将全球商品及时、快速地送达消费者手中。

（四）特卖频道：全球热销货物精选

精选、组合全球热销商品，提供丰富的、特定生活场景下的商品选择，品类涵盖服装鞋包、美妆护肤、母婴保健、食品家居等，通过保税发货的方式，让我国消费者快速收到全球热销商品。

（五）"聚洋货"频道：品质洋货一站团

"聚洋货"频道引入经过严格认证的海外零售商，直接对接国内消费者，精选全球品牌特卖。品类丰富，涵盖服装鞋包、美妆护肤、母婴保健、食品居家等。洋码头通过自建的国际物流服务平台，在海外部署三大分拨物流中心，保证低成本的国际订单配送服务，快速、合法地帮助海外零售商和国内消费者完成交易和购物。同时，专门设立国内退货服务中心，方便退货，让国内消费者体验海外直邮一站式购物，同步全球品质生活。通过海外库存，更好保证商品供应。

（六）笔记社区：全方位的全球购物分享社区

洋码头笔记社区供用户分享个性购物笔记、买手分享心情故事，并提供全球潮流资讯等。网友在此讨论和分享自己的生活理念,畅享海外购物的乐趣。社区定期推出专题,传递最新的流行时尚资讯。来自全球各地的用户,实时"晒出"扫货"战利品",分享购物心情和攻略。用户可以在此即时了解海外的新潮流,找到志同道合的朋友,享受海外购物的乐趣。部分网友会定期分享自己在穿衣搭配、美妆护肤等方面的心得,并推荐相关海外商品。如果有更多疑问,用户还可以通过评论与达人互动。分享与互动,不仅激起了大家对海外商品的兴趣,同时也提高了用户对洋码头的黏着度。

(七) 自建物流:贝海国际——跨境物流解决方案专家

为保证海外商品能安全、快速地运送到我国消费者手中,洋码头在行业内率先建立起专业的跨境物流服务体系——贝海国际,主要致力于为跨境电子商务全球物流提供解决方案,更好地服务于我国消费者。贝海国际整合国际航空货运及我国入境口岸的资源,同时与中国海关总署、国家邮政局、入境快件口岸等政府部门及相关组织展开深入合作,提供在线系统制单、海关电子申报、在线关税缴纳、全程状态追踪等服务,为境外至我国日益增长的跨境进口电子商务市场提供高效、正规、合法的国际个人快件包裹入境申报配送服务。

自2010年5月,贝海国际已在海内外建成15个国际物流中心(纽约、旧金山、洛杉矶、芝加哥、拉斯维加斯、墨尔本、悉尼、法兰克福、伦敦、巴黎、东京、大阪、奥克兰、仁川、杭州保税仓)。在时效方面,海外直邮用户最快可在7天内收到包裹,保税仓发货用户最快3天收到包裹,从而提升用户体验感。

二、洋码头跨境消费保障体系2.0

(一) 全球货源保障

1. 洋码头商家/买手认证保障

第一,商家资质认证标准。入驻洋码头的商家必须是中国大陆以外资质的海外实体,需要提供营业与零售资质证明、银行对账单、法人身份证明,并交纳保证金。

第二,买手资质认证标准。入驻洋码头的买手必须是在海外长期居住的华人或者外国人,需要提供完整的个人信息、海外身份证明、海外信用证明和海外居住证明。

2. 商品源头追溯

消费者可以通过洋码头平台全程监控商品从源头发货到手中的全部信息。此外,洋码头还设有统一仓储和海外验货中心。

(二) 海外物流保障

1. 海外直邮

洋码头以海外直邮为主要发货方式,旗下的贝海国际物流中心覆盖20多个国家。

2. 专业航空运输

洋码头海外直邮以航空运输为主要运输手段,每周有40个全球物流航班从世界各地飞往中国。相对于海运和陆运而言,空运方式在安全性上更有保障、时间上更快捷,特别适合进口跨境电子商务业务的开展。

3. 清关合规

洋码头承诺合法合规清关,保障消费者的权益。清关流程如下:检验检疫→入境申报→清关查验→放行配送。

(三)本土售后保障

1. 本土退货

为更好解决选择跨境网购的消费者在收到商品后因为商品质量问题、包装破损、与描述不符等原因产生的退货需求,洋码头消费保障体系 2.0 在本土服务上进行了相应改进。

对于带有"本土退货"标志的商品,在确保商品未经使用且完好的前提下,接受 7 天无理由退货。退货流程为:选择退货→提交审核→快递回仓→拿到退款。

2. 本土客服

作为平台类电商,由于时差等原因,消费者可能无法及时联系到卖家。因此,当消费者遇到问题时,洋码头的客户管家服务团队会先行协助解决,以避免因时差、距离带来的买家与卖家沟通不畅的问题。

二维码 3-1
"外来客"竞逐
跨境电商

第三节　进口跨境电子商务平台之二——考拉海购

一、考拉海购简介

考拉海购是阿里旗下以跨境业务为主的会员电商,其前身是网易旗下以跨境业务为主的综合型电商网易考拉。网易考拉于 2015 年 1 月 9 日开始公测,销售品类涵盖母婴、美容彩妆、家居生活、营养保健、环球美食、服饰箱包、数码家电等。以提供 100% 正品、天天低价、7 天无忧退货、快捷配送为特色,为用户提供海量海外商品购买渠道,希望帮助用户"用更少的钱,过更好的生活"。2019 年 9 月 6 日,阿里巴巴集团宣布以 20 亿美元全资收购考拉海购,平台于 2020 年 8 月 21 日正式宣布战略升级,全面聚焦"会员电商",销售品类和服务在原网易考拉基础上进一步升级,并将无忧退货期限从 7 天延长至 30 天。考拉海购自网易考拉成立以来一直主打自营直采的理念,在美国、德国、意大利、日本、韩国、澳大利亚、中国香港、中国台湾等地设有分公司或办事处,深入产品原产地直采高品质、适合中国市场的商品,从源头杜绝假货,保障商品品质的同时省去诸多中间环节。商品直接从原产地运抵国内,在海关和国检的监控下,存放在保税区仓库。归入阿里后,考拉海购引入蚂蚁金服的区块链技术,升级了之前与海关联合开发的二维码溯源系统,上线蚂蚁区块链溯源系统,严格把控产品质量。

作为"杭州跨境电子商务综试区首批试点企业",考拉海购在经营模式、营销方式、诚信自律等方面取得了显著成就。获得由中国质量认证中心颁发的"B2C商品类电子商务交易服务认证证书"。

二、考拉海购的七大竞争优势

跨境电商除了要解决传统电商的供应链、平台销量问题,也应重视用户端的沟通和商品信息的传递。由于全球各地区存在语言、地理、信息隔阂,消费者在购买商品的时候会陷入难以抉择的境地:要买什么,哪些是好产品,如何理解商品背后所代表的生活方式等。商品信息对于消费者来说太复杂、太陌生。考拉海购作为一个媒体型电商,借助丰富的媒体手段,通过文本、视频甚至网络红人等来帮助客户解决信息不对称的问题。"第一步,让消费者知道买什么;第二步,让消费者买到对的商品;第三步,让消费者感受到,每一次购买行为都与生活密不可分,购买就是改变生活,购买就是生活。"即从销售商品到生活方式推广的路径。

考拉海购以其海量用户,以及包括资金、资产和资本市场资源在内的资本优势,打造区别于其他电商平台的核心优势,形成了包括自营模式、定价优势、全球布点、仓储优势、海外物流优势、资金优势和保姆式服务在内的七大优势。

(一) 自营模式

考拉海购主打自营直采,成立专业采购团队深入产品原产地,并对所有供应商的资质进行严格审核,与全球数百个优质供应商和一线品牌达成战略合作,设置严密的复核机制,从源头上杜绝假货,进一步保证了商品的安全性和质量。

(二) 定价优势

考拉海购主打自营模式,拥有自主定价权,可以通过整体协调供应链及仓储、物流、运营的各个环节,根据市场环境和竞争情况调整商品定价。考拉海购不仅通过降低采购成本控制定价,还通过控制利润率来调整定价策略,做到不仅尊重品牌方的定价,而且重视中国消费者对价格的敏感度和喜好。

(三) 全球布点

考拉海购坚持自营直采和精品化运作的理念,在旧金山、东京、首尔、悉尼、中国香港等地区成立了分公司和办事处,深入商品原产地精选全球优质尖货,规避了代理商、经销商等中间环节,直接对接品牌商和工厂,省去中间环节及相关费用,采用大批量规模化集采的模式,实现更低的进价,进一步降低了商品的成本,为消费者提供更优惠的价格。

(四) 仓储优势

考拉海购充分利用提供给跨境电子商务的稀缺资源,即保税仓,通过保税的模式,在确保合法合规的同时,又能降低成本,实现快速发货。

考拉海购在杭州、郑州、宁波、重庆四个保税区拥有超过15万平方米的保税仓储面积。2019年6月17日,面积达34万平方米的考拉1号仓在宁波出口加工区举行了开仓仪式。此外,考拉海购陆续开通华南、华北、西南保税物流中心。

在海外,考拉海购初步在美国和中国香港地区建成两个大国际物流仓储中心,并计划开通韩国、日本、澳大利亚、欧洲等国家和地区的国际物流仓储中心。

(五) 海外物流优势

网易阶段的考拉并未选择自建物流,而是将物流配送交给了中外运、顺丰等合作伙伴;采用了优于普通快递的定制包装箱,让用户享受"相对"标准化的物流服务;并建立一套完善的标准,通过与中外运合作整合海外货源、国际运输、海关国检、保税园区、国内派送等多个环节,打通整条产业链。

目前,考拉海购已经快速融入阿里的基础设施:技术底层全部迁至阿里云,全球物流、仓储等业务则和菜鸟打通。

(六) 资金优势

考拉海购借助雄厚的资本,集中精力做基础准备工作,如拿地建仓、外出招商、梳理供应链等,以确保其低价策略的持续优势。

(七) 保姆式服务

考拉海购的目标是让海外商家节约成本,让中国消费者享受低价。针对海外厂商,考拉海购提供包括跨国物流仓储、跨境支付、供应链金融、线上运营、品牌推广等方面在内的一整套完整的保姆式服务,解决海外商家进入中国的障碍,解决他们独自开拓中国市场可能面临的语言、文化差异、运输等问题。

三、考拉海购的进口电商玩法

(一) 玩法之一:"祥龙"+"瑞麟"

由于跨境物流链路长、涉及面广,以及与外国人打交道等问题,考拉海购在成立初期遇到了不少挑战。团队想到的解决方案,是从源头上解决行业现存的问题,提升整体物流效率。基于此,考拉海购联合业内仓储物流管理企业科箭软件科技与海仓科技,共同开发智能化管理系统"祥龙"与云TMS系统"瑞麟"。其中,"祥龙"系统可以进行三维测量、智能指引入库、机器人拣选、红外线称重等操作,可提高商品入库速度。

云TMS系统"瑞麟"有三个特点:第一,订单全程可视化;第二,异常处理主动化;第三,运费结算自动化。例如,原本如果在配送过程中出现订单异常,用户需要先向考拉的客服平台进行咨询,平台接到咨询后,再将问题反馈到快递公司,随后由快递公司的网点告知具体情况后才能进行处理。而"瑞麟"平台可以实时监控订单信息,在发现异常后,系统会自动推送给负责配送的快递企业,从而做到在消费者发现问题前进行主动服务。

"祥龙"与"瑞麟"两个系统投入使用后,通关的时效由99.17%提升到99.86%,生产及时率从 98.12% 提升到 99.99%,配送及时率从 85.68% 提升到 96.51%(行业标准是 90%),次日达的兑现率从 66.65% 升到 99.36%。通过"祥龙"与"瑞麟"的投入使用,考拉海购在浙江、上海周边的 48 个区县实现了次日达服务,每年服务客户 246 万人次,平均提速 8 小时。

(二) 玩法之二:重金保税仓

对于走 B2C 自营模式的考拉海购来说,能否做到物流"次日达",很大程度取决于保税仓的区域面积及布局。考拉海购采用业内普遍采用的"多地分仓"模式,分别布局在杭州、宁波、郑州、重庆等地。

重金布局保税仓后,跨境进口税收政策对价格的影响受到更多关注。网易考拉时期曾任物流主管的杨海明认为:虽然政策有所波动,但消费者对海外品质商品的需求是没变的。长期而言,随着客单价和客品数的提高,消费者会更好地适应新的税率政策。

从数据上看,考拉的平均客单价已然比之前提升了 150%,达到了 400 元。未来,单一做线上(订单)的策略,可能会因保税仓受政策变动影响的限制而显得被动,所以考拉海购也会继续兼顾线下渠道。

第四节　进口跨境电子商务平台之三——蜜芽

二维码 3-2
考拉更名进入
跨境电商下半场

一、蜜芽宝贝简介

蜜芽宝贝是我国首家进口母婴品牌限时特卖商城,总部在北京,创立于 2011 年。其仓库位于北京大兴,面积超过 6 000 平方米,并拥有德国、荷兰、澳大利亚三大海外仓,以及宁波、广州两个保税仓,在母婴电商中率先步入"跨境购"领域。

作为中国领先的女性生活方式服务平台,蜜芽业务集零售、自有品牌和会员营销为一体。其运营团队核心成员来自百度、京东商城、苏宁红孩子、当当网等成熟互联网公司,拥有独立的技术研发团队,销售渠道包括官方网站、Web 页和手机客户端。截至目前,蜜芽已服务超过 5 000 万中国年轻妈妈,满足母婴、家庭、生活产品和服务等全方位生活场景需求。

蜜芽宝贝一直遵循高档商场的采购准则,坚持向品牌方、总代理直接采购,为消费者甄选在原产国畅销、拥有一定的历史积淀和口碑的优质海外品牌,供应链管理严谨。这些产品在国外受到消费者追捧,在国内同样广受好评。它们设计可爱、材质可靠、制作考究,部分甚至获得过奖项,通过蜜芽宝贝采购后服务于更多的中国家庭。

具体运营上,蜜芽宝贝不在采购环节压缩成本,不串货不乱货。在坚持采购标准、供应链管理标准和仓储标准的前提下,通过模式创新、提高效率等方式来降价。尤其是限时特卖的模式,能大幅提高库存周转率,降低经营成本,最终让利给消费者。

二、蜜芽的成长

(一) 起步淘宝

2011年,蜜芽宝贝的创始人刘楠在淘宝上经营着一家四皇冠小店。她一边积极寻找全世界好用的东西,一边团结了一批志同道合的妈妈,在母婴圈里影响力越来越大。刘楠本能地感觉到,中国新生代妈妈们不再满足于老一辈的育儿经验,她们用谷歌、亚马逊等平台搜索自己想要的育儿用品,海淘、代购因此兴起。以令人满意的价格和速度获得海外优质商品,是该消费群体最核心的诉求。

(二) 从蜜芽宝贝到蜜芽

我国是全球最大的儿童市场,直接和衍生需求巨大,却几乎没有为这个人群的整体需求提供优质服务的孕婴童公司,故创业初期,蜜芽宝贝的目标是成为中国第一的孕婴童公司。

而后,蜜芽宝贝改名为"蜜芽",其品牌寓意提升了一层。如果说蜜芽宝贝主要面向1~3岁的婴幼儿市场,那现在的蜜芽就能够让消费者愿意托付生儿育儿的全部过程。比起致力于无所不包、无所不有的全平台购物网站,蜜芽更希望成为提供套完备生活方式和知识体系的平台。基于此,蜜芽将商品品类拓展至美妆、家居、食品等相关门类。

(三) 痛点切入

彼时,外国品牌商想在中国销售产品,需要通过经销商及下属的零售商,并缴纳各种手续费。这一系列网络的铺设需要15个月左右。漫长的等待和高昂的成本,导致早期海淘体验感极差。

经过一番准备,2015年3月,蜜芽举办了一场"纸尿裤疯抢节"活动,把进口品牌的纸尿裤价格直接砍半,引发了巨大的反响。人们都感到不可思议:一个规模尚小的垂直电商怎么能做出如此颠覆性的举动呢?事实上,蜜芽巧妙地抓住了跨境政策的风口。作为最早一批涉足跨境的电商之一,蜜芽利用保税区的优势,将原本15个月的渠道铺设时间压缩到了15天,并快速建立起自己的供应链,在北京、宁波、重庆、香港、郑州多地布点设仓,和当地政府一起探索和完善整个跨境电子商务的监管制度。

在构建起经营模式雏形、把控住物流后,蜜芽立即与世界级知名品牌展开直接合作。在此之前,这些大品牌都是靠总代理、经销商出货,而选择一家跨境电子商务直接对接,蜜芽算得上首创。蜜芽要求始终围绕"为妈妈和孩子提供最好的东西",并比别人快3~6个月的时间内找到创新的商品。

(四) 蜜芽的用户

蜜芽的目光并不局限于在单一垂直领域的精耕细作,为了将用户与商品联系得更加紧密,"社交+电商"的模式应运而生,成为口碑营销的升级版。

"蜜芽圈"便是这样一个供妈妈们分享育儿心得和知识及推荐商品和服务的社区。据蜜芽战略发展副总裁彭琳琳介绍,蜜芽40%的消费者曾在蜜芽圈里贡献过内容,这种参与度是相当令人瞩目的。为了避免泛社交平台可能带来的无意义内容和争执,蜜芽圈不停地推出有针对性的、围绕育儿购物的话题,并通过线上线下各类活动,不断培养用户形成良好的使用习惯,使蜜芽圈成为母婴用户接触商品和内容的主要入口。

蜜芽圈2.0版本上线后,DAU(日活跃用户数量)增长迅速,已经超过30万。引进的内容网红、大IP用户以及蜜芽圈原生的草根网红已经超过800人。许多妈妈在蜜芽圈就育儿相关的各个方面进行讨论,并持续地将优质的内容分享到微信、微博、朋友圈等,通过产生优质内容来增强用户黏性并吸引新客户。

(五)生态蜜芽

蜜芽认为,如果妈妈们能够通过蜜芽圈在线上买到物美价廉的商品,线下又能得到很好的婴童服务,蜜芽针对此细分市场的优势就会比其他单纯的电商平台更加突出。

垂直电商为蜜芽搭建新的生态系统提供了新的契机。在该模式下,蜜芽构建了一个除商品外,还能提供游乐场、玩具,甚至餐厅的孕婴童新生态,为客户体验带来质的飞跃。此外,蜜芽开始尝试和幼儿园、私立医院逐步合作,同时也为妈妈们提供创业平台,让妈妈们通过简单的渠道拿到蜜芽的货,再通过社交网络卖给亲朋好友,成为一种轻松的创收方式。蜜芽创始人刘楠认为,蜜芽不希望成为一家独大的垂直电商,而致力于打造一家行业公司,能够和全行业链条上的其他公司、机构展开紧密的合作,构筑起独具特色的母婴大生态体系。

第五节 进口跨境电子商务平台之四——蜜淘

一、蜜淘简介

蜜淘的前身为CN海淘,由一批经验丰富的年轻人创立,创始人谢文斌曾任职于阿里巴巴旗下的天猫。公司成立于2013年10月,CN海淘于2014年3月正式上线iPhone和Android客户端,同年4月即实现奶粉节当日销售量突破100万元,7月更名为"蜜淘"。在获得经纬创投千万美元的A轮融资后,2015年它与京东、天猫、聚美优品等展开价格大战,最终于2016年2月倒闭。CN海淘主打海淘手机购物,通过简单的下单与支付,使国内用户不需要经过繁杂的转运就可以购买到海外正品。曾经,CN海淘推出的0代购、价格透明、全程跟踪等服务也开创了海淘领域的新标杆。

蜜淘是一家海淘品牌限时特卖的网站,首创了海淘品牌单品团、品类团和品牌团的限时特卖模式,通过海外品牌厂家、正规代理商、国内专柜等可信的进货渠道采购,并在采购部专门设置自身的质检员。同时,它也将与国内转运公司、海外仓车、保税区等深入合作,采取海外直邮、保税区清关、海外转运、国内进口直发等模式来方便用户购买海外正品。

其服务流程如下:

第一步,客户在CN海淘下单后,CN海淘直接通知海外商家下单并发货。

第二步,CN海淘专员根据已支付的订单信息,从对应的海外商家采购对应商品,并通知客户订单已经确立执行。

第三步,海外商家发货后,CN海淘会将海外商家物流单号回执给客户,此时客户可以跟踪订单商品在海外的物流配送信息。

第四步,海外商家会把客户下单的商品发到CN海淘在国外的仓库,通过国际直邮的方式运送到客户手上,此时客户可以通过物流跟踪查看订单物流状态。

第五步,商品到达我国境内后由中国海关清关,通常需要5~10天的时间。

第六步,报关清关完成后,国内物流公司把客户购买的商品快速配送到客户下单的地址。

二、谁"杀死"了蜜淘

2014年,在当时的政策助力和商机驱动下,跨境电商行业蓬勃发展。随着早期圈地完毕,汹涌的掘金者面临贴身肉搏。身处风口浪尖的蜜淘最终倒下,有三个重要原因。

(一)爆款商品的推广不被业内看好

洋码头相关负责人表示,爆款不能成为一种长期的经营模式。跨境电子商务本身能做爆款商品的产品并不多,而打造爆款商品又需要平台持续补贴让利,一旦后续商品跟不上,供应链支撑不了,平台会很难。爆品只能成为平台营销、拉新的方式,除了低价促销吸引用户外,能满足用户什么样的需求才是爆品思维的关键。

宝贝格子CEO张天天认为,推爆款商品没有错,需求点切实存在,也是最能降低用户获取成本的方式,但归根结底,平台还是要回归到解决更多用户需求痛点上,而不是单纯打爆品。蜜淘的爆品特卖思维并未获得想象中的成功,当时蜜淘的月交易额只有几十万元,增长速度也只有30%~50%。

(二)频繁大促导致推广黑洞

2014年11月,蜜淘获得了祥峰投资、经纬创投等投资机构达3 000万美元的投资。为了提高销售,蜜淘随即加入了地铁刷广告的营销大军,当月黑色星期五之后,蜜淘特卖产品销量翻倍增长。

有媒体报道称,每次大促前,蜜淘都会投入几千万元做广告,这也是蜜淘飞速发展的转折点。数据显示,当时蜜淘客户端活跃用户接近100万人,累计递送包裹近20万个,月交易流水突破1 000万元,员工数量发展到60人。

随后,蜜淘举办了"520激情囤货节"和"618电商大促",面对主流电商的挑战,蜜淘并不怯场,打出保税区商品全网最低价的口号,叫板京东、天猫、聚美优品、唯品会等电商,承诺物流速度体验绝对超过京东、天猫。然而看起来滋润的光景并未持续太久。2015年初,跨境电子商务市场进入价格战,蜜芽率先举起了降价大旗,同样是跨境电子商务的洋码头在拿到1亿美元B轮融资后,也高喊着要加入到"价格战"中。其他跨境电子商务随之参战,包括当时仍在网易旗下的网易考拉海购、京东、天猫、阿里、聚美等。

在资本、流量、品牌等资源都雄厚的巨头对手面前,蜜淘的优势开始变弱。蜜淘在库存货量上的最高值只有2 000万元,但某些大公司在保税仓库中的货就可达10亿元。一旦进入大促怪圈,平台就需要通过不断的大促刺激销量。不幸的是,大多数情况下,价格战会受到资本市场的制约。而蜜淘的C轮融资却迟迟未能公布,这也让蜜淘开始掉队于海淘创业大军。跨境电子商务企业进行大额资金投入的前提一般是有很强的供应链和特色的服务,而在同质化竞争很严重的情况下,不断投入资金而没有充足的准备,则缺乏意义。一直没有备好粮草却对大促乐此不疲的蜜淘在那时就注定了失败。

(三)错误转型韩国购

2015年9月,蜜淘主动放弃了全球购运营思路和价格战的营销手法,退守到针对单一韩国商品的市场——韩国购。

张天天认为,跨境电子商务与双边贸易不同,跨境电子商务强调互联网的去中间化,用户对海外商品的需求也是多元化的。在这一过程中,逐步聚焦某一专门市场是可行的,但要充分考虑市场竞争格局和消费者需求。在当时的情况下,专注于单一国家商品市场较为困难。

对于跨境电子商务来说,蜜淘选择把用户群体定位在"韩范用户",理论上似乎行得通,但过去日韩市场上,无论是跨境电商、保税贸易、还是一般贸易,竞争都异常激烈,蜜淘的竞争难度可想而知。

由于蜜淘从全球购业务转型为韩国购,公司业务部门大幅裁员,同时公司将于年后解散的消息在内部扩散。2015年年底,蜜淘从望京SOHO T2不大的办公区域浩浩荡荡搬到望京SOHO T3的整层办公区之后不到半年,便提前退租。2014年的蜜淘风光无限,几乎获得了所有创业团队期望甚至羡慕的资本"战果"。它一年内斩获三轮融资,天使轮、A轮、B轮,然而最终却未能进行C轮融资,这不禁令人唏嘘。

三、蜜淘失败给业界的启示

跨境电子商务该如何避免类似蜜淘的失败,创业跨境电子商务又该如何与巨头阿里、京东对抗,不被潮流击败而良好发展呢?

(一)合理定位,避免盲目竞争

从对蜜淘的分析中我们看到,蜜淘其实有很好的发展前景。从其挑战京东的行动,到在黑色星期五公布营业数据,再到在一年内接二连三获得融资,可以看出它行业挑战者的决心和态度。在获得大笔融资之后,蜜淘也选择了互联网上最快速、最有效的引流形式——"烧钱"。但因为受到互联网寒潮的影响,导致其资金供应不足。"烧钱"或许是可以的,但在经营中,还是要立足市场,避免盲目竞争。

(二) 找准需求痛点,持续发力

做商业的"初心"始终是解决客户的需求痛点。进口跨境电商被客户诟病较多的问题,从早期海淘时的假货泛滥、产品来源没有保障,到后来用户体验不佳、物流不给力等,始终层出不穷。谁能持续处理好这些问题,谁就能够成为跨境电子商务的领头羊。跨境电子商务需要的不仅是一时的商品低价,更多的是有针对性的需求挖掘、合理供应链的搭建和良好的物流网络支持。

第六节 跨境电子商务零售进口业务的开展

跨境电子商务零售进口不同于一般贸易,是满足国内居民品质化、多元化消费需求,直接面向消费者且仅限于个人自用的跨境电子商务类型。2018年11月,商务部等六部门出台跨境电子商务零售进口监管政策,在北京等37个城市试点运行。

随着政策体系不断完善,跨境电子商务零售进口业务在丰富国内市场供给、带动相关行业发展、更好满足人民美好生活需要等方面取得积极成效。在稳住外贸基本盘方面,跨境电子商务零售进口已成为新的增长引擎。据中国海关统计,2022年,中国跨境电商进口达5 278亿元。同时,相关风险防控和监管体系也在逐步健全,事中事后监管有力有效,具备了更大范围内复制推广的条件。

一、跨境电子商务零售进口业务监管

跨境电商零售进口,是指中国境内消费者通过跨境电商第三方平台经营者自境外购买商品,并通过"网购保税进口"(海关监管方式代码1210)或"直购进口"(海关监管方式代码9610)运抵进境的消费行为。

相关的商品应符合以下三个条件:

第一,属于《跨境电子商务零售进口商品清单》(以下简称《清单》)内、限于个人自用并满足跨境电商零售进口税收政策规定的条件。

第二,通过与海关联网的电子商务交易平台交易,能够实现交易、支付、物流电子信息"三单"比对。

第三,未通过与海关联网的电子商务交易平台交易,但进出境快件运营人、邮政企业能够接受相关电商企业、支付企业的委托,承诺承担相应法律责任,符合跨境电商四八新

政内容,向海关传输交易、支付等电子信息。

目前,我国对跨境电子商务零售进口商品采取"正面清单"管理。《清单》始于2016年,自2016年清单出台以来,先后共经历了4次优化调整。

根据财政部、海关总署、国家税务总局《关于跨境电子商务零售进口税收政策的通知》(财关税〔2016〕18号),跨境电子商务零售进口税收政策仅适用于《清单》范围内的商品。由于设立了专门的跨境电商综合税,相关部门也对纳入该征税方式的商品范围进行了限定。为配合该项政策实施,2016年4月,财政部、发展改革委、工业和信息化部、农业部(现已改为农业农村部)、商务部、海关总署、国家税务总局、国家市场监督管理总局、食品药品监管总局、濒管办、密码局等13个部门共同公布了两批清单,共包括1 240项商品,涵盖了食品饮料、服装鞋帽、家用电器以及部分化妆品、儿童玩具、生鲜、保健品等国内热销商品。此后,该清单不断调整和扩大,2018年11月,增加了健身器材等商品,清单商品数达到1 321个。2019年,11部委局办发布2019年第96号公告,规定自2020年1月1日起实施《跨境电子商务零售进口商品清单(2019年版)》,增加了冷冻水产品、酒类等商品,共计商品1 413项。

2022年1月28日,财政部等8部门发布了2022年第7号公告,对《清单》进行了调整,增加了滑雪用具等29项近年来消费需求旺盛的商品,自2022年3月1日起执行。经过此次优化调整,清单商品税号进一步增加到1 476个。商品税号数量不断增加,类别更加丰富,有利于促进跨境电子商务业态发展,推动贸易高质量发展。

二、跨境电子商务零售进口业务操作要点

《电子商务法》及2018年一系列针对跨境电子商务零售进口业务法规的生效时间都定在2019年1月1日。该时间节点之后顺利开展跨境电子商务零售进口业务相关要点包括以下几点。

(一)参与主体方面

1. 跨境电子商务零售进口经营者

跨境电商零售进口经营者是指自境外向境内消费者销售跨境电商零售进口商品的境外注册企业,为商品的货权所有人。图3-3显示了跨境电子商务零售进口经营者的基本资质要求和相应责任。

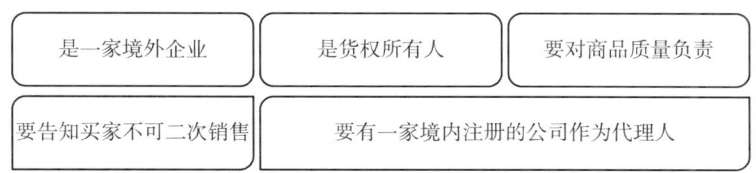

图3-3 跨境电子商务零售进口经营者的基本资质要求和责任

2. 跨境电子商务平台

跨境电商第三方平台经营者(以下简称跨境电商平台)是在境内办理工商登记,为交易双方(消费者和跨境电商企业)提供网页空间、虚拟经营场所、交易规则、交易撮合、信息发布等服务,设立供交易双方独立开展交易活动的信息网络系统的经营者。图 3-4 显示了跨境电子商务平台的基本资质要求和相应责任。

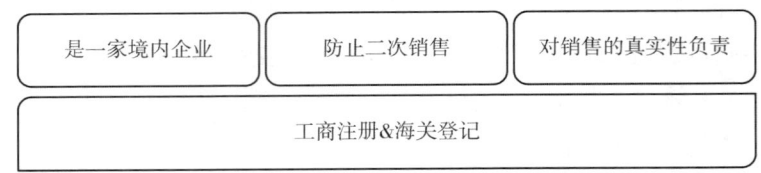

图 3-4　跨境电子商务平台基本资质要求和责任

3. 境内服务商

境内服务商是在境内办理工商登记,接受跨境电商企业委托为其提供申报、支付、物流、仓储等服务,具有相应运营资质,直接向海关提供有关支付、物流和仓储信息,接受海关、市场监管等部门后续监管,承担相应责任的主体。图 3-5 显示了跨境电子商务境内服务商的基本资质要求和相应责任。

图 3-5　境内服务商基本资质要求和责任

4. 消费者

消费者即跨境电子商务零售进口商品的境内购买人。图 3-6 显示了跨境电子商务零售进口消费者基本资质要求和相应责任。

图 3-6　跨境电子商务零售进口消费者基本资质要求和责任

5. 监管方

跨境电子商务的监管方主要指海关及电商法监督管理执行方。

自 2019 年开始,个人代购已属违法。因此根据政策,参与跨境电子商务零售进口业务的主体,根据各自性质的不同,经营方式各有区别。

图 3-7 显示了参与跨境电子商务零售进口业务不同主体的基本经营方式。

(二) 实际操作方面

目前个人代购因为主体不合法,已经无法操作。海淘是海外平台购买,通过直邮模式

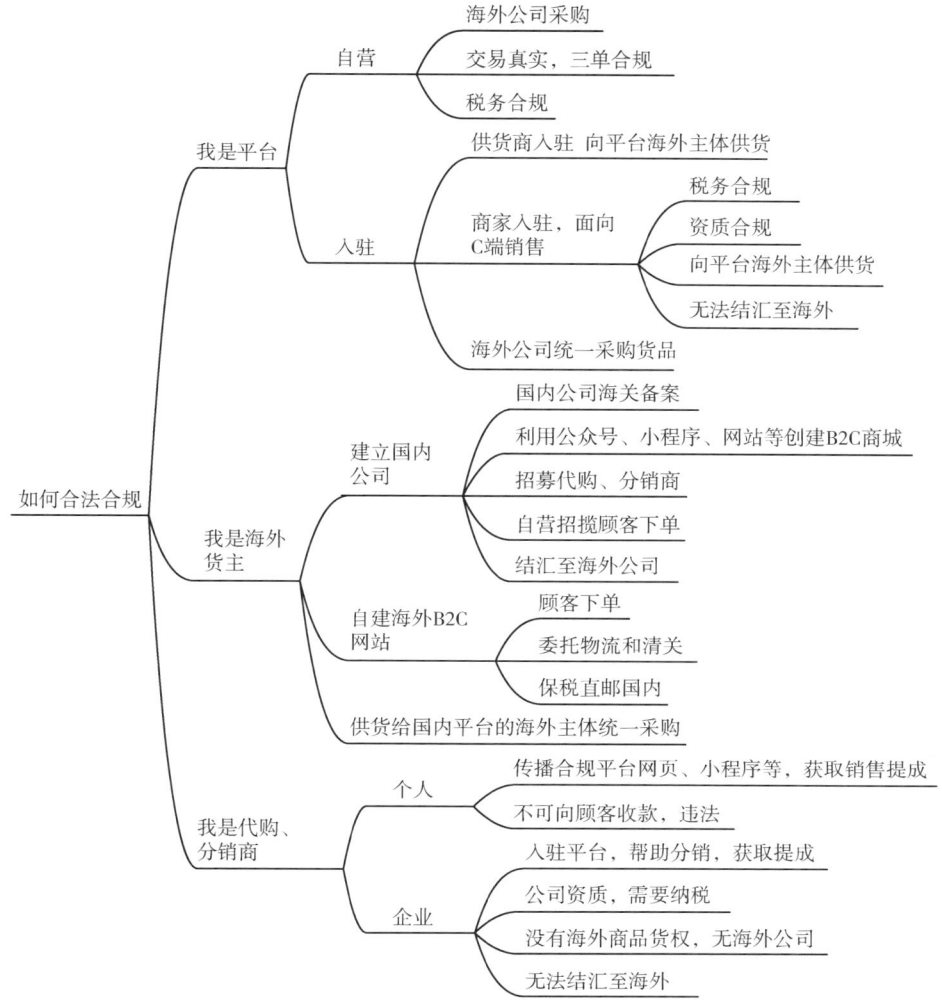

图 3-7 参与跨境电子商务零售进口业务主体基本经营方式

发货,因为存量和发展空间不大,这两者会逐步退出历史舞台。2019 年开始,符合法律的跨境商品交易模式就只有保税模式和直购模式了,而保税模式受到政策鼓励,将可获得较为持续的发展窗口期。表 3-4 显示三种不同经营方式在实际操作方面的比较。

表 3-4 三种不同经营方式实际操作比较

项目	代购	海淘	跨境电子商务
简介	通过外国个人或者买手直接购买海外商品并寄回国内	在海外电商网站直接购买,由电商网站寄回国内	在国内的 B2C 网站上购买
交易方式	C2C	B2C	B2C
商品品类	无限制	无限制	《跨境电子商务零售进口商品清单》

(续表)

项目	代购	海淘	跨境电子商务	
			直邮模式（9610）	保税模式（1210）
物流方式	海外直邮\人肉带回	海外直邮	慢	快
物流时效	慢	慢	慢	快
通关速度	慢	慢	走海关通关 EDI 申报系统；快	
通关	不报关；抽查	不报关；抽查	需要报关（三单对接）	
税收	抽检到缴纳行邮税	抽检到缴纳行邮税	跨境电子商务综合税	
信任模式	对代购者个人的信任	对海外平台的信任	对境内电商平台的信任	
合规性	自 2019 年起已违法	自 2019 年起边缘化	自 2019 年起政策鼓励	

三、当前海关认可的跨境电子商务零售进口业务主流运营模式

（一）运营模式

跨境电子商务零售进口主要有两大模式。

1. 网购保税进口

该模式（海关监管方式代码 1210）即为我们在购买跨境商品时最常见到的"保税仓发货"模式。在该模式下，电商企业先将海外商品以批量报关的方式存入海关特殊监管区域或保税物流中心（B 型）内的"保税仓"，由海关实施电子账册管理。境内消费者下单购买后，商品从境内的"保税仓"中发出，由国内快递送达消费者。从时效来说，通常 1~3 天即可将商品送达消费者。

2. 直购进口

直购进口（海关监管方式代码 9610）是另一种购买跨境商品中较为常见的"海外仓发货"（或"XX 直邮"）的模式。在该模式下，电商企业直接向境内消费者销售海外商品。在境内消费者下单后，商品集中从境外海外仓发出，经过跨境物流运输后，再由国内快递送达消费者。从时效来说，受"海外仓"所在地以及跨境物流效率等不同因素的影响，需要几天至几周不等的时间将商品送达消费者。图 3-8 显示了 2019 年各项政策实施之后，海关认可的主要跨境零售电商进口运营模式。

（二）清关流程

以上主流运营模式的清关流程主要表现为"三单合一"，"三单"即支付单、订单、物流单。

1. 支付单

支付单由支付公司负责推送，但是该支付公司必须直接为平台提供收单服务，严禁二次收单。

2. 订单

订单由电商平台对接推送至海关总署电子口岸（或当地电子口岸）。

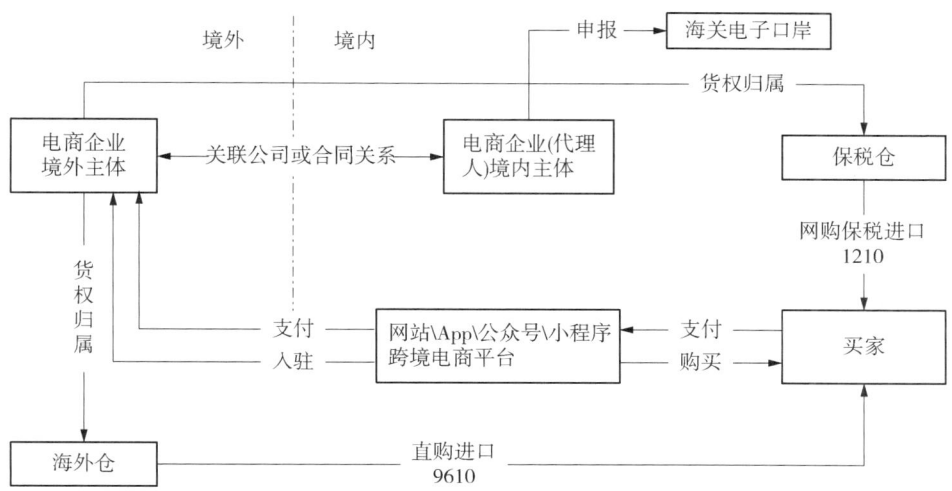

图 3-8　2019 年后海关认可的主要跨境零售电商进口运营模式

3. 物流单

由清关服务商代为推送（如保税仓运营方、物流公司等）。海关系统会按照以下规则对信息进行校验，确认是否放行。

（1）订单、支付单、物流单匹配一致。

（2）电商平台、电商企业备案信息真实有效。

（3）订购人姓名、身份证号匹配查验一致。

（4）订购人年度购买额度小于等于 26 000 元人民币。

（5）单笔订单实际支付金额小于等于 5 000 元人民币。

（6）订单商品价格、代扣税金、实际支付金额等计算正确（允许 5% 的误差）。

（7）订单实际支付金额、支付单金额、支付人信息等一致。

当前海关认可的跨境电子商务零售进口业务主流运营模式如图 3-9 所示。

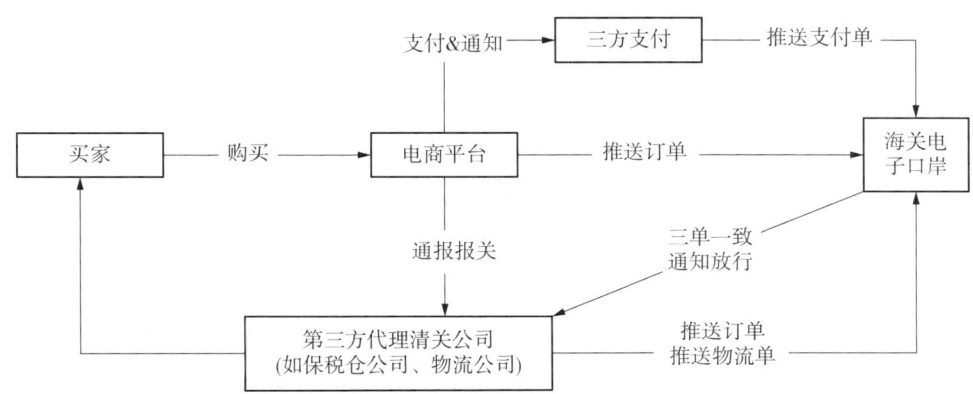

图 3-9　2019 年后海关认可跨境电子商务零售进口业务主流运营模式

(三) 税收方面

跨境电子商务零售进口商品的单次交易限制为人民币 5 000 元,个人年度交易限值为人民币 26 000 元。

跨境电子商务零售进口商品按照货物征收关税和进口环节增值税、消费税,购买跨境电子商务零售进口商品的个人作为纳税义务人,实际交易价格(包括货物零售价格、运费和保险费)作为完税价格。

电商平台、电商企业、物流公司为消费者代收代缴,B2C 跨境电子商务的纳税主体是消费者(订购人),税费征收方式如下。

税费标准:进口商品,关税税率暂设为 0%;进口环节增值税、消费税按法定应纳税额的 70% 征收。

计算规则：　　　　税费＝购买价格×跨境电子商务综合税率

跨境电子商务综合税率＝(消费税率＋增值税率)×70%

举例:假设进口清单中大部分商品增值税是 13%,消费税为 0%,大致计算下来税率为 13%×70%＝9.1%。因此,100 元货值需要缴纳 9.1 元的税。

图 3-10 显示了直邮和保税情况下跨境电子商务税费的收费规则。

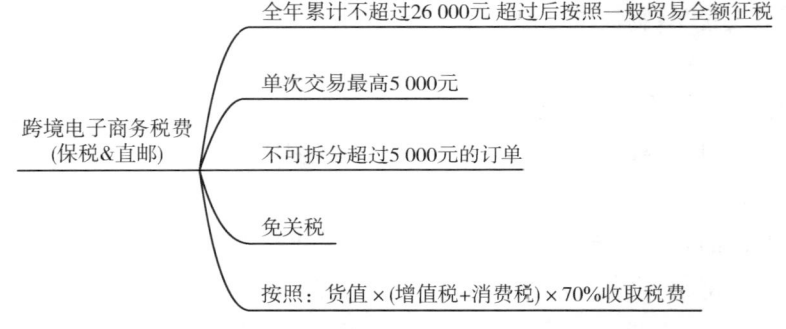

图 3-10　跨境电子商务税费(直邮&保税)收取规则

延伸阅读 3-1

天猫国际"逐新",跨境电商要讲新故事

2022 年双十一购物狂欢节(以下简称"双十一"),天猫国际有了新动作。10 月 26 日,天猫国际海外直购业务正式升级,发布全新品牌"全球探物"。位于日本、韩国、欧洲等六大采购中心的官方采购团队全球直采进口尖货,专机直邮到消费者手中。

天猫国际同时表示,赶在天猫"双十一"前,"全球探物"迎来美国最大的奥莱购物集团 SPO(Shop Premium Outlets)官方入驻,超 10 万款奥莱商品实现全球同步上新。据悉,天猫国际有直购、平台、直营三大进口模式,"全球探物"是其海外直购业务升级后的产物。

天猫国际总经理董臻贞在品牌发布会上表示,在跨境进口市场,人们消费需求正发生演变。"跨境消费进入个性化发展期,消费者更热衷探索和发现海外新奇特的商品。"或许正是因为察觉到消费者需求的变化,2022年9月,天猫国际公布全新业务策略,表示将聚焦"好货、好服务、好逛"。

"所有东西会围绕着'新'去打造。"对于天猫国际今后的发展方向,董臻贞告诉《每日经济新闻》记者,她希望消费者认为天猫国际是全球新趋势的引领者。

如今,跨境电商的市场环境发生了不少变化。艾媒咨询数据显示,2021年,天猫国际在跨境电商进口零售市场的占比最高,达26.7%;而到了2022年,人们目睹跨境电商赛道的老牌玩家洋码头身陷资金链风波,整个赛道能打的玩家越来越少。

从标品到非标品

据官方介绍,"全球探物"是由海外直购业务升级而来。该模式通过搭建数字化、弹性的供应链体系,实现海量新品的供应,并依托全球六大采购中心及直邮物流网络,让海外商品就近入仓、快速上架、专机直达国内。

"以前,整个天猫国际是以保税仓为核心的,保税仓解决更多的是标品,比如奶粉、保健品、化妆品。到了2018年左右,我发现它存在瓶颈,天猫国际在当时是缺乏非标商品的供给的。以口红为例,保税仓核心卖的是30款色号中的5款色号,便只储5款,那如果消费者喜欢另外25款中的色号,该如何实现供给?"董臻贞说。

她表示,也正是因此,海外直购业务于2018年创立,"核心目标(诉求)就是通过海外仓模式解决保税仓解决不了的供给问题。"

"天猫和淘宝的模式叫作平台模式,平台模式很简单,就是让海外的商家到淘宝或天猫开一家官方旗舰店。"董臻贞介绍,2015年,天猫国际推出了自营模式,通过阿里的主体直接自己采购、自己控货、控价、控体验。据她表示,与平台模式和自营模式不同,海外直购是通过海外仓的体系,让海外的商家直接备货到海外仓,通过海外直购的模式把商品直接销售给中国消费者。

"海外直购是重要的非标孵化阵地,通过灵活的海外仓供应链模式实现海量非标商品的高效接入;而平台模式是商家建设品牌、沉淀品牌会员的主阵地;自营模式是高效的成交场,可以实现单品成交效能的最大化。"董臻贞说。

自天猫国际成立以来,消费者的进口需求发生了不小的变化。据介绍,天猫国际成立之时,是海淘发展的初始期,消费者的进口需求主要围绕着"奶粉的安全性"和"美妆的价差",而2019年以后,则进入了跨境消费个性化的发展期,消费者开始追求全球发现感和消费愉悦感。

"全球探物"业务正是在这个需求背景下诞生和快速发展的,至2022年9月,品牌数超1.2万,3年来商品数量扩大了60倍。

易观分析品牌零售行业高级分析师陈涛对《每日经济新闻》记者表示,海外仍有很多的品类和品牌的商品尚未出现在中国市场,或只是在中国市场试水,这些商品中很大一部分都有意愿也有计划在中国打开市场,不断扩充其潜在消费群体。

天猫国际的做法,正好在供给与需求之间牵线搭桥了。

天猫国际,为何"逐新"

作为跨境电商赛道的主要玩家,天猫国际将现阶段的关注重点转向引入非标品,或与整个跨境电商赛道如今所处的发展阶段有关。

2022年以来,跨境电商行业有不少知名玩家陷入生存危机,8月,洋码头创始人曾碧波曾在"洋码头买手服务号"发表公开信,提及洋码头当时所处的困境。

他提及,疫情防控对于整体进口电商冲击严重,尤其国际进口快递的国际航班运能大幅减少,口岸清关时效大幅拉长,整体时效链路拉长后,买手的资金结算回笼也受到严重影响,用户等待时间拉长,订单取消率也比以前更高。

与洋码头相比,背靠阿里,天猫国际的情况显然要好得多。

"物流是阿里很强大的一个后端能力。"董臻贞说,"即便在受到疫情影响的情况下,从欧洲到中国,海外直购业务也只需要十来天就可以将商品送到消费者手中,除非遇到航班突然熔断等特殊情况"。

她还表示,自营商品单品六仓备货,即便一个城市出现疫情,其他城市的仓储依然可以发货,只需要稍微改变发货链路。

即便如此,在业内人士看来,天猫国际如今大力逐"新",试图引入全球海量的趋势尖货和小众特色货品,也与现阶段跨境电商所处的局势有关。

有业内人士认为,跨境电商现在基本处于成熟发展期,销售新兴品类和销售畅销品类并不矛盾,同时销售多个品类,既能扩大受众面,还能减少风险。

上海财经大学电子商务所执行所长崔丽丽表示,在追寻和满足消费者的个性化需求上,天猫国际有一定优势,"在个性化潮品等品类,高消费客单价相对普遍,相比较平价奢侈品,'掐尖'消费应该不会受大环境影响而降低"。崔丽丽认为,这或许也意味着,天猫国际更注重小众高端高价,不走规模化道路了。

在接受每经记者采访时,董臻贞也表示,天猫国际在淘系内的一个核心价值便是在于服务淘系内最高净值的客户,这是一种"差异化的供给"。

无论是个别玩家的落寞出局,还是天猫国际当前的积极策略,整个跨境电商赛道依然还处于变局之中。

资料来源:每日经济新闻. 天猫国际"逐新":发布"全球探物"、引入奥莱、跨境电商要讲新故事? [EB/OL]. (2022-10-27)[2023-06-27].

本 章 小 结

1. 进口跨境电子商务通常是指中国国内消费者通过跨境电子商务第三方平台经营

者从海外购买商品的消费行为。它是一种利用"互联网＋外贸"向国内引进海外产品的贸易形式。

2. 进口跨境电子商务的参与者包括海外品牌商、中间交易商、物流服务商、零售商、终端消费者、政府监管部门。

3. 进口跨境电子商务的模式根据运营模式的不同可以分为海外代购、直发/直运平台、自营 B2C、导购/返利、海外商品闪购模式。根据履约模式不同可以划分为直购进口模式和保税进口模式。根据平台运营方不同可分为平台模式和自营模式。

4. 跨境电子商务零售进口不同于一般贸易，是满足国内居民品质化、多元化消费需求，直接面对消费者且仅限于个人自用的跨境电子商务类型。参与主体包括跨境电子商务零售进口经营者、跨境电子商务平台、境内服务商、消费者、监管方。

5. 跨境电子商务零售进口的清关流程主要表现为支付单、订单、物流单的"三单合一"。该业务纳税主体是消费者，在交易过程中，常由电商平台、电商企业和物流公司代收代缴，税费按照跨境电子商务综合税率进行征收。

课后习题

一、单选题

1. "自境外向境内消费者销售跨境电子商务零售进口商品的境外注册企业，为商品的货权所有人。"该陈述是对（　　）的定义。
   A. 跨境电子商务平台　　　　　　　B. 跨境电商零售进口经营者
   C. 境内服务商　　　　　　　　　　D. 消费者

2. 根据运营模式不同，以下属于自营 B2C 模式的平台是（　　）。
   A. 天猫国际（综合）　　　　　　　B. 蜜芽宝贝（母婴）
   C. 天猫国际环球闪购　　　　　　　D. 苏宁全球购

二、多选题

1. 根据履约模式不同，跨境电子商务进口业务可以分为（　　）。
   A. 直购进口模式　　　　　　　　　B. 平台模式
   C. 自营模式　　　　　　　　　　　D. 保税进口模式

2. 2018 年 11 月，国家六部委联合发布的《关于完善跨境电子商务零售进口监管有关工作的通知》（商财发〔2018〕486 号），明确规定跨境电子商务零售进口行业的主要参与主体包括（　　）。
   A. 跨境电子商务零售进口经营者
   B. 跨境电子商务第三方平台经营者
   C. 境内服务商
   D. 消费者

3. 跨境电子商务零售进口业务的两种主要物流方式为（　　）。

A. 代购　　　　　　　　　　B. 海淘

C. 直邮　　　　　　　　　　D. 保税仓

三、判断题

1. 2016年"四八新政"后，跨境电子商务从此告别"免税时代"，行业内使用"跨境电子商务综合税"代替行邮税。（　　）

2. 考拉海购获得中国质量认证中心认证的"B2C商品类电子商务交易服务认证证书"，认证级别四颗星。（　　）

四、简答题

1. 简述进口跨境电子商务的发展过程。
2. 简述进口跨境电子商务业务参与者及各自的功能。
3. 简述进口跨境电子商务发展的驱动力及作用。
4. 简述蜜淘的失败给业界的启示。
5. 举例说明目前保税仓和直邮模式下跨境电子商务零售进口业务税收规则。

第四章
跨境电商选品与产品定价

学习目标

知识目标

- 了解跨境电商选品的考量因素及注意事项
- 熟悉跨境电商选品的分类和方法
- 掌握跨境电商货源选择的途径
- 了解跨境电商商品的价格构成
- 了解跨境电商商品的定价策略

能力目标

- 能够阐述选品时需要考量的因素
- 熟知跨境电商货源选择的渠道
- 能够给商品制定合适的价格

关键概念

选品　跨境电商选品的分类　跨境电商产品的定价策略　跨境电商商品的案例分析

本章框架图

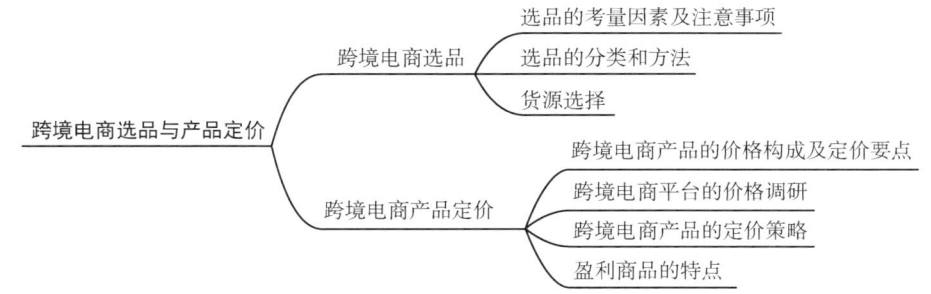

选品是电商业务的核心,错误的选品不仅浪费卖家的时间,还会让卖家面临产品滞销的问题。想要做好选品工作,卖家要有正确的选品思路,不能凭主观感觉去做决策,而要遵循一定的原则和数据分析方法。只有掌握选品技巧,才能做到有的放矢。并且我们知道一件商品定价太高会导致店铺严重流失流量,而定价太低又无法保证店铺的盈利,所以

科学、合理的定价才能提高转化率,增加销量,从而实现盈利。

第一节　跨境电商选品

　　跨境电商运营成功的因素包括人才、资金以及选择正确的平台运营。做好跨境电商的第一步就是了解如何进行跨境电商的正确选品,如果选择错误,就很有可能在跨境创业之初就偏离轨道,甚至在投入了大量的人力和资源后最终失败。因此,跨境电商的选品对于跨境行业运营发展具有重要的影响。

一、选品的考量因素及注意事项

(一) 选品的考量因素

　　从市场角色关系看,选品指选品人员从供应市场中选择适合目标市场需求的商品。一方面,选品人员要把握目标需求。另一方面,选品人员还要从众多供应市场中选出质量、价格、外观最符合目标市场需求的商品。成功的选品应该实现供应商、客户、选品人员三者共赢的结果。选品是决定跨境电商成功与否的关键。需求和供应处于不断变化之中,因而选品也是从事跨境电商的企业的日常工作。选品的考量因素如图4-1所示。

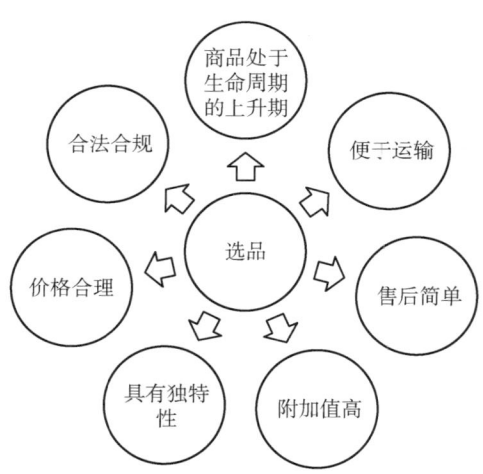

图4-1　选品的考量因素

1. 商品处于生命周期的上升期

　　处于生命周期上升期的商品市场潜力大、利润率高。商品利润率基本上是50%以上,甚至100%以上。

2. 便于运输

　　商品应具有体积较小、重量较轻、易于包装、不易破碎的特点,这样可以大大降低物流成本和物流环节货损的概率。符合这一特征的商品包括手机壳、手机膜、手机支架、耳机等。

3. 售后简单

商品应无需售后服务或售后服务简单，便于操作，不需要组装或安装。需要提供使用指导、安装指导等售后服务的商品不适合作为跨境电商的选品，因为这会增加后期的客户服务成本，一旦处理不当，会直接影响客户的购物体验及评价。

4. 附加值高

价值低于运费的商品不适合单件销售，可以打包出售，以降低物流成本。

5. 具备独特性

商品有自己独特的功能或设计，包括独特的商品研发、包装设计等，才能不断激发买家的好奇心和购买欲望。

6. 价格合理

在线交易的价格如果高于商品在目的国当地的市场价，或者偏高于其他在线卖家，就无法吸引买家在线下单。

7. 合规合法

不能违反平台的规定和目的国的法律法规，特别是不能销售盗版、仿冒或违禁品。这种商品不仅无法盈利，商家甚至还要付出违反法律的代价。

（二）选品的注意事项

有很多可在国内电商平台自由销售的商品，在跨境电子商务交易中是被禁止销售的，如减肥药。所以，卖家在选择出口跨境电商商品时，应注意以下几点。

1. 符合平台特色，遵循平台规则

例如，做 Wish 和亚马逊是不一样的。Wish 是一个快销平台，需要大量的、多类的商品来快速推广，所以卖家要选择多种品类的商品到平台。而亚马逊平台对商品质量的要求比较高，所以卖家就要找质量比较好的商品。

另外，各个跨境电商平台的规则不同，卖家选品时必须了解和遵循各平台不同的规则。

2. 最大限度地满足目标市场的需求

卖家在进行选品的时候需要以客户的需求为导向，发现刚需品。例如，关乎衣食住行的商品每个人都离不开，这类商品无处不在，因此，卖家要关注日常小细节，深入了解目标市场消费者的实际需求。

需要注意的是，跨境电商的目标市场主要包括美国站、欧洲站、日本站、非洲站等。位于这些目标市场的消费者不同，卖家需要有针对性地采取差异化的选品策略。以下以亚马逊日本站为例进行说明。尽管全球开店的亚马逊卖家很多，但做亚马逊日本站的卖家并不是太多，应该说亚马逊日本站目前尚属于蓝海市场。日本人的消费习惯和中国人比较接近,卖家对于日本站商品的选品需要考虑以下两个因素。

第一,需要考虑商品认证和审核手续问题。在日本销售商品首先要考虑的就是外观侵权、食品卫生安全认证、商品安全认证等方面。日本的动漫产业非常有名,在日本销售动漫类商品稍有不慎就可能涉及侵权,轻者会受到下架警告,重者可能直接被销号。其次,日本站对于进口类商品的审核非常严格。某公司销售过一款水壶,在商品发到日本海关时遇到了麻烦,海关要求其出示各种认证资料,其中大部分认证资料必须是日本当地的认证。由于这款水壶认证不符合要求,最后的结果是必须被下架。因此,在亚马逊日本站销售商品,所有商品的认证资料都得准备好。

第二,需要考虑商品差异化优势和质量优势。日本消费者非常注重商品的工艺,所以商品的细节在日本站必须处理好,低价低质的商品在日本站不会受欢迎。如果商品各方面质量都比较好,就不用担心没有销量。具有差异化优势的商品在日本站的销量会比较好。例如,在日本销售 USB 线,1 米线的销量并不好,价格再低都不好卖;相反,15 cm 和 2 m 长的线销量却非常好,这就是差异化优势的体现。

二、选品的分类和方法

(一)选品的分类

1. 主动选品

二维码 4-1
选品的基本逻辑

主动选品是指卖家通过对目标市场的了解或者对某个行业的了解,主动去研发或者寻找商品。例如,熟悉数码类消费电子商品的卖家,对数码类商品的选择可能会精细到数码类商品、手机周边商品、音响、蓝牙音箱。

以蓝牙音响为例,进行主动选品时,卖家需要对整个市场的蓝牙音响商品都了如指掌。例如,他们需要了解哪款是新开发出来的,哪款是用来低价走量的,哪款是采取高端高利润策略的。这个时候,卖家会针对公司的具体情况来自主选择蓝牙音箱产品。

2. 被动选品

被动选品是指卖家参考大多数卖家的数据,查看其近期销量比较大的爆款商品,从而决定自己销售的商品。这样做会比较省事,但是永远会比别人慢一步,所以卖家在选品时如果能做到主动选品与被动选品相结合更为理想。

(二)选品的方法

1. 做好目标市场分析

选品时,卖家要提前对目标市场进行分析,掌握当地人群的生活习惯、饮食习惯、业余爱好以及节假日等基本情况,同时,也要参考国内外相关数据和信息,为选品提供更为全面的依据。

2. 做好数据分析

跨境电商中表现出色的卖家都很重视数据分析。数据分析是通过对各个业务节点业务数据的提取、分析及监控,让数据成为管理者决策、员工执行的有效依据,作为业务运营中的统一尺度和标准。从数据来源看,数据分为外部数据和内部数据。外部数据是指企业以外的其他公司、市场等产生的数据。内部数据指企业内部经营过程中产生的数据信息。为了做出科学的、正确的决策,卖家需要对内外部数据进行充分的调研和分析。

外部数据分析是指综合运用各种外部分析工具,全面掌握品类选择的数据依据。例如,通过 Google Trend 工具分析品类的周期性特点,把握商品开发先机;借助 Keywords Spy 工具发现品类的搜索热度和关键词,同时借助 Alexa 工具选出至少 3 家以该品类作为主要目标市场的竞争对手的网站,作为目标市场商品详情页分析的依据。

内部数据是已上架的商品产生的销售信息,是验证选品成功与否的重要工具,也可用于指导以后选品方向。卖家可通过平台分析工具获得已上架商品的销售信息(流量、转化率、跳出率、客单价等),分析哪些商品销售得好,从选品成功和选品失败的案例中积累经验和教训,再结合外部数据分析,一步步成长为选品高手。

二维码 4-2
第三方数据
分析工具
调研

二维码 4-3
俄罗斯选品
分析

三、货源的选择

出口商品货源的选择有两种渠道:一种是线下货源,另一种是线上货源。

(一)线下货源

线下货源是指在当地可以找到的实体店货源,包括专业批发市场和工厂货源。

1. 专业批发市场

如果资金比较充裕的话,卖家先在当地专业市场进货。这样做有两个好处:一是可以亲自验看商品的质量;二是确保有库存,不会出现买家想购买某商品却断货的情况。例如,卖家要找电子商品就到深圳,要找服装类商品就到广州、虎门,要找 LED 灯饰类商品就到广东中山。如果能够和批发市场的老板多次交易,卖家还有可能拿到较低的批发价,在有新货或热销款时也会较早得到通知。但是无论选择在哪里进货,一定要记住,首次进货一定要多品类搭配,同一款商品采购一件就可以了,如果销售情况好就再去进货。因此,专业批发市场货源的优点是方便、运输成本低、可见实物、可议价,且比较稳定。

2. 工厂货源

工厂货源是最好的货源渠道,如果能和工厂达成合作,不但可以节省成本,还能保证商品质量和售后服务。而且工厂货源是人性化的,可定款、定价、定量。对于未来的发展,工厂货源是最佳选择。采用工厂货源的缺点是,如果是小批量拿货,对于工厂来说很难建立合作。

(二)线上货源

1. 网上商城批发

网上商城批发是一种比较常见的采购渠道,因为没有地域的限制,所以进货比较方便,成本也较低,且货源比较稳定,操作简单,缺点是见不到实物。例如,阿里巴巴上聚集了各类厂家,很多厂家提供批发业务,商品也配有图片。不过这些厂家通常要求卖家大量进货。如果店铺前期资金和经验不足,卖家可以在阿里巴巴的小额批发区进货,虽然进价会高一些,但是风险低,待销量提高再寻找好的货源就变得容易许多。

2. 做网店代理或代销

现在很多电子商务网站上不仅提供批发服务,很多还提供代理或代销服务。成为网站代理比较适合电商新手,不用什么成本就能将店开起来。但是卖家在找这类代理的时候一定要多对比,可以先购买一两件商品试试,因为很多网站提供的商品在质量上没有保障,如果代理了质量不佳的商品,一旦出现问题就会遭到投诉,最后不仅亏了本,还可能会影响店铺的信誉。

遵循平台规则进行选品是非常重要的,不管在哪个平台开店,选品时都需要遵循平台规则。以速卖通平台为例,平台禁止发布任何含有或指向性描述禁限售信息的商品。任何违反本规则的行为都可能会被阿里巴巴依据《阿里巴巴速卖通的禁限售规则》进行处罚。同时,用户不得通过任何方式规避本规定,也不能违反平台发布的其他禁售商品管理规定及公告规定的内容,否则可能将被加重处罚。

二维码 4-4
美国各月份
适合销售
的商品

第二节 跨境电商产品定价

商家想要在跨境电商平台获取不错的销量,除了产品和服务外,产品定价也是一个重要因素。当前,市面上关于跨境电商新品定价的策略很多。但是,最终无论采取什么样的定价策略,跨境电商产品的定价最终目的是实现利润最大化。

一、跨境电商产品的价格构成及定价要点

(一)跨境电商产品的价格构成

从事跨境电商经营的核心目的是营利,而利润可以由商品价格减去成本得出。也就是说商品价格取决于成本和利润。所以,我们要非常清楚真正的商品成本,这也是我们后期商品定价策略的基础。商品的实际成本一般由下面几部分组成:进货成本(包括商品价格、快递成本、破损成本)、跨境物流成本、跨境电商平台成本(包括推广成本、平台年费、活动扣点)、售后维护成本(包括退货、换货、破损成本)、其他综合成本(包括人工成本、跨境物流包装成本等)。以下分别进行论述。

1. 进货成本

进货成本指从国内供应商处采购商品的成本,一般包括工厂进价和国内物流成本。进货成本取决于供应商的价格基础。在进行跨境商品定价之前,首先应该了解所采购商品的价格水平,也就是供应商的价格是不是具有竞争力。选择一个优质的供应商是跨境电商经营的重中之重,优质的商品品质、商品研发能力、良好的电商服务意识都是选择供

应商要考虑的因素,但最核心的因素是供应商的价格必须具备一定的市场竞争力,这样才可能拥有足够的利润空间用于运营和推广。

2. 跨境物流成本

跨境物流成本是商品实际成本的重要组成部分,根据跨境物流模式的不同而有所不同。在跨境物流费用的报价上,商品标价里通常会写上"包邮"(free shipping),这样的标价方式比较吸引客户。所以,卖家一定要将跨境物流费用计算在商品价格之中。关于物流成本的核算方法,请参考跨境电商物流部分。

3. 跨境电商平台成本

跨境电商平台成本是指基于跨境电商平台运营、向跨境电商平台支付的相关费用,一般包括入驻费用、成交费用、推广费用、平台年费和活动扣点,其中,核心是推广费用,如阿里巴巴速卖通平台的 P4P(pay for performance)项目推广费用。如果卖家的资金实力不够雄厚,对于商品的推广投入成本更应该谨慎且要非常详细的预算。一般资金投入建议为工厂进价加上国际物流成本的 10%~35%。就入驻费用而言,目前只有敦煌网和 Wish 不收费,其余平台都要收取,且年费通常在 1 万元以上。就成交费用而言,阿里巴巴速卖通按每笔成交额的 5% 收取,而亚马逊则是按成交额的一定比例收取,一般为 8%~15%,其他平台也有相应的规定。跨境电商平台成本越高,商品的价格就会越高,就越不具备价格竞争力。

4. 售后维护成本

售后维护成本是很多跨境电商新手最容易忽视的一项成本。很多中小型跨境卖家从我国境内发货,线长、点多、周期长,经常会遇到商品破损、丢件甚至客户退货退款的纠纷。因为跨境电商的特性,这样的成本投入往往比较高,我们在核算成本的时候应该把这一成本明确核算进去。核算的比例一般是:(进货成本+国际物流成本+推广成本)×(3%~8%),如果超过这个比例,建议放弃这类商品。

5. 其他综合成本

其他综合成本包括人工成本、办公成本、跨境物流包装成本等。

6. 利润率

利润率也是跨境电商卖家需要考虑的因素,利润率越高,商品的售价也就越高。目前阿里巴巴速卖通等平台的利润率普遍越来越低,一般在 15%~20%。

(二)跨境电商定价要点

1. 要注意商品单位

跨境电商定价时要注意商品单位,如单件(piece)和批量(lot)。这个问题看上去比较简单,但是很多人在做跨境电商时往往不注意这类细节,经常把这样的原则问题搞错,最终导致订单成交后亏本发给客户买教训。此外,跨境电商企业应该根据不同数量为商品制定不同的价格,形成价格差,刺激采购商批量订购。

2. 避免随意定价

随意定价是目前跨境电商定价时比较容易犯的错误。如果商品定价非常随便，定了又改，改了又定，会让客户感觉这个店铺在价格核算上不够专业，而且以前买贵了的客户心理会不平衡，认为买亏了。所以，定价应该经过细致严谨的考量，卖家在制定价格之前要做好调研，避免轻易改变价格。

3. 注意合理的销售方式

有些商品需要分件卖，有些商品需要分批卖，有些商品需要成批卖，其实这里面都有非常严谨的定价和销售策略，如低于 1 美元的商品一般建议分批卖。

4. 要进行充分的市场调研

卖家应首先在平台输入关键词，了解自己的价格在行业内属于什么水平。如果发现自己的商品没有特别具有竞争力的同行，一般建议利润水平不高于 25%。多去了解你的同行，多去关注你的竞争对手，多向他们学习，这样才能使店铺真正成长并获得成功。

5. 注意个人买家和小企业买家的区别

通过跨境电商平台我们可以找个人买家，他们的特点是购买数量少，有时甚至只购买单件商品，但对销售服务的要求高。对于这类买家，我们一般建议将商品价格定在正常的零售价格。同时，通过跨境电商平台我们也可以认识一些小额批发商（小企业买家），他们的特点是能产生小订单，对他们在价格上要给予一定的让利，因为小企业买家后期成长起来对于店铺来说是最强的支持，所以我们要特别重视这类客户的订单。

6. 精准的国际物流快递核算

一个有责任心的跨境电商卖家应尽量帮助客户节省国际物流费用，在定价时，建议将国际物流费用直接包含在商品单价中，同时标明商品包邮。对于商品的包装和重量要精心计算，选择可靠、价格低廉的跨境物流公司，商品的包装尽可能做到又牢固又经济，这样才能使店铺真正拥有一批忠实的客户，最终走向成功。

7. 多了解海外网站上该商品的市场价格

这一点非常重要，如果目标市场是美国，就多去美国网站了解所售商品的终端零售价格，比较自己商品的零售价格加上快递费之后的总价与美国当地同类商品的价格，看看自己的价格是不是具备竞争力。如果跟美国当地的商品价格没什么差别，那价格竞争力就比较弱，客户下单的可能性就比较小。

8. 考虑人民币与美元的市场汇率

对于很多已经有一定销售量的跨境电商卖家来说，其应重点考虑人民币与美元的市场汇率，将商品美元价格的汇率预算得保守一点，以此来规避人民币可能升值的风险。

9. 注意平台收汇扣费成本

无论是 eBay、速卖通、敦煌网，还是其他跨境电商平台，其单笔美元收汇都会有非常高的收汇成本，这个成本一定要考虑进商品定价中。另外，建议在店铺账户累积到较大余额时再去平台提现，这样能最大限度地节省提现费。

二、跨境电商平台的价格调研

要想在激烈的跨境电商竞争中赢得订单,店铺商品的价格应该有比较明显的优势。只有进行充分的市场调研,做到知己知彼,不断调整自身的价格,店铺才能真正具备竞争优势。

对于商品的市场调研,卖家一般要了解下面几个核心点。

1. 商品价格

首先,进入常规的跨境电商平台,如速卖通、敦煌网、eBay 等,选择要调研商品的商品类目,然后,统计前 10 页的商品价格,并计算出一个平均的价格水平。接着,将自己商品的价格与此进行对比,看一下自己的商品价格是不是具有优势。自己商品的价格水平最好在中等偏下的位置,这样便可以确保有一定的市场竞争力。

2. 市场竞争度

进入速卖通、亚马逊、eBay 等跨境电商平台,需要从下面几个维度进行调研。第一,关注竞争者的数量。如果竞争者数量太多,那该市场可能已经是红海市场,价格竞争会愈发激烈。第二,关注竞争对手店铺的地区分布。同一个地区的竞争者越多,你的价格溢价能力越差。最后,还应该仔细分析一下核心竞争对手的实力,如店铺的综合能力、品类、营销推广能力等。实力雄厚的竞争对手越多,后期的溢价能力也越差。

3. 店铺商品的差异化

这一点非常重要,因为一个店铺商品的差异化程度越高,意味着商品价格溢价能力越强。因此,卖家要在店铺经营的过程中应注重自己商品的个性化和差异化,在商品拍摄、店铺装修、商品包装等方面都要有自己的个性和特色,拒绝同质化竞争和千篇一律的重复。

三、跨境电商产品的定价策略

(一) 跨境电商商品的传统定价策略

要决定如何给电商商品定价,对一些卖家来说可能是个不大不小的挑战——既想给顾客一个合理的价格,又想赚取更多的利润。了解传统的、最受欢迎的零售电商定价策略,有助于卖家混合使用这些不同的定价策略,为所销售的商品设定一个最合适的价格。电商卖家经常使用的、传统的商品定价策略主要有:基于成本的定价、基于竞争对手的定价和基于商品价值的定价。

1. 基于成本的定价

基于成本的定价可能是零售行业最受欢迎的定价模式。其最大的优点是简单易行。一家商店,无论是实体店还是电商店铺,用不着进行大量的顾客或市场调研就可以直接设定价格,并确保每个销售商品的最低回报。因而,这种定价又被称为"稳重定价"。

卖家要想运用基于成本的定价策略,就需要知道商品的成本,并在此基础上提高标价以获取利润。在该定价策略下,价格等于成本加期望的利润额。基于成本的定价策略可以让零售电商卖家避免亏损,但也容易带来价格战。

二维码4-5
基于成本
定价案例

2. 基于竞争对手的定价

采用基于竞争对手的定价策略时,你只需"监控"直接竞争对手对同类商品的定价,并设置与其相对应的价格就可以了。

这种零售定价模式适用于你与竞争对手销售相同的商品且两种商品没有任何区别的情况。实际上,如果你使用了这种策略,是在假设你已经对竞争对手做了一些相关研究,或是竞争对手至少拥有足够的市场地位,假设竞争对手的价格一定是匹配市场期望的。

这种定价策略可能会带来价格竞争,也被称为"向下竞争"。例如,某商家在亚马逊平台上销售商品,该商品在自己网站上标价299.99美元,因此将亚马逊上该产品的价格也设定为299.99美元,希望订单能蜂拥而至。然而,实际订单并没有涌来。原因在于竞争对手正在以289.99美元的价格出售相同的商品,因此该商家将价格降至279.99美元。最终的结果,双方都会因为不断降价,把利润空间压缩得几乎可以忽略不计。因此,卖家要谨慎使用基于竞争对手的电商定价策略。

3. 基于商品价值的定价

比起专注于商品可以给顾客带来的价值,卖家思考的问题则是在一段特定时期内,顾客会为一个特定商品支付多少费用。然后根据客户的这种感知来设定价格,这种定价就是基于商品价值的电商定价策略。因为这种定价策略取决于顾客对商品的认知水平,所以又被称为"认知定价策略"。

基于商品价值的电商定价是几种定价策略中最复杂的一种,原因有以下几个。

这种策略需要进行市场研究和顾客分析,卖家需要了解最佳受众群体的关键特征,考虑他们购买的原因,了解哪些商品功能对他们来说是最重要的,并且知道价格因素在他们的购买过程中占了多大的比重。

如果卖家使用的是基于价值的定价策略,这并不意味着只设定完一个价格后就万事大吉了。相反,商品定价的过程可能会是一个相对较长的过程。随着顾客对市场和商品的了解加深,卖家需要不断对价格进行重复、细微的改动。不过,不管是从平均商品利润还是整体盈利水平来看,该定价方式可以带来更多的利润。

想象一位在繁忙大街上卖雨伞的商户,当阳光灿烂时,路过的行人没有立即买雨伞的需要。即使他们买了雨伞,也是在未雨绸缪。因此,在天气好的情况下,顾客对雨伞的感知价值相对较低。但尽管如此,卖家仍可以依靠促销活动来达到薄利多销的目的。在下雨天时,雨伞的需求可能会大大增加。一位急于去面试的行人在下雨天可能愿意为一把雨伞支付更高的价格,因为他不愿意浑身湿透了再去面试。因此,卖家可以通过在下雨天提高雨伞的价格来获得更多的利润。换句话说,商品价格是以顾客的感知价值为基础的。

(二) 跨境电商商品的其他定价策略

1. 折扣定价策略

利用电商平台的促销功能,设置折扣价是常见的定价策略。折扣价格并不是长期打折,折扣的目的是吸引消费者。一般是在标价的基础上选择一定的折扣,把利润、成本全部标在"上架价格"中,并且把快递邮费也包含在标价里,这样往往比较容易吸引客户。卖家也可以定期开展一些优惠活动,如"买就送",或参与平台的一些推广活动等。销售量越高,价格越优化,卖家在跨境平台上的排名就越有优势。需要注意的是折扣的英文表达。例如,如果卖家希望将商品打9折,其英文应该写"10% off",而不是"90% off"。

2. 引流型定价策略

对于新的跨境店铺,首先要做的就是引流。此时一般的定价策略是,在速卖通等跨境平台上输入商品的关键词,找到行业的价格水平,比如查看10家跨境卖家的价格,取一个价格的平均值,以平均价格减去其15%的价格,作为商品的销售价格。这样做可能导致卖家亏损,但是这样的标价再结合一定的P4P推广,很容易为店铺吸引较高的流量。这个标价是折扣价格,后期当店铺流量上升后,卖家可通过调整折扣的方式,把价格调回正常水平。

还有一种引流型定价策略,又被称为"狂人策略",具体做法是研究同行业卖家、同质商品销售价格,确定行业的最低价,以最低价减去其5%~15%的价格作为商品的销售价格。用销售价格倒推以确定"上架价格",不计得失确定成交价,这可作为引流爆款的方法。

3. 盈利款式的定价策略

盈利商品的调价能力(也就是商品的溢价能力)是定价策略中最核心的部分。对确定能产生利润的商品,卖家应该在商品品质和供应商供应链能力方面做好把控。商品品质必须非常可靠且稳定,供应商的供应能力(包括库存、研发等)应该完善且持续性强。

四、盈利商品的特点

(一) 行业竞争不充分、不密集

卖家进入跨境电商平台调研,输入商品的关键词,查询这个阶段有多少竞争对手在销售同系列、同款式的商品,查看其排名和商品曝光是不是具备优势。一般来说,同类供应商越密集,商品定价越低,溢价能力越弱。

(二) 商品的差异化特征

跨境电商商品应在照片拍摄、商品描述等方面具备差异化,在功能、属性方面有自己的特点。以女装为例,卖家在拍摄商品照片时聘请国外的专业模特,溢价能力就会提高。在船模型上刻字,为客户提供个性化、差异化的服务,商品溢价能力也会大大提高。

(三) 营销推广测试新款

把商品推广到P4P(pay for performance)直通车(自主设置多维度关键词,并对关键词进行出价竞争,从而获得免费展示产品信息的机会,吸引买家点击产品信息,并且按照点击进行付费的推广方式)或者利用Facebook等平台进行营销推广,添加购物车数据越多,溢价能力就会越高。

(四)客户对品牌的印象

品牌仅是客户的感觉,客户会从店铺装修、店铺设计、图片美工、描述等细节感受这个店铺的专业度和商品的档次。因此,卖家一定要在店铺的设计和定位上下足功夫,提升竞争力。店铺的设计越专业,商品溢价能力越强。

(五)抓住消费的季节性

很多商品会有季节性需求,如圣诞节、万圣节、情人节等。季节性越强的商品,其溢价能力越高。

(六)销售量和好评率

这一点最为明显也最为直接。如果店铺的销售量高、好评率高、客户满意度高,商品溢价能力自然也高。

(七)对于供应商的压价能力

如商品是爆款且销量非常大,店铺就会采用大额订单的模式进行订货,这时供应商就会给店铺一个更低廉的价格,店铺就拥有了一个比较大的价格空间,后期的溢价能力也就比较强。

总之,盈利商品是店铺的核心。对于盈利商品,卖家要依靠特色和差异化提升竞争力,要在拍摄、描述方面下足功夫,并通过增加商品的溢价能力来获得更高的利润。

延伸阅读 4-1

速卖通定价法则——教你如何轻松打败速卖通竞争对手

作为速卖通商家,想彻底打败竞争对手,并且抢占到一定市场份额,并不能仅仅依赖低价,而是要熟悉多种竞争策略。众所周知,很多速卖通商家都知道,选品和价格同样重要,符合市场需求的产品,但是价格高,商家也未必买账;不符合市场需求的产品,价格低也未必能爆。我将与大家分享速卖通平台的核心竞争力之一——定价,以及如何定价优胜于其他同行速卖通商家。

1. 低开高走法:前期低价快速打开市场,后期慢慢加价,对于竞争小的类目,这种策略很容易成功。举个简单易懂的例子,滴滴打车刚开始的价格很低,直至垄断市场后逐渐提高价格。这种方式也是很多品牌企业惯用的手法,先低价击败竞争对手,再逐步抬高利润。但是不建议长期参与恶性价格战,这样最后只会导致双方都无利可图。

2. 分级定价法:将同一种产品划分为两种以上的产品,第一种价格便宜,主要用于吸引流量;第二种以利润为主,这样两种产品采用不同主图,相互搭配。核心是通过低价值的产品吸引客户点击进来,从而促使其购买价值高一点的产品,有效提高客单价。

3. 增销定价法:通过提高购买产品的数量、质量、品质或产品组合的形式,以增加成交额,实现更大的利润。

数量越多价格必然越便宜,购买者也更会倾向选择价格低的规格。所以虽然速卖通被认为是价格为王的平台,也有很多商家没有价格优势,这些都不是问题。关键在于前期对利润的要求高与低,将决定产品后续的流量。

本 章 小 结

1. 在选品方面,选品的考量因素有商品处于生命周期的上升期、便于运输、售后简单、附加值高、具备独特性、价格合理、合规合法。

2. 选品的注意事项包括符合平台特色,遵循平台规则,最大限度地满足目标市场的需求。

3. 选品的分类包括主动选品和被动选品,货源的选择包括线上货源和线下货源。

4. 在定价方面,商品的价格构成包括进货成本、跨境物流成本、跨境电商平台成本、售后维护成本、其他综合成本、利润部分。

5. 跨境电商产品的定价策略分为两大类:传统定价策略和其他定价策略。传统定价策略分为基于成本的定价、基于竞争对手的定价和基于商品价值的定价。其他定价策略分为折扣定价策略、引流型定价策略、盈利款式的定价策略。

课后习题

一、单选题

1. 下列各项中,不属于其他综合成本的是(   )。
   A. 售后维护成本　　　　　　　　B. 人工成本
   C. 办公成本　　　　　　　　　　D. 跨境物流包装成本
2. 属于传统的商品定价策略的是(   )。
   A. 折扣定价策略　　　　　　　　B. 引流型定价策略
   C. 盈利款式的定价策略　　　　　D. 基于成本的定价

二、多选题

1. 选品考量的因素包括(   )。
   A. 便于运输　　B. 售后简单　　C. 价格合理　　D. 附加值高
2. 跨境电商平台的价格调研包括(   )。

A. 商品价格 B. 市场竞争度
C. 店铺商品的差异化 D. 商品颜色

三、判断题

1. 高仿 A 货和 LV 手包可以在亚马逊平台销售。 (　　)
2. 敦煌网的销售对象是大批量采购商。 (　　)
3. 只要跨境电商商品质量够好,定价越高越好。 (　　)
4. 只要商品有特色,跨境电商选品可以不考虑平台特色。 (　　)
5. 敦煌网是免注册费的跨境电商平台,对于交易的商品仅收取支付手续费,不收佣金费。 (　　)

四、简答题

1. 简述跨境电商选品与传统贸易选品的异同。
2. 假设你毕业后从事跨境电商出口贸易,请结合家乡的实际情况,谈谈你对选品的理解和想法。
3. 简述跨境电商商品的价格构成。
4. 简述跨境电商商品的定价策略。

第五章
跨境电商营销

 学习目标

知识目标
- 掌握跨境电商营销的定义、特点和功能
- 了解跨境电商营销的发展历程及跨境电商营销的常见手段
- 了解跨境电商搜索引擎营销、社交媒体营销、电子邮件营销
- 熟悉5种主要跨境电商平台——AliExpress、Amazon、eBay、Wish、Shopee的站内营销推广方式

能力目标
- 能够描述跨境电商营销的发展历程
- 能够概括搜索引擎营销、社交媒体营销、电子邮件营销的要点
- 能够阐述跨境电商平台的站内营销推广方式

 关键概念

跨境电商营销　互动式营销　站内营销推广

本章框架图

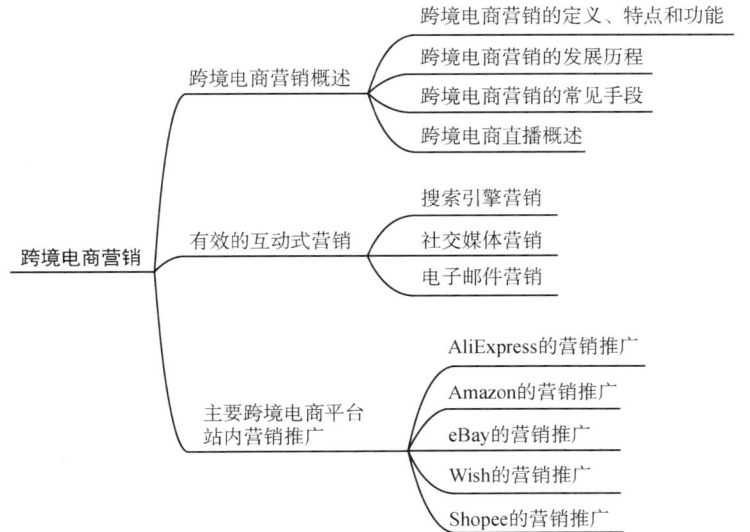

营销推广是跨境电商企业引流的重要渠道。跨境电商卖家不仅需要了解各种站外推广平台,还需要全面深入地了解各大跨境电商平台站内的营销方法,最大限度地利用网络提供的各种免费宣传工具,为自己的产品增加曝光度,传播自己品牌的价值和信誉度。

第一节　跨境电商营销概述

一、跨境电商营销的定义、特点和功能

(一)跨境电商营销的定义

跨境电商营销即企业在国际市场环境中,通过巧妙结合社交媒体营销、搜索引擎营销、电子邮件营销等各种营销手段,利用数字化的信息和网络媒体的交互性来实现跨境电商营销目标的一种新型市场营销方式。

(二)跨境电商营销的特点

1. 方式多样性

跨境电商营销手段众多,包括社交媒体营销、搜索引擎营销、电子邮件营销、社群营销、内容营销、视频营销等方式。企业进行营销推广时,需结合具体情境,采用适当的、一种或多种结合的营销方式进行营销,如此才能取得较好的成果。

2. 全球性

全球性体现在两个方面:一是跨境电商营销对象是全球用户,并不局限于某个国家或地区;二是跨境电商主要通过网络平台、App等线上媒体进行营销,并不受空间和时间的约束,可以随时随地向全球潜在用户进行营销推广。

3. 互动性

企业自身网站平台上可以详细、动态更新和展示商品的目录及其详细资料,用户如果对某个商品感兴趣便会留下痕迹,如浏览次数、点击量、收藏量等信息。同时,部分企业也会通过YouTube等社交媒体来宣传推广自己的产品,用户也会对产品、服务及企业做出反馈,企业可根据收集的信息进行产品、服务的更新与完善。

4. 虚拟性

跨境电商涉及范围广,全球范围内都存在潜在用户,采用实地发传单、投放广告的方式必定不可行。所以,跨境电商营销手段逐渐趋向于网络化、平台化,具有虚拟的特征。

5. 高效性

跨境电商营销方式相比传统的通过印刷广告、邮寄、发传单等方式来说,速度更快,跨境电商企业可在众多平台上投放广告,用户可在第一时间看到推广信息并做出决定。同时,用户的信息也可以高效地反馈给企业,企业可以对收集到的信息,如用户个人信息、消

费习惯、消费行为等进行存储,通过大数据整理分析后得到精确的用户画像,从而更为合理地调整企业产品的营销对象、定价、营销方式等。

(三)跨境电商营销的功能

跨境电商营销的功能概括了跨境电商营销的核心内容,指明了企业开展跨境电商营销工作的基本任务。通过对实践应用进行总结,跨境电商营销的功能包括企业品牌推广、信息发布、网上调研、促进销售、维护用户关系等。

1. 企业品牌推广

跨境电商营销为企业在网络平台建立并推广企业品牌形象提供了有利的条件。传统的网络品牌建设与推广局限于在企业自身建设的网站或在第三方信息平台上向用户发布信息,以此来进行企业品牌的推广。移动互联网的快速发展为跨境电商企业拓宽了推广渠道,包括各种社交媒体中的企业账户、企业自己的 App 等。企业的品牌建设与推广做得好,会为企业带来一大批忠实的用户,同时通过这些忠实用户的宣传,源源不断地吸引新用户的加入。

2. 信息发布

跨境电商网络营销的基本方法就是将跨境电商企业的营销信息通过互联网发送给目标用户。企业利用内外部资源发布信息时,内部可采用企业网站、企业 App、注册用户电子邮箱等渠道,外部可采用搜索引擎、合作伙伴的营销资源、网络广告等渠道进行营销信息的发布。信息发布后,企业还可以主动追踪从而得到及时的信息反馈,以提高信息发布的效率。

3. 网上调研

通过设计在线调查表或者发送电子邮件等方式,企业可以完成网上市场调研,了解用户喜好、希望获得的产品或服务等信息,从而帮助企业改善自己的产品及服务。相比于传统的市场调研,网上调研具有高效率、低成本的特点。

4. 促进销售

营销的根本目的是增加销售量,跨境电商营销也不例外,大部分企业都是为了提高销售量而进行营销的。例如,各大跨境电商企业习惯采用优惠券、满减活动等网上促销手段来提高销售量。

5. 维护用户关系

良好的用户关系是跨境电商营销取得较好成效的必要条件,通过网站的交互性、用户参与产品及服务设计等方式,可增进用户与企业之间的友好关系。良好的用户关系对于开发用户的长期价值具有重要作用,因此以用户关系为核心的营销方式是企业创造和保持竞争优势的重要策略。

二、跨境电商营销的发展历程

纵观跨境电商营销的发展历程,可分为以下 7 个阶段。

二维码 5-1
国际市场营销
与跨境电子
商务

(一) 电子邮件营销

电子邮件营销 (e-mail direct marketing, EDM) 是较早的外贸营销方法,诞生于 20 世纪 70 年代。但由于当时使用网络的人数少且网络速度慢,电子邮件营销并未得到快速传播。电子邮件营销真正兴起是在 20 世纪 80 年代中期,随着个人计算机的普及,电子邮件开始在计算机爱好者以及一些大学生中快速流行开来。到了 20 世纪 90 年代中期,互联网浏览器的诞生推进了电子邮件的快速发展。电子邮件营销具有传播速度快、不受时间和空间限制、针对性强、成本低、内容多元等特点。

(二) 展会营销

20 世纪 90 年代初,我国的外贸主要是通过展会 (exhibition) 方式来获取用户。外贸企业在展会上通过发放名片、产品宣传册等方式来认识用户,并在展会结束后积极跟进,尽量转化为订单。这一时期,中国进出口商品交易会 (广交会) 成为境外客商了解中国工厂和产品的唯一窗口。在中国加入 WTO 以后,越来越多的境外客商来到中国,广交会一票难求,由于效果明显,其规模一再扩大,并带动了广州的宾馆、餐饮和旅游服务业的发展。后来又相继出现了华东交易会、宁波国际电子产品展、中国义乌国际小商品博览会。直到 1997 年,中国展会经济基本成熟。如今,展会依然是非常重要的外贸营销方式。企业通过展会可实现同时与多个专业用户见面,在现场进行高效互动,让用户在短时间内就能深入了解产品、工厂等。

(三) 搜索引擎营销

1996 年,中国制造网上线。1998 年,阿里巴巴上线,我国的外贸营销方式开始从线下转向线上,且线上营销方式的重要性增强。搜索引擎营销 (search engine marketing, SEM),是一种全面而有效利用搜索引擎来进行网络营销和推广的策略。SEM 追求高性价比,以最少的投入获取最大的访问量,并产生商业价值。SEM 包含从搜索引擎引入流量到最后实现销售的整个过程。电商的核心是引流,而引流的核心就是 SEM。

(四) 社交媒体营销

2008 年,社交媒体 (social media) 和社交媒体营销 (social network site, SNS) 兴起。所谓社交媒体,是指一种人们通过撰写、分享、评价、讨论以实现相互沟通的网站和技术,如新浪微博、微信等。社交媒体营销则是指利用社交媒体平台进行营销推广的活动。

在外贸领域,社交媒体平台包括 Pinterest 等。不同的社交媒体平台在引流效果、停驻时间、转化率、性价比、平均客单价上都存在差别。商家要学会巧妙结合多个社交媒体平台,以达到在提高品牌知名度的同时,获取最多的销售额和利润。

(五) 需求方平台营销

需求方平台 (demand side platform, DSP) 与传统广告方式不同,提供了一种全新的精准推送机制,可以帮助广告主实现多屏整合、全流量、大数据的数字营销投放。DSP 于

2010年在我国兴起,并于2013年迅速发展,在此期间国内产生了一大批优秀的第三方DSP公司,如悠易互通、品友互动、MediaV、易传媒等。

(六) 重定位和再营销技术

所谓重定位和再营销技术(retargeting and remarketing)是指Google AdWords推出的针对浏览过企业网站的人进行再次营销的广告方式。我们应该都遇到过这种情况,在淘宝网上购买过或只是浏览了某种产品,下次上网时就会看到这些商品又出现在了我们的屏幕上。一般而言,网站转化率都低于5%,这也就意味着95%的访问者没有成为用户。其原因是多方面的。可能是用户还没准备好购买,可能是用户还需要了解其他类似的产品,也可能是用户根本不喜欢你的产品。对于前两种情况,我们可以再次向用户进行产品展示,以提高产品的购买量。

(七) 整合营销

随着营销方式的不断出现与创新,一种新的营销方式产生了。企业要根据实际情况整合多种营销方式,并根据环境进行即时性的动态修正的营销方法——整合营销(integration marketing)。

三、跨境电商营销的常见手段

(一) 搜索引擎营销

互联网就像一个随时随地都在动态更新信息的巨型存储器,想要通过手动筛选信息,找到目标信息,可谓大海捞针。搜索引擎的出现为我们解决了这一问题。通过搜索引擎,我们能够快速、方便地搜索目标信息。

搜索引擎营销是一种新型的网络营销方式。当用户利用搜索引擎检索信息时,搜索引擎将信息传递给用户,用户通过单击进入网页,进一步了解所需要的信息,从而促进销售。

(二) 网络广告营销

网络广告的收费方式包括按效果付费、按点击付费、按购买成本、按业绩付费等。网络广告营销投入大、见效快,主要有搜索引擎关键词广告和门户对口网站直接投放广告两种。网络广告营销覆盖面广,可通过网络发送给所有使用计算机或手机的用户。其形式多样,可以采用文字介绍、音频、视频、图片等各种形式吸引用户;信息量丰富,网络广告营销的对象可以是汽车、房屋等商品,也可以是糖果、零食等小物品。网络广告的范围广泛,它不像报纸那样受版面大小的限制,也不像电视那样受频道播出时间的限制,只要用户使用计算机或手机,网络广告营销就会存在。

(三) 电子邮件营销

电子邮件营销是在用户事先许可的前提下,通过电子邮件向目标用户传递有价值的信息的一种网络营销手段。电子邮件营销包含 3 个基本的、必不可少的因素：用户许可，电子邮件传递信息，信息对用户有价值。电子邮件营销的优势体现在传播速度快、不受时间及空间限制、针对性强、成本低、内容多元等方面，是较早的一种网络营销手段。

（四）内容营销

内容营销是通过设计有价值、能够引起用户共鸣、持续性的内容来吸引用户，能够让用户对企业产品或品牌产生认同感，自发地传播内容，从而让用户对企业品牌产生信任与依赖。内容营销贯穿于整个营销过程，其载体各式各样，如企业网站、广告、宣传册、T恤、纸杯等。传播渠道也多种多样，包括企业官网、企业 App、社交媒体、忠实用户推荐等渠道。

（五）病毒性营销

病毒性营销是一种长期有效的综合型网络营销手段，是内容营销、社交关系营销等相结合的多渠道传播方式。病毒性营销利用公众的积极性和人际网络，让营销信息像病毒一样扩散和蔓延，通过快速复制被传向数以万计、百万计的用户。它的传播成本低、传播速度快，是一种"让内容带来用户，让用户带来更多用户"的营销模式。病毒性营销的传播渠道包括电子邮箱、软件、即时通信工具、电子书等。

四、跨境电商直播概述

（一）跨境电商直播发展历程和原因

电商直播无疑是最近几年最热门的购物方式。电商直播虽然在最近一两年才开始火爆，其发展历程可大致划分为四个阶段。

第一阶段，2016 年的红利阶段，该阶段以游戏直播、秀场直播为主，淘宝、蘑菇街、京东等大型电商平台开始探索"电商＋直播"的模式。

第二阶段，2017 年至 2018 年的蓄能阶段，该阶段淘宝直播、蘑菇街等传统电商平台开始孵化红人体系，并整合供应链，抖音、快手等短视频平台开始尝试电商直播。同时，服务于电商直播的多频道网络（multi-channel network，MCN）迅速成长，电商直播逐渐向精细化运营方向发展。

第三阶段，2019 年的爆发阶段，直播带货模式的 GMV 暴增，其中以淘宝直播的 GMV 领先。此阶段拼多多、小红书、知乎等平台相继推出直播功能。电商直播也引入了名人直播、村播等多种形式，覆盖更多的消费人群。各平台开始加强红人培养以及流量扶持，MCN 机构也不断探索商业变现模式。

第四阶段，2019 年以后的持续发展阶段。

电商直播保持快速增长的原因包括以下几个。

（1）电商直播形式促进了流量变现效率的提高，所以各大平台持续增加电商直播投入，并进行流量倾斜。

（2）线上直播形式可实现以较低的成本获取较高的投资回报率（return on investment，ROI），所以很多商家以及品牌方愿意持续投入资源，发展电商直播。

（3）电商直播具备内容创新、实时互动、即时性、全网最低价、信任保障等明显优势，激发了用户的消费需求与意愿。

（4）技术的不断迭代与优化实现了用户的精准推送、直播设备的持续优化，同时物流、支付等体系的不断优化，也为电商直播行业的发展保驾护航。未来，电商直播规模仍将保持高增长，并持续拓宽品类，电商直播行业将逐步向平台化产业化发展。

（二）跨境电商直播产业链

电商直播的产业链包含供货平台、流量平台及交易服务平台三大关键环节。

1. 供货平台

供货平台是指货物来源的渠道，包含批发商、品牌方、经销商、工厂等，为电商平台持续供应货源。

2. 流量平台

流量平台是指如何进行跨境电商直播，实现流量变现，主要包含直播平台、主播、直播内容以及用户评价四个部分。目前，跨境电商直播平台包括Lazada、Shopee、WOTOKOL等。主播可以通过MCN机构进行培养、孵化，主播通过收取佣金提供直播服务，卖家则可根据需求选择不同国家、类型的主播。直播内容则结合商品特性和主播特性进行个性化定制。此外，企业可通过对用户相关数据进行分析（如用户活跃度、复看率、直播间停留时间、下单转化率、售后满意度等），以优化直播营销效果，从而促进流量变现效率的持续提高。

3. 交易服务平台

交易服务平台的任务是服务于供货平台和流量平台，通过提供第三方交易和数据支持（如微博易、直播眼）、运营支持（如粤淘电商、红杉传媒）、系统支持（如有赞、Weimob）、第三方支付（如微信支付、支付宝支付）等服务，促使跨境电商直播各流程的正常运行。

第二节 有效的互动式营销

一、搜索引擎营销

搜索引擎营销（search engine marketing，SEM），即基于搜索引擎平台的营销活动，利用人们对搜索引擎的依赖和使用习惯，在用户检索信息时将信息传递给目标客户。搜索引擎营销的基本思想是让用户发现信息，并通过点击链接进入网站或网页，进一步了解所需要的信息。目前，全球主流搜索引擎有Google、Yahoo、MSN、Bing等。

二维码5-2
跨境直播
电商

搜索引擎营销的目标是以最小的投入在搜索引擎中获得最大的访问量并产生商业价值,包括如下四个层次的具体目标。

第一层目标:在主要的搜索引擎/分类目录中获得被收录的机会。这是搜索引擎营销的基础,离开这个层次,搜索引擎营销的其他目标也就不可能实现。本层目标的含义是让网站中尽可能多的网页被搜索引擎收录,从而增加网页的搜索引擎可见性。

第二层目标:尽可能获得好的排名,即在搜索结果中有良好的表现。由于大多数买家的检索习惯是仅关注搜索结果的前几页,如果产品信息出现的位置比较靠后,则被买家发现的机会就会很小。因此,跨境电商卖家需尽量让产品信息出现在搜索结果比较靠前的位置。如果利用主要的关键词检索时,商品在搜索结果中的排名靠后,那么可以借助竞价广告等方式来提升商品的排名。同样,如果在分类目录中的位置不理想,则需要同时考虑在分类目录中利用付费等方式使排名靠前。

第三层目标:网站访问量指标,也就是通过搜索结果点击率的增加来达到提高网站访问量的目的。从搜索引擎的实际情况来看,仅仅做到被搜索引擎收录并且在搜索结果中排名靠前是不够的,这样并不一定能增加用户的点击率,更不能保证将访问者转化为顾客。要通过搜索引擎营销实现访问量增加的目标,则需要从整体上进行网站优化设计,并充分利用关键词广告等有价值的搜索引擎营销专业服务。

第四层目标:通过访问量的增加转化为企业最终收益的提高。本层次的目标是前面三个目标层次的进一步提升,是各种搜索引擎方法所实现效果的集中体现,但并不是搜索引擎营销的直接效果。从各种搜索引擎策略到产生收益,中间效果表现为网站访问量的增加,网站的收益是由访问量转化所形成的,从访问量转化为收益则是由网站的功能、服务、产品等多种因素共同作用而决定的。因此,第四层目标在搜索引擎营销中属于战略层次的目标。其他三个层次的目标则属于策略范畴,具有可操作性和可控制性的特征,实现这些基本目标是搜索引擎营销的主要任务。

SEM 的具体方法主要包括搜索引擎优化及付费推广两大部分。作为跨境电商卖家,应将搜索引擎优化与付费推广结合在一起,形成互补,以达到搜索引擎营销的最大效果。

(一) 搜索引擎优化

搜索引擎优化(search engine optimization,SEO),指为了从搜索引擎中获得更多的流量,从网站结构、网页布局、网站内容等角度进行合理规划设计,增加网站对搜索引擎的友好性,使网站中更多的网页被搜索引擎收录,并获得较好的排名,从而通过搜索引擎的自然搜索尽可能多地获得潜在用户。

不同的搜索引擎在网页的抓取、索引和排序规则上存在差异,同时也存在一定的共性。一般情况下,搜索引擎倾向于收录与关键词匹配程度高的内容、原创及具有特色的内容、持续更新的网页、受到其他有价值网站推荐的网站。因此,跨境电商卖家开展搜索引擎优化,可从网站及页面优化、关键词优化、标签优化、内容优化、链接优化等几方面着手。

1. 网站及页面优化

网站及页面优化主要包括以下几个方面：

（1）合理的域名设计、服务器选择。

（2）方便的网站栏目规划。

（3）遵循 HTML 结构化标准的设计。

（4）注重网页代码简洁，以提升页面打开速度，并方便蜘蛛程序抓取。

（5）尽量使用静态网址，若不得不使用动态网址，尽可能只带有一个参数，以降低搜索引擎的抓取难度。

（6）设计清晰的导航系统，可建立展示网站所有内容的网站地图。

（7）使用加粗、加大字体等方式突出关键词。

（8）远离对搜索引擎不友好的因素，如 Flash、JavaScript 等。

2. 关键词优化

（1）关键词选择。跨境电商买家在搜索引擎查询感兴趣的内容，便需要搜索关键词。因此，关键词分析及选择是搜索引擎优化中最重要的工作之一。关键词的选择需要对产品特性及目标消费者特点充分了解，站在用户的角度思考、分析用户搜索习惯，并结合对竞争对手的关键词分析，选择出适合的关键词。同时，一个网站的关键词不宜太多，通常五个左右较为适宜，并且需要对这些关键词进行持续优化。

研究关键词可借助一些付费及免费的工具，如 Google 趋势。Google 趋势可以清晰地看到最近几年的热门关键词以及其在不同国家的受欢迎程度。另外，Google 关键词工具 AdWords 可展示关键词搜索热度、每月点击率，并列出相对的长尾关键词和类似关键词，帮助进行更深入的关键词分析和选择。

（2）关键词布局。在网站建设中，可为不同关键词设置专门的登录页面。如果不同关键词都在一个登录页面，对访问者来说没有针对性，他可能要在浩如烟海的信息中寻找他感兴趣的内容。所以有必要针对不同的客户群设计不同的登录页面。例如，用户搜索"打折数码相机"，若你的某个子页面重点做"打折数码相机"这个关键词，用户进来一看就看到自己感兴趣的信息，就会好好去了解这个页面传达给他的信息。如果不专门设计这个登录页面，客户搜索"打折数码相机"就会进入一个综合页面，或者进入"高端数码相机"的页面。这样即使网站排名靠前且流量很大，也并不能带来高的转化率，无形中降低了 SEO 的效率。

如果不设计专门的登录页面，多个关键词混用，可能会导致用户不清楚搜索哪个关键词会跳转到哪个页面，造成混乱。如果一个关键词设计一个登录页面，则有助于提升 SEO 的条理性，并在进行外链时更加顺畅。可以根据公司情况，灵活地推广不同页面，如果临时进行打折促销活动，也不会和平时做的页面冲突，可以放心地加大力度去推特定页面。所以为各个想优化的关键词设计不同的登录页面是非常重要的。

（3）关键词密度。关键词密度也叫关键词频率，用来衡量关键词在网页上出现的次数与其他文字的比率,通常用百分比表示。关键词密度计算公式为:关键词密度＝页面关键词数量/页面所有词汇数量。关键词密度并不是越高越好,跨境电商卖家需注意避免造成毫无意义的关键词堆砌。一般认为,关键词密度以2%～8%为宜。

(4) 关键词位置。根据搜索引擎自身工作特点,会特别关注网页中的某些特定位置,因此在这些位置布置关键词将起到事半功倍的效果,主要包括以下几个:

① URL 统一资源定位符;

② Title、Description、Keywords 标签;

③ 网站导航、栏目名称、文章标题;

④ 网页顶部、底部、段首;

⑤ 链接锚文本;

⑥ 文章。

3. 标签优化

(1) Title(标题)标签,反映一个网页的主题,由单词、短语组成。尽可能为网站的每一个网页创建唯一的 Title。Title 不宜太长,否则搜索引擎只会在搜索结果中显示其部分内容。若为长标题可包含 1～2 个关键词,且关键词不宜靠得太近。

(2) Keywords(关键词)标签,通常情况下,一个网站以包含 5 个左右关键词为宜。多个关键词之间以逗号隔开。

(3) Description(描述)标签,提供网页总括性的描述,由一到两个语句或段落组成。可在描述中合理加入关键词。

(4) Heading 标签,即 H 标签,在 HTML 语言中共包括 H1～H6 六种 H 标签。H1 代表大标题,H2 代表小标题,以此类推。一般来说,一个页面中应该只出现一个 H1 标签,最重要的关键词应设置在 H1 标签中。

(5) Alt 标签,相比文字,搜索引擎读取图片较为困难。因此,尽量为网站内每张图片编辑 Alt 属性。Alt 属性编写应使用简短且描述性强的文本。

4. 内容优化

内容是一个网站/网页的灵魂,网站所呈现的内容是搜索引擎优化的前提。对于内容优化方面,需站在客户的角度思考,根据目标客户需要的内容确定网站明确的主题。围绕主题开展创新特色、形式丰富、结合热点、持续更新的内容建设。同时,在内容建设中,需特别注意不时将关键词以合理的方式点缀其中。

5. 链接优化

(1) 内链优化。良好的内部链接结构,不仅方便跨境电商买家浏览,也能提升链接页面的浏览量。内链优化需注意以下几点:

① 网站内部所有子页面均有指向首页的链接;

② 尽量将站内所有重要页面之间进行两两互联;

③ 页面出现关键词文字,可用来链接相关主题的页面;

④ 尽量使用文字链接,少用图片、Flash 链接;

⑤ 保持链接的稳定性和持久性,当有链接更新时,注意保留原页面,并及时更新链接,以保证内容的连续性;

⑥ 清除网站中的死链。

(2) 外链优化。在外链优化上,跨境电商卖家需重视外部链接的质量,而不仅仅是数量。外链优化主要包括以下三种途径。

① 自建链接。可在重要行业网站发表带有网站链接的软文,也可发表评论。这种方法看似简单,但贵在坚持,如果能持之以恒,效果将非常明显。

② 交换链接。友情链接即属于此类,企业可以找一些与本网站内容相关、搜索引擎收录良好的网站进行链接交换。并注意链接的稳定性,可不定期回访友情链接网站,以确认对方网站是否正常运行、自身网站链接是否被取消、是否有链接错误等可能出现的问题。

③ 购买链接。很多网站在网页排名(page rank,PR)即将更新的时候购入大量高质量的外链,这也是一种见效较快的方法。当然,购买外链之前,可先确定自己的盈利点,不要为了单纯的排名而购买。如果仅仅排名提高并不能带来实际的转化,购买外链就失去了意义。

(二) 付费推广

在 SEO 的基础上,跨境电商卖家还需根据需要合理选择及运用相关付费推广方式,以达到搜索引擎营销的最佳效果。目前,全球主流搜索引擎付费推广方式主要包括如下几种。

1. 目录索引

目录索引,就是将网站分门别类地存放在相应的目录中,当用户查询信息时,可选择关键词搜索,也可按分类目录逐层查找。根据各目录索引的不同要求,有些目录索引可以通过付费的方式使自身网站纳入索引范围。

2. 关键词排名

关键词排名是一种在搜索引擎搜索结果中以字、词、词组的相关性体现网页排名的方式,可分为关键词自然排名和关键词竞价排名服务两种。关键词自然排名一般是搜索引擎对所有相关网页抓取结果自动分析、自动排名的结果,一般可以通过 SEO 来达到关键词自然排名的提升。关键词竞价排名服务是由各搜索引擎提供的一种有偿排名服务。

竞价排名是一种按效果付费的网络推广方式,包括两个关键点,即按竞价排名和按效果付费。排名顺序主要由两个因素决定,即出价及质量得分。出价即广告主愿意为该广告位所付出的最高费用,由广告主自行设置。质量得分由搜索引擎系统自动根据广告主的网站表现做出判断,包括历史数据、账户质量、点击率、相关性、网站质量等方面。竞价排名公式为:

$$竞价排名 = 出价 \times 质量得分$$

3. 固定排名

固定排名是一种收取固定费用的推广方式,企业在搜索引擎购买固定位置,当用户进行关键词检索时,企业的推广内容即会出现在搜索结果的固定位置上。

固定排名是相对于竞价排名而言的,区别就在于固定排名的费用一定、位置固定。固定排名和竞价排名都是关键词广告的一种形式。不同的搜索引擎服务商会采用不同的付费排名模式,有的采用固定排名模式,有的采用竞价排名模式,有的两种模式都采用。一般来说,市场占有率高、企业广告资源丰富的搜索引擎服务商采用竞价广告排名模式,而市场占有率低、企业广告资源匮乏的搜索引擎服务商采用固定广告排名模式。

4. 关键词广告

关键词广告,是当用户利用某一关键词在搜索引擎中进行检索时,在检索结果页面会出现与该关键词相关的广告内容。由于关键词广告是在特定关键词的检索时才出现在搜索结果页面的显著位置,所以其针对性非常高,是一种性价比较高的网络推广方式。不同搜索引擎的关键词广告显示位置各不相同,有些出现在搜索结果最前面,有些出现在搜索页右侧等专用位置。关键词广告为点击付费广告,即按用户点击次数收取广告费。

二、社交媒体营销

传统营销是销售导向的,即"将产品/服务信息传播给潜在的消费者";现代营销是关系导向的,强调的是"与消费者的互动"。通过电视、广播、报纸等媒体广告,企业无法与消费者互动;通过搜索引擎营销、电子邮件,企业同样无法与消费者互动。或许,企业可以组织一些线下推广活动,实现面对面的互动。然而,这种线下营销方式不仅费用高,而且辐射面窄。目前,随着Facebook、Twitter等社交媒体的繁荣发展,跨境电商企业开始踏入互动式的关系导向型营销时代。

社交媒体(social media),也称为社会化媒体、社会性媒体,指允许用户撰写、分享、评价、讨论、相互沟通的网站和技术。常见的社交媒体营销方式包括社交网站、论坛、博客、问答社区四大类。其中运用论坛、博客及问答社区开展营销推广较适合电子类、硬件类等专业化程度较高的产品,而社交网站营销则普遍适用于绝大多数产品。

社交媒体营销,即利用相关网站、社区论坛等社交媒体平台进行推广,提升产品销售及品牌影响力的营销方式。

(一)国外客户常用社交媒体

国外客户常用的社交媒体主要分为以下两类。

一是基于熟人之间强关系的社交媒体,通常为实名社交。这类社交媒体将用户线下真实的社交关系通过平台实现线上链接,常用的包括Facebook、LinkedIn等。

二是基于共同兴趣爱好关系的社交媒体,通常为非实名社交。这类社交媒体最看重的是"内容",即建立内容与人的关系,主要包括 YouTube、Pinterest、Twitter、专业论坛等。

目前国外客户常用社交媒体及主要特点如下。

(1) Facebook。Facebook 是全世界最大的、转化最精准的流量池。因此它不仅仅是一个社交软件,更是电商企业促单工具。借助 Facebook 通过发帖、主页等形式积累粉丝,以及通过投放广告为站点引流,可以快速扩大业务规模。

(2) Google+。全球第二大社交网站,将社交与搜索紧密结合。

(3) LinkedIn。全球最大的商务社交网站,用户为毕业生及职场人士。

(4) YouTube。全球最大的视频网站,适合开展病毒营销。

(5) Vine。Twitter 旗下的短视频分享应用,可发布长达 6 秒的短视频,并可添加一段文字说明。

(6) Pinterest。全球最大的图片分享网站;支持的功能包括品牌主页、广告业务、精准营销;营销转化率约为 0.36%,平均客单价为 123 美元。

(7) Instagram。用户群为青少年;支持功能包括广告、话题标签。

(8) Twitter。全球最大微博网站,每条推文限制在 140 个字符以内;用户群为职场用户、青少年用户;支持的功能包括购物功能键、话题标签;营销转化率约为 0.22%,平均客单价为 70 美元。

(9) Tumblr。全球最大轻博客网站。轻博客即介于传统博客与微博之间的媒体形态,比博客更注重社交,比微博更注重内容表达。

Social Media Examiner 于 2017 年 1 月开始对全球 5 710 个从事跨境电商 B2B 及 B2C 平台的营销人员进行了一项调查。调查结果显示,94% 的受访者使用 Facebook 作为营销推广方式,68% 的受访者使用了 Twitter、56% 的受访者使用了 LinkedIn、54% 的受访者使用了 Instagram、45% 的受访者使用了 YouTube、30% 的受访者使用了 Pinterest 作为营销推广方式。大部分 B2C 营销人员使用 Facebook、Instagram 和 Pinterest 作为营销渠道,大部分 B2B 营销人员使用 LinkedIn 和 Twitter 作为营销渠道。

(二) 社交媒体营销步骤

跨境电商企业开展社交媒体营销,可按以下步骤逐渐展开。

1. 选择合适的社交媒体

跨境电商企业开展社交媒体营销并不需要基于全部社交媒体平台,而应从客户喜好及自身资源两方面综合考虑,合理进行社交媒体的选择。不同的社交媒体拥有独特的风格和用户群,跨境电商企业需要找到其潜在客户熟悉及使用的社交媒体,即哪个社交媒体聚集了本企业的客户群。所销售产品的行业不同也决定着对不同社交媒体的适应性,如时尚、彩妆等靠视觉驱动的行业,适合在 Instagram、Pinterest 等图片分享平台展开推广,而 3C 产品等适合采用以文字为主的方式进行推广的产品,则更适合在 Twitter 上进行营销。同时，不同社交媒体的运营需要不同的专业人才开展相关的资源设计，如Pinterest的运营侧重优美的图片，Google＋则更侧重于高品质的内容，企业需考虑自身人员的业务水平来选择。另外，全球知名社交媒体是跨境电商企业开展社交媒体营销的首选，但同时也不能忽略一些小众平台，如目标市场本地网站、相关专业论坛。这些平台由于用户属性集中，更容易进行针对性推广，且竞争也相对不那么激烈。

2. 注册并完善信息

跨境电商企业须注册适合的社交媒体账户，并不断完善及优化企业信息。一个完整、优质的资料能展示企业的专业性和品牌一致性，向访客传达企业参与社交媒体的认真度。因此，企业应定期检查社交媒体账户的简介，确保头像、企业简介等信息的完整并及时更新。

信息资料包括两个部分：视觉和文字。视觉部分需要达到的目标是一致性和熟识度，例如，Twitter头像要与Facebook头像相一致，Google＋和LinkedIn的封面图最好也保持一致。文字部分需注重如下规则：展示而非说教，展示"我做了什么"往往比介绍"我是谁"效果更好；确定明确的品牌及产品关键词，并向用户不断强调；保持语言的新鲜度，但避免过于时髦的用词；回答潜在用户的问题，告诉他们"我有什么"；保持个性化的风格。

3. 确定企业个性及营销基调

确定企业的个性及营销基调需要仔细考虑企业自身特点、营销任务和客户基础等方面，具体包括品牌及产品性质、与客户的关系、哪些公司与本企业个性相似、竞争者的定位、希望客户如何看待本企业。据此，总结出关于本企业市场策略的形容词，它们就是企业在社交媒体营销互动中应该保持的基调。跨境电商企业须时刻保持用一致的基调发布信息及回应客户。

在社交媒体营销中，无论媒体如何发展、变革，都只是信息的传播渠道与手段。对于跨境电商企业来说，最重要的始终是营销内容的策划。在设计出吸引客户的内容后，再考虑以适合的渠道、方式传播出去。粗制滥造的内容即使使用再多种类的社交媒体也难以被分享，而高品质的内容则会广泛、迅速地传播。

4. 确定发帖策略

跨境电商企业需确定受众接受效果最佳的发帖策略，包括每天理想的发帖量、发帖频率、发帖时间、发帖内容等。

社交媒体中的发帖内容包括五种基本类型，即链接、图片、引用、转发和纯文本信息。其中，图片是最理想的社交媒体传播内容之一。客户在浏览Twitter、Facebook时，很可能会把图片全部浏览一遍。图片帖子会比其他类型的帖子得到更多的浏览量、点击量和分享。有数据显示，在Facebook上，图片信息比文字信息多得到53%的赞、104%的评论和84%的点击。Twitter的情况也类似，通过分析来自各行各业用户的200万条推文，发现图片对转帖增加量的贡献最大，图片能增加35%的转推量，高于视频(28%)、引用地址(19%)、数字(17%)、标签(16%)的转推量。跨境电商企业应根据自身特点选择一个主要发帖类型,大部分发帖将会是此种类型的内容。可按照 4∶1 的比例发帖,即在使用主要类型发送 4 篇内容之后,穿插选择其他类型作为调剂。长此以往,企业的关注者会明确知道他们能从这里得到什么,企业也可以通过这个过程逐渐打磨出自己的风格。

关于在社交媒体的发帖频率,有一些经验数值可作为参考,如 Facebook 每周 5~10 篇,Twitter 每天至少 5 篇,LinkedIn 适合工作日每天一篇,Google＋适合每天控制在 5 篇以下等。跨境电商企业需结合不同的平台、行业、资源、客户群、内容等不断总结,综合确定适合的发帖频率。

在发帖时间上,由于各社交媒体平台自身特点及用户特质不同,每个平台的用户活跃时间有所不同。

5. 内容发布及社区互动

在对营销策略进行系统整体规划的基础上,跨境电商企业需切实执行社交媒体营销方案,以高品质的内容、合理的频率、最适合的渠道不断向买家传递信息。同时,对比传统营销手段的单方面的信息传递,社交媒体营销的核心优势就是互动。跨境电商企业需充分发挥各平台的优势与用户深度互动,以更好地宣传推广其品牌及产品,促进销售,了解客户需求,发掘潜在关注点,以指导新产品开发。

6. 数据分析及调整优化

随着发帖增多,跨境电商企业会发现适合自己的发帖内容、时间和频率。多数主流社交媒体平台都提供分析功能,再加上日益丰富的相关第三方应用,这些工具可以向企业展示详细的数据,包括每个发帖所带来的浏览点击量、分享量、点赞和评论等。跨境电商企业需要不断根据数据分析对自身社交媒体营销推广效果进行总结,并进行相应的调整优化。

三、电子邮件营销

电子邮件在国外应用较为广泛,人们更倾向于使用电子邮件进行沟通,其发展水平大大高于国内。电子邮件是跨境电商卖家与国外买家进行交流的重要媒介。利用邮件,卖家可直接、快速地对买家进行精准营销。

电子邮件营销(email direct marketing,EDM)对于企业的价值主要体现在开拓新客户、维护老客户、品牌建设三个方面。其优势体现在:传播速度快、无时空限制、交互反馈、内容多元、可图文并茂地表现所要宣传的内容、针对性强、成本低。同时,电子邮件营销能长期与订阅用户保持联系,可增加用户黏度,提高用户忠诚度。

EDM 通常包括如下四个步骤。

(一)获取客户邮件地址

作为 EDM 营销的第一步,跨境电商卖家要收集到准客户的邮件地址。这些地址可以来自跨境电商网站的订阅用户、网站会员、网站上具有购买记录的用户。此外也可采取购买的方式获得邮件地址。

跨境电商卖家可对获取的邮件地址不断优化,形成高质量的邮件列表,做好邮件数据分类管理,删除重复数据;如果用户提交的地址有误,应尽量修复无效电邮地址;对于有购买记录的用户数据,可根据用户消费习惯、消费水平、地域、性别等对邮件地址进行分类;使用跟踪工具对数据进行定期归类整理,例如,记录被打开的邮件地址、有转化的邮件地址、取消订阅的邮件地址等。

跨境电商卖家需注意,即使获取了很多邮件地址,也不要乱发邮件,一定要针对产品找客户,这样转化率才会高,同时也不会造成客户的反感。

(二)编辑邮件内容

1. 邮件标题

邮件标题的质量直接影响买家打开邮件的概率,需精心设计。邮件标题的编辑技巧主要包括以下几方面。

(1)简短有力。通常人们在浏览标题时不会花超过 3 秒钟的时间,另外每个浏览器、电子邮件客户端或移动设备显示标题行字符的数量不同,邮件标题在手机上阅读时可能会出现截断。因此,在保证信息有效传达的前提下,标题越短越好,不要超过 50 个字符。

(2)表明身份。标题可以和发件人名称相呼应,表明公司或品牌,让收件人放心打开。因为发件人信息中除了显示发件人名称和邮件地址之外,很难容纳更为详尽的信息,收件人对发件人的信任还需要通过邮件标题来进一步强化。将邮件标题的空间留出一部分来推广品牌是很有必要的,尤其在用户对企业品牌信任度不高的情况下。美国的一项调查显示,标题中加上发件人名称会增加至少 3% 的开启率。

(3)概述邮件内容。标题应概括邮件主要内容,包括产品信息、优惠活动、活动截止时间等,明确地传达能为用户带来什么。在布局上,应以核心关键词为主,突出最能激发用户阅读兴趣的内容以及最能体现对用户价值的内容。

(4)体现品牌或产品信息。尽可能将有独特价值的产品信息或者给人印象深刻的品牌放置在邮件标题中,即使用户不阅读邮件内容,也会留下一定印象。

(5)包含核心关键词。关键词在用户搜索邮件时十分有用,因为很多用户在收到邮件的时候可能不会立即采取下一步的动作,而是会在收到邮件一段时间后回想起自己曾经收到过一封标题中含有所需关键词的邮件,进而进行搜索。

(6)特别注意。

① 编辑邮件标题需特别注意不要引诱用户去打开,比如"老朋友你好!这是你要的资料!"这样的标题就很不好,会使用户点开一看发现是垃圾邮件,很容易产生反感。

② 不要在连续几封邮件中使用相同标题,否则易引起用户厌恶。

③ 慎用大写字母及标点符号,标题栏内如果全部是大写字母或有太多的感叹号,会让邮件看起来像垃圾邮件或病毒。

④ 注意避免使用垃圾邮件常用的词语和符号,如"免费""派送""优惠",以及其他特

殊符号等。

2. 邮件内容

跨境电商卖家开展电子邮件营销,需体现的主要内容及注意事项如下。

(1) 内容有用。跨境电商卖家在编辑电子邮件内容时,需重点考虑哪些内容对买家有用,只有内容对用才能激发买家打开邮件,进而提升满意度、促进销售。对买家有用的内容主要包括:折扣优惠信息、新品信息、服务通知、产品相关知识等。

(2) 个性化、情感化。例如,开头不要用"你好",而是"某某你好",能大大增强针对性和亲近感。另外,也可添加具有节日特色的图标,如圣诞树、雪花、新年生肖动物,以及在电子邮件中表达感情及对用户的重视。

(3) 链接明显。确保链接清晰可见,有使用提醒或标签,使用户一眼识别出链接按钮。

(4) 引起行动。在邮件内容中加上能引起用户行动的一些语句,可考虑做一个最后期限的限制,如"马上回应""立即注册""最后 1 天""优惠仅在 48 小时内有效""售完即止"等。也可强调可能让用户立即采取行动的信息,如"节省 50％""领取免费礼品"等。

(5) 具有创意。在电子邮件营销中,跨境电商卖家需注重围绕自身产品,结合相关节日、文化、事件等资源开展借势营销。创建激发用户需求、吸引用户眼球的邮件内容,将显著提升电子邮件营销的效果。具体操作包括运用多媒体展示,如 GIF、视频、H5 等,这些都可以成为有力的武器。设计具有特点的节日、活动邮件模板,为用户创建一套有针对性的并与品牌形象相契合的专属模板,将让卖家显著区别于竞争对手。

(6) 附件简洁。如果附件较难打开,则极少会有用户继续去打开。所以电子邮件的附件要尽量简洁,可以使用 TXT 格式发送的文字信息不要用 DOC 格式发送,能用 JPG 格式展示的图片不要用 PSD 格式展示。

(三) 发送邮件

1. 分类发送

在发送电子邮件时,可以将用户分为已购买用户和未购买用户,并有针对性地发送不同的电子邮件。针对已购买用户,可以创建发送购买历史相关的产品和服务,因为消费者购买偏好很难改变。针对未购买用户,可以根据其历史浏览行为和背景分析,预测用户可能感兴趣的产品,并将产品清单作为邮件发送内容。而用户对哪些内容比较感兴趣可以通过观察用户点开的邮件链接来进行分析。一些第三方工具可形成详细的列表,显示哪个邮箱用户点开了邮件、点击了邮件中的哪个链接、邮件链接点击次数等,这些能帮助跨境电商卖家更好地了解用户对哪个产品或内容更感兴趣。

2. 发送时间

并不是任何时段都适合发送邮件。要抓住用户的作息时间规律,选择恰当的时间发送邮件会起到事半功倍的效果。大多数商务人士会在下班期间打开自己的邮箱。收件箱中的大部分邮件会被一键删除,而那些刚好在下班期间发出的邮件被开启的概率会比其他邮件高很多。

3. 发送频率

用户通常不喜欢天天收到邮件,所以要科学地掌握发送时间,定期给他们发送邮件。

4. 发送数量

并不是发送的邮件越多越好,同一类型的邮件不能发给超过5个用户,同一用户最多收到2封同样模板的邮件。

(四) 统计及效果分析

通过统计和分析点击率、转发分享率等,可以了解哪些类型或哪个节假日的电子邮件营销活动取得了成功,找到真正需要布局的电子邮件营销重点,以及研究如何改进营销方案。主要相关指标含义如下。

1. 送达率

送达率,即到达用户收件箱的邮件数除以邮件发送总数得到的百分比。应避免使电子邮件被认定为垃圾邮件或因收件人地址不详而不能成功进入买家的收件箱。

2. 打开率

打开率,即邮件打开数除以邮件发送总数得到的百分比。影响电子邮件打开率的因素主要包括:邮件是否及时发送成功、邮件主题是否引起用户兴趣。跨境电商卖家可通过设置邮件回执或通过第三方邮件跟踪网站来了解邮件打开情况。

3. 点击率

点击率,即点击链接数除以邮件打开数得到的百分比。这个指标非常重要,因为电子邮件营销的最终目的就是吸引用户访问卖家的着陆页或网站。

4. 转化率

转化率,即在一个统计周期内,完成转化行为的次数占推广信息总点击次数的百分比。用户点击邮件后,跨境电商卖家的下一个目标就是让用户将点击邮件转化为实际的购买行动。

二维码 5-3
跨境电子商务站外推广

第三节　主要跨境电商平台站内营销推广

本节将对跨境电商站内营销推广方式进行详述,选取了四大主流电商平台,分别为AliExpress、Amazon、eBay、Wish、Shopee。

一、AliExpress 的营销推广

AliExpress 即全球速卖通,其首页如图 5-1 所示,创建于 2009 年,并于 2010 年 4 月

正式对外开放。AliExpress 是阿里巴巴打造的、面向全球市场的在线交易平台，被称为国际版"淘宝"，具有进入门槛低、操作方便、品类众多等特点。AliExpress 是我国供应商面向海外买家，并通过支付宝国际账户进行担保交易，融订单、支付、物流于一体的跨境电商交易平台。AliExpress 的站内营销推广方式包括直通车、店铺自主营销活动、其他营销方式（联盟营销、平台活动营销）等。

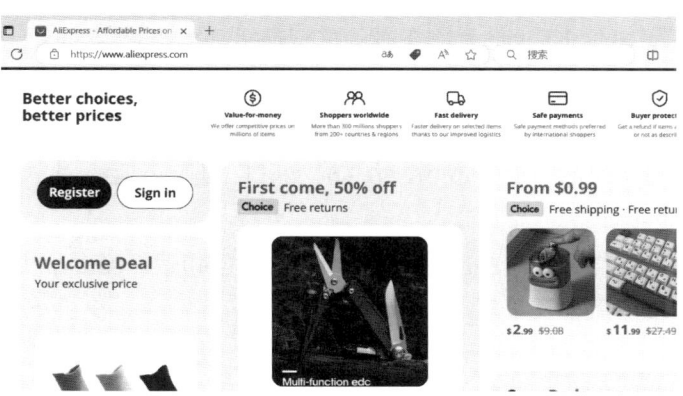

图 5-1　AliExpress 首页

（一）直通车

1. 直通车的操作流程

速卖通直通车的操作流程可概括为：速卖通平台会员在直通车后台设置关键词，并对展示位置进行竞价，通过大量曝光产品吸引潜在用户。当买家单击直通车中显示的产品时，直通车会向对应的卖家进行收费，即按点击量计费，直通车界面如图 5-2 所示。

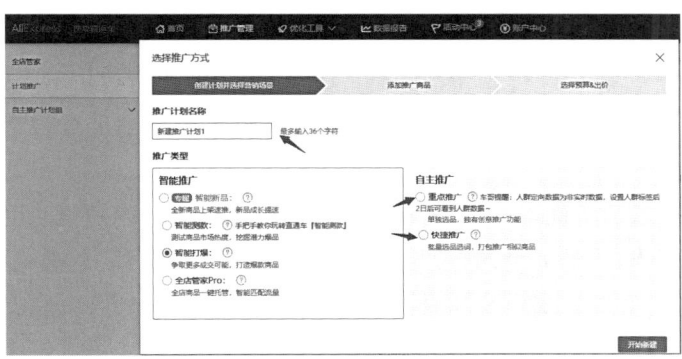

图 5-2　直通车界面

2. 直通车的规则

速卖通直通车包含 3 个规则：前台展示规则、排序规则、扣费规则。下面将分别对这 3 个规则进行介绍。

(1) 前台展示规则。直通车的前台展示区包括右侧推广区和底部推广区。右侧推广区包含5个推广位,用于展示推广评分为"优"和出价具有竞争力的产品;底部推广区包含4个推广位,用于展示推广评分为"良"和出价具有竞争力的产品。

(2) 排序规则。直通车的排序影响因素推广评分和出价。推广评分的优先级高于出价。推广评分主要考虑4个因素:产品信息质量、产品与关键词的相关性、买家认可度和账户质量。推广评分包括优、良两个等级,如果想在右侧推广区进行展示,则产品评分必须是"优",否则不管出价多高,也无法在右侧进行展示。

(3) 扣费规则。具体如下:

① 按点击率计费,免费展示。

② 全球速卖通主要面向境外市场,对中国及尼日利亚等地的用户点击不进行计费,对无效重复点击也不计费。

③ 具体扣费额度与卖家的推广评分和出价有关,但扣费额度会小于或等于出价。

3. 直通车的推广流程及策略

(1) 选品。正确选择推广的产品至关重要,热销产品能够持续为店铺引流,达到事半功倍的效果。如果推广的产品选得不好,则会事倍功半。流行趋势选品策略和数据化选品策略都是比较常用的选品策略。

(2) 选取关键词。关键词是直通车推广的关键。关键词的数量和质量在很大程度上影响着直通车的推广效果。数量指用尽可能多的关键词描述产品,质量指关键词和产品的匹配程度。关键词一般采用"属性词+类目词"或单独的属性词表示。类目词指产品具体所属的类目,如生鲜类目、女装类目、数码类目等;属性词指用户具体描述产品属性的词语,如裙子有碎花裙、a字裙、吊带裙、背带裙等。关键词如果只包含类目词则会大大降低用户的搜索范围,导致用户体验极差。在速卖通中使用关键词工具有两种方法,一种是"自上而下法",另一种是"自下而上法"。

① 自上而下法。确定好行业和具体类目后,运用速卖通所提供的关键词工具从高到低排序过去30天的搜索热度,选取关键词并注意排除与产品匹配度较低或为0的关键词。

自上而下法具备两个优点:一是所选用的关键词都是行业内搜索热度靠前的词语,在推广评分中具备优势;二是关键词与产品匹配度高,可在很大程度上避免"非意向买家"的无效点击,在减少不必要的支出的同时提高了转化率。

自上而下法也存在一定的缺陷:一是一个关键词一般仅限于推广一个产品,若一个关键词被多个推广计划使用,就会造成推广计划统计数据与实际情况不符;二是关键词热度越高,价格自然就越高,竞争也会变得更加激烈,而恶性竞争不利于卖家的发展。

② 自下而上法。在日常运营中,卖家会趋向于选择搜索热度比较高的关键词,但这些词通常伴随着激烈的竞争以及高昂的出价,这时候可以采用"自下而上法"挑选一些搜索热度适中、竞争度极低的关键词。合理利用这些关键词有助于避开激烈的竞价竞争,从

而降低直通车推广成本。

(3) 出价。完成选取关键词步骤后,下一步就是直通车根据卖家设置的关键词特性、产品不同推广阶段、点击效果进行出价。主要的出价管理方法包括根据关键词的匹配度出价和根据不同推广阶段出价。

① 根据关键词的匹配度出价。在实际营销过程中,关键词与对应产品的匹配度越高,用户转化为买家的可能性也就越高。对于高转化率的关键词可以提高出价,而对于低转化率的词则可以降低出价。提高转化率关键词的曝光度,可以增加这些关键词的点击量占产品所有关键词的点击量的比例,进而提高产品的整体点击转化率。

② 根据不同推广阶段出价。一般来说,最初使用直通车对新品进行推广时,因销量少、缺乏用户好评记录而转化率较低。所以在推广前期,直通车的出价较低,随着销量以及用户好评的增加,用户会比较放心地购买产品。待转化率逐步上升后,卖家可提高出价。

(二) 店铺自主营销活动

1. 限时限量折扣

店铺每个月的限时限量折扣活动数量为40个,时长共计1 920个小时。当卖家使用限时限量折扣工具时,如果买家的购物车或收藏夹中有相关产品,那么买家会立即收到系统提示,卖家可以此来提高购买率。系统规定,产品促销价必须低于90天均价(即促销前90天产品在网站上的价格平均值)。

2. 全店铺打折

全店铺打折活动开始时间采用的是太平洋标准时间,活动创建后24小时生效。以月为单位,每月可参与活动的店铺总数是20个,时长共计720小时。全店铺打折活动对于新店铺来说效果更为明显,可快速提高店铺的曝光度和销量。与限时限量折扣活动不同的是,全店铺打折活动的对象是店铺中的所有产品。

卖家在进行全店铺打折前,必须计算清楚所有产品的折扣,控制好利润,同时还要注意活动时间的设置,因为一旦全店铺打折活动处于等待展示阶段,便不可修改。

与全店铺打折类似,店铺满立减也是针对全店铺产品进行的促销活动。店铺满立减以月为单位,每月活动可参与店铺总数为10个,时长共计720小时。如果一个买家购买的该店铺产品总额(X元)大于卖家设置的满立减金额(Y元),在支付时系统会自动减去优惠金额,即最终支付金额为($X-Y$)元。这一活动一方面使买家得到优惠,另一方面也促使买家为得到更多的优惠而购买更多的产品。

3. 店铺优惠券

店铺优惠券是一种由卖家自主设置优惠金额和使用条件,买家领取后可在有效期内使用的电子现金优惠券。店铺优惠券具有促进本次消费、增加老用户黏度、为店铺引流等好处。店铺优惠券主要从订单金额满多少可用、优惠券有效期等方面进行设置,卖家也可以设置优惠券为无条件使用。

(三) 其他营销方式

1. 联盟营销

速卖通中的联盟营销指的是通过各种渠道投放相关的推广广告,如通过搜索引擎、论坛、邮件等渠道,和其他平台联盟来引流。联盟营销中,只有成交时卖家才需要付费,因此它是一种按效果付费的推广方式。

2. 平台活动营销

平台活动是全球速卖通面向平台卖家推出的一种免费推广活动。每期的平台活动都会显示在 My AliExpress 的营销中心选项中,卖家可选取自己店铺内符合要求的产品报名参加,一旦入选,该产品就会显示在活动推广页面上,有利于大量吸引客流量。平台活动包括常规性活动(如 super deals、团购活动等)、行业和主题活动(如家具行业的活动、情人节大促活动等)、平台整体大促活动(如"双十一"大促活动等)。

二、Amazon 的营销推广

Amazon 成立于 1995 年,于 2012 年正式上线了跨境交易平台"全球开店"。虽然相对来说起步较晚,但其发展极快。仅用一年时间,它的产品规模就增长了 64%,卖家规模更是同比增长了 196%。相比全球速卖通来说,亚马逊的平台门槛比较高,对品牌、品质的要求也比较高,所面向的企业多为注册企业。

(一) 黄金购物车

卖家在亚马逊平台中搜索到的第一个相关项目就是黄金购物车(buy box)。买家可以直接进行购买。亚马逊平台中有 82% 的交易都是通过黄金购物车实现的。拥有黄金购物车的卖家的成交量是其他卖家的 4 倍。在亚马逊中,买家如果想要购买非黄金购物车的产品,需要单击按钮"See All Buying Options",如图 5-3 所示,而购买黄金购物车的产品则无须二次单击,直接单击按钮"Add to Cart"即可,如图 5-4 所示。

图 5-3 购买非黄金购物车产品

图 5-4 购买黄金购物车产品

1. 获得黄金购物车的条件

亚马逊平台门槛高,对入驻企业的要求也较高。黄金购物车是亚马逊从这些优质卖家中选择分配出来的,获得黄金购物车的卖家除了需要符合优秀卖家的标准外,还需具备以下条件。

(1) 必须是专业卖家。

(2) 必须在亚马逊上有 2～6 个月的销售记录,必须是一个拥有较高的卖家等级、送货评级,同时缺陷率低于 1% 的特色卖家。

(3) 所销售的产品必须是全新的。

(4) 产品必须有库存。

在符合这些条件的优质卖家中,亚马逊会将 70% 的黄金购物车分配给高评分卖家,25% 的黄金购物车分配给中等评分卖家,而剩余 5% 的黄金购物车分配给低评分卖家。

2. 亚马逊分配黄金购物车时优先考虑的内容

(1) 优先考虑使用 FBA 的卖家。亚马逊平台中,在同等情况下按以下顺序获得黄金购物车:自有卖家＞FBA＞本地发货＞中国发货。

(2) 优先考虑售价较低的卖家。

(3) 优先考虑送货时间在 1～3 个工作日的卖家。

(4) 优先考虑卖家指数高的卖家。卖家每完成一个订单,平台奖励 100 分,但配送超出预期时间时不得分;若卖家取消订单,则扣 500 分。卖家的总分是对这些分数进行加权计算,距离目前越近的订单所设置的权重就越大。

(5) 优先考虑订单缺陷率低于 1% 的卖家,出货延迟率低于 4% 的卖家,出货前取消率低于 2.5% 的卖家。

(6) 优先考虑用户满意度高的卖家。

(二) 广告活动

1. 付费商品广告

付费商品广告(Sponsored Product Ads)是常见的广告类型,会在移动端和 PC 端同步显示。只有拥有黄金购物车的卖家才可创建付费商品广告。付费商品广告包括自动广告和手动广告两种类型:自动广告是指亚马逊根据卖家的产品信息来投放广告,这种广告曝光度高但不够精准;手动广告需要卖家自行设置关键词,只有当用户搜索对应的关键词时,卖家的广告才会显示。

2. 标题搜索广告

(1) 标题搜索广告简介。

① 亚马逊搜索结果的页面顶部是每个卖家都想获得的"黄金展示位置"。针对这个区域,亚马逊推出了标题搜索广告(Headline Search Ad)。这是一种基于亚马逊搜索的、优先于其他搜索结果显示的、图文结合的高曝光展示方式。之前该广告功能只向亚马逊代销(Vendor)账户开放,但从 2017 年 8 月开始,该广告功能开始向第三方卖家(Seller)账

户开放。通过该广告,卖家可以将自己的商品展示在亚马逊搜索结果页面的顶部位置,以提高销售额和品牌知名度。

② 标题搜索广告主要包括 5 个部分:品牌商标(商品)、品牌名称、购买提示按钮、自定义标题及 3 个特色商品。单击头条搜索广告中的品牌商标、标题或者购买按钮,买家就可进入卖家设置的商品集合页面或者卖家的品牌旗舰店页面。在广告的右侧窗口中,可以设置 3 个特色商品,买家单击其中任一商品就可进入相应商品的详情页。如果要创建商品集合页面,卖家需要选择 3~100 个商品,并确保这些商品可以共用关键词。

(2) 标题搜索广告的优化。

① 选择正确的关键词:卖家在设置关键词时,应选择正确的关键词。系统会推荐一些关键词,并显示每个关键词的流量。卖家应对这些关键词的流量进行分析,并选择适合自己商品的关键词。

② 根据预算选择关键词:标题搜索广告的关键词是通过拍卖来定价的。一般来说,流量低的关键词竞价较少,因此更容易以较低的价格赢得竞拍。如果想要获得流量高的关键词,卖家就需要提供具有竞争力的出价。卖家应选择与自己的商品高度匹配的关键词,并根据预算和目标流量确定出价策略。

③ 广告标题的书写要正确:广告标题的书写要正确,不要出现重音、大小写、缩写、同义词等常见的拼写错误。且标题要与商品关键词高度吻合。在标题中可使用"Buy Now"或"Save Now"等号召性的词语,但不能使用诸如"♯1"或"Best Seller"等未经证实或基于某个时间的销量排行等不具代表性的词语。

④ 对广告进行测试:标题搜索广告的一大优势就是卖家可以自己设定广告创意,这就为卖家对不同的广告进行测试创造了条件。在对广告进行测试的时候,卖家可以建立多个广告系列并同时运行,根据广告效果对其中的变量进行调整,但每次只能更改其中一个变量,最短测试时间为两周。最后,卖家可以根据自己的业务目标和测试结果设定适合自己的广告创意。

⑤ 充分利用系统提供的报表工具:亚马逊系统提供的报表工具统计了广告点击次数、广告费用、广告产生的销售额等数据。这些数据能够帮助卖家跟踪广告效果。卖家需密切关注这些数据,以便及时调整营销推广策略。

3. 商品展示广告

与付费商品广告和标题搜索广告相比,商品展示广告(Product Display Ads)拥有更多的展示位置。它可以展示在商品详情页的侧边和底部,以及买家评论页、亚马逊以外的网站和优惠信息页面顶部,有时还可以展示在竞争对手的商品详情页上。

与其他两种广告不同,商品展示广告是基于商品和买家兴趣所投放的广告,而不是基于关键词。因此,卖家可以根据买家的兴趣或其关注的特定商品来对广告的目标受众进行定位。对于这类广告,品牌卖家经常会采取两种策略:一是"征服"策略,二是"防御"策略。

①"征服"策略指卖家购买广告位并将广告展示在竞争对手的商品详情页上,以将浏览该商品的买家吸引到自己的商品页面中。卖家应用这一策略时,除了要做好广告本身的设计与优化外,还需要对自己商品页面的图片、评论和商品定价进行优化,以便更好地发挥广告的作用,提升页面转化率。

②"防御"策略指卖家可以通过购买该广告位来守住自己商品详情页的广告位,不让其被竞争对手占领。使用这一策略的诀窍在于,卖家可以尝试为买家提供升级版的商品或是其他附加品,也可以创建捆绑销售的商品,鼓励买家组合消费。举例来说,如果卖家销售的是手机壳,则可以捆绑销售手机膜、耳机等配件。

(三)促销活动

亚马逊平台内的促销活动主要包括秒杀活动、满减活动和季节性促销。

1. 秒杀活动

秒杀活动是指将商品在一个较短的时间展示在促销页面上。亚马逊规定,参与秒杀活动的商品必须是新商品,并采取 FBA 配送或自有配送方式,并且达到一定的要求。秒杀活动受众多卖家青睐,它既可以增加商品的曝光率,帮助卖家迅速建立品牌形象,又可以大幅度带动销量提高,甚至带动店铺内其他商品的销售。

2. 满减活动

满减活动在很多电商平台中都很常见,即当订单金额满足卖家设定的金额要求时,买家便会享受到给定的折扣比例。

3. 季节性促销

在国内,每年都会举办一系列促销活动,如新春特惠、"双十一"促销、国庆大促等。境外也存在这样的促销活动,如感恩节、情人节的促销活动等。亚马逊内部也有很多季节性的促销活动。

三、eBay 的营销推广

eBay 于 1995 年成立于美国硅谷,是一家全球性的线上拍卖及购物网站。eBay 平台内每天有数百万的商品更新,有数百亿元的资金通过 PayPal 快捷支付方式进行流通。eBay 平台具备门槛低、利润高、支付方便、销售方式灵活等优势。

(一)促销管理

eBay 跨境电商平台中的优惠活动包括以下 5 种形式。

1. 订单折扣

当买家的订单总金额达到卖家设置的金额要求时,即可享受一定的折扣比例。订单折扣这种促销方式既可用于全店铺商品的促销,也可具体用于一种商品或一组商品的促销。

2. 运费折扣

除了订单折扣,eBay 中的运费也会设置折扣,甚至可以免运费。许多店铺在购买两件以上商品时可免运费。

3. 优惠券

向用户发送优惠券的方式主要包括3种：一是卖家将优惠券通过电子邮件链接发送给用户；二是在网店内发布优惠券，用户可进入店铺领取；三是在社交媒体网站平台上发布优惠券，刺激用户领取优惠券后进入店铺浏览并购买商品。

4. 降价活动

将目前参加降价活动的商品显示在打折页面，用户可单击降价商品对应的链接访问商品详情页。同时，卖家也可以组合一些经常被一起购买的商品，进行分组促销。

5. 捆绑销售

捆绑销售的前提是先确定一件主商品，然后围绕主商品捆绑一些与其相关的商品。例如，买家在网上购买项链时，可能此时并没有想要购买耳环或手镯，但卖家通过捆绑项链、耳环和手镯，并同时给予一定折扣，很容易吸引买家购买，尤其是对女性买家而言，一方面是由于对成套珠宝的喜爱，另一方面是因为可以享受折扣优惠，相比单独购买商品，这种方式可以大幅增加店铺销售量。

(二) 付费广告

付费广告是 eBay 的一种站内推广方式，支持站点包括美国站点、英国站点、德国站点和澳大利亚站点。这种推广方式可帮助平台卖家提高其商品曝光度。eBay 根据买家的搜索行为，将相关商品呈现在搜索结果页面的醒目位置，进而提高商品的可见性。在商品成交后，平台会根据具体的商品价格的百分比进行收费，费率在 1%～20%。Promoted listings 是一种 eBay 站内付费广告，会将你的产品推广到 eBay 搜索结果的顶部。Promoted listings 的界面如图 5-5 所示。这些推广商品会被标记为"sponsored"（赞助）。

图 5-5 Promoted listings 的界面

(三) 邮件营销

eBay 具有一套邮件营销功能，卖家可以借助这一功能提高品牌知名度，与用户建立长期有效的联系。卖家通过向买家发送电子邮件,告知买家当前店铺正在进行哪些促销活动,并通过文字表述、图片、视频、链接等方式来展示广告或品牌故事。而邮件标题决定了买家是否会查看邮件并进一步了解内容。卖家在设计邮件营销的内容时,必须站在买家的角度提供有价值的信息,而不是发送低质量邮件为买家带来困扰,进而造成负面的营销效果。

卖家可从以下4个方面进行邮件内容的优化。

1. 内容具有针对性

针对不同的目标用户,卖家应发送具有针对性的邮件。例如,对于管理人员,可以发送一些有效的管理策略;对于白领女性,可以发送一些实用的穿搭方案;而对于普通消费者,可以发送一些购物小技巧、优惠券等信息。定向发送适合目标群体的邮件能够满足他们的需求,增强其对企业的信任与黏性,大幅降低企业营销成本,获得较好的营销效果。

2. 突出重点,简洁明了

邮件应该简洁明了,直接点明主题,同时也可结合邮件编辑工具对主题进行突出,如设置不同颜色的字体、加粗字体或加入有创意的图片等方式,让用户立刻得知卖家发送邮件的目的。这样做有助于避免用户因为找不到重点而关闭邮件,从而节省双方的时间。

3. 刺激用户的好奇心,引起共鸣

卖家应尽量刺激用户的兴趣与好奇心,可通过设置某些优惠或折扣来吸引用户打开网站链接,进一步了解商品信息。

4. 添加自定义变量

把单一的称呼"先生/女士"改为用户的名字,这样会给用户带来亲切和被重视的感觉,从而增进买卖双方的关系。

四、Wish的营销推广

Wish成立于2013年,是一个基于App的B2C跨境电商平台。平台内销售的商品种类繁多,涵盖了服装、珠宝、手机、礼品等品类,大部分商品都从中国发货。Wish淡化了品类浏览与搜索环节,舍掉了促销环节,通过智能分析技术专注于关联推荐、精准营销。它只向用户推送他们可能感兴趣的商品,在实现营销目标的同时,提升用户体验。

(一) Product Boost 概述

Product Boost是Wish平台推出的结合了卖家端数据与Wish后台算法,旨在为给定产品增加流量的工具。Product Boost界面如图5-6所示。Product Boost能够直接有效地为卖家打造爆款,使产品获得较好的展示排名,为店铺快速引流。Product Boost不会对所有产品进行推广,只会推广那些系统检测到的有用户市场的产品。参加Product Boost活动所产生的费用每15天结算一次,并从卖家账户中扣除。Product Boost推广周期最短为 1 天,最长为 4 周。卖家在使用 Product Boost 前,需要了解以下内容。

图 5-6 Product Boost 界面

(1) Product Boost 的关键词是搜索关键词。

(2) Product Boost 的推广规则只与卖家设定的关键词有关。

(3) Product Boost 的关键词搜索是精准搜索。

(4) Product Boost 的关键词可以尝试使用小语种词,但是在推广前期建议减少使用。

(5) Product Boost 的付费方式与其他电商平台的按效果付费方式不同,它按照千次展现量进行付费。

(二) Product Boost 推广产品的流程

Product Boost 可为店铺快速引流,卖家应充分利用 Product Boost,以提高产品的曝光度和转化率。日常使用 Product Boost 进行产品推广的过程中,主要遵循选品、关键词设置、产品竞价和推广活动优化 4 个流程。

1. 选品

适合参加 Product Boost 活动的产品包括以下几种。

(1) 已经在其他跨境电商平台获得成功的产品。

(2) 具有流行趋势且需求量非常大的季节性产品。

(3) 市场中还未出现或未大范围出现的产品,或对用户来说非常新奇的产品。

(4) 在质量和价格方面具备竞争优势的产品。

(5) 流量大的产品。

2. 关键词设置

关键词需准确地描述产品,如"fashion""bag"等词语,它们的热度和搜索量较高。但是这些关键例词并不能让用户很准确地搜索到产品。所以卖家在避免出现关键词拼写错误的前提下,应使关键词能尽可能准确地描述产品。设置关键词的方法主要有以下 4 种。

(1) 借助工具选择相应的关键词。例如,使用 Google AdWords 工具,搜索自己打算推广的产品,然后选取 10～15 个关联性强的关键词,并到 Wish 用户端中搜索这些关键词,观察哪些关键词在平台内的反响比较好。

(2) 可以参考其他各大跨境电商平台的热门搜索词。

(3) 查看产品行业分类情况,通过行业分析工具选择与产品相关的关键词。

(4) 通过一些比较专业的小语种电商平台,选择一些小语种关键词。

3. 产品竞价

要设置 Product Boost 产品竞价,卖家须进行多次重复测试,以获得最优竞价。

(1) 第一周可进行低价测试,根据产品的竞争情况确定价格。

(2) 第二周搜索分析产品关键词的排名情况及上一周的流量转换情况,适当分析调整竞价。

(3) 第三周继续分析产品的流量增长情况及产品点击转化率,考虑是否提高或者降低竞价。

4. 推广活动优化

卖家应每周统计所获得的流量,观察店铺活动关键词排名情况,并及时调整关键词设置;时刻关注产品在行业内销量的排名情况,考虑是否加大对 Product Boost 的投入,以获得更多的自然流量。

五、Shopee 的营销推广

Shopee 平台拥有的商品种类包括电子消费品、家居、美容保健、母婴、服饰及健身器材等。针对这些类目,可从以下角度着手展开营销推广。

(一) 类目

1. 选品

选品上侧重性价比较高的潮流产品,及时了解热卖产品并进行上架销售(shopee 店铺定期提供热卖产品周报,也可同步去了解其他东南亚电商平台的情况)。

2. 目标客户群

根据目标客户群选品:60%～70%的用户为年轻女性,关注性价比高的潮流产品,例如女装、头饰。

3. 重点商品

根据重点品类选品:流行鞋服,美妆保健,母婴用品,手表配饰,家居装饰,男性服饰。

(二) 搜索

优化商品名称与描述:根据热搜词和标签优化商品名称和描述。

1. 热搜词

通过热搜词,卖家可以把握当前市场上的热销商品,并根据热搜词优化商品描述,从而提高商品在搜索结果中的排名和曝光率。

2. 标签

卖家可在商品描述中添加热门标签,增加商品曝光率。

(三) 分时段上新

商品曝光技巧:小批量分时段上传商品。每天分时段小批量上新商品,这样可以使新上传商品在同类商品的搜索排名中处于靠前的位置,提高商品曝光率和被购买的可能性。不同的站点具有不同的最佳上新时段。中国台湾和新加坡站20:00—00:00下单人数最多。泰国站最佳上新时间则是13:00—15:00。马来西亚站下单人数最多的时段在14:00—16:00。印度尼西亚站10:00—12:00下单人数最多,21:00过后下单人数开始减少。菲律宾站的下单时段较分散,全天都适合上新。越南站早上下单人数较多。

(四) 关注粉丝

1. 主动关注

卖家可在App上搜寻同类热门卖家,并主动关注这些卖家及其现有粉丝。这样被回粉概率比较大,同时也能增加曝光,目前粉丝上限为5 000个。

2. 买家互动圈粉

重视每一次和买家进行沟通的机会,及时回复他们的信息,提高顾客转化率和留存率。

3. 粉丝优惠

卖家可鼓励买家为其产品点赞或者关注店铺,并在下次购买时给予折扣或礼品作为奖励。

4. 关注粉丝的优点

(1) 粉丝是店铺自然流量和订单的重要来源。对于处在运营初期的店铺来说,增加店铺粉丝量非常重要。在店铺运营的初期,积累粉丝是非常重要的一个运营环节。

(2) 当店铺拥有一定粉丝量之后,卖家可以定期策划一些店铺主题活动,并且主动和买家互动进行店铺主题活动的宣传。卖家还可以设置一些主题活动专用的折扣券展示在店铺首页,吸引买家购买。丰富的店铺活动有利于提高买家回购率,并且能够吸引新客源。

(五) 推广活动

(1) 免费置顶推广(一次最多可选择5个产品)。在我的商品页面中,可以点击"Boost Now"(立即置顶推广)。4小时内可选择曝光5款产品,系统会将这些产品置顶在对应分类页面靠前的位置进行展示。

(2) 付费资源包(直接联系招商经理付费上活动,不限次数和时间,看资金)。

（3）店内自创（平台不定期提供的店铺活动，商家需要额外关注平台的通知和提醒）。

（4）付费推广。

（5）Shopee 直播。

延伸阅读 5-1

Shopee 站外推广方式及技巧

对于电商卖家来说，某种程度上流量等于销量、等于利润。做 Shopee 也是一样的。在 Shopee 平台上，要想获取更多的流量和销量，就需要进行推广。Shopee 的推广方式分为站内推广和站外推广两种。以下是站外推广的方式及技巧。

一、Shopee 站外推广方式

1. 社交平台

Facebook、Twitter、Instagram 等社交媒体平台是站外推广的主要渠道。卖家可以选择自行运营这些账号，进行长期的管理和维护；也可以寻找知名网红来进行推广，因为他们拥有庞大的粉丝群体和影响力，能够有效地吸引更多的流量。

如果卖家在图片优化方面非常擅长，推荐使用 Instagram 和 Facebook 进行推广。而如果卖家具备强大的短视频处理能力，则建议选择 TikTok 和 Facebook。对于拥有出色视频制作能力的卖家，可以考虑利用 YouTube 和 Facebook 进行推广。

2. 搜索引擎

搜索引擎除了抓取电商平台，还会抓取平台上的产品信息。卖家需要做的是优化产品标题，以便搜索引擎更好地抓取产品链接。优化后的标题应符合买家的搜索习惯，这样买家更容易通过搜索引擎找到你的产品，从而实现更好的引流效果。

二、Shopee 站外推广技巧

1. 根据买家特点选择平台

站外推广平台如 Facebook、Twitter、Instagram 等，针对的用户群体有所不同。有些平台可能主要吸引年轻人，因此在这些平台上年轻人的用户群体也更多；而其他平台可能更多地吸引女性用户。由于我们的 Shopee 店铺目标用户群体存在差异，因此在进行站外推广时，需要根据买家的特点选择合适的平台。

2. 包装账号

账号的前台展示信息应该包括头像、名字、简介、背景色等。这些信息至少要能够让买家一眼就知道我们是做什么的，销售哪类产品。

3. 选择推广内容

如果想要吸引更多的买家对你的产品产生兴趣，你需要找到一些能引起他们兴趣的亮点。围绕这些亮点，制作出高质量的内容，并进行具体的推广。通过制造吸引人的内容,你可以增加买家的兴趣,让他们更愿意浏览和点击你的产品。

4. 积累粉丝

在借助站外平台进行推广引流时,发布吸引买家兴趣的内容并与粉丝互动非常重要。通过与粉丝的互动,增强其对店铺的信任感。当店铺的粉丝积累到一定程度时,可以将他们转化为店铺的流量和订单,从而增加店铺的利润。

本 章 小 结

1. 跨境电商营销指企业借助站内及站外营销方式来实现跨境电商营销目标的一种新型市场营销方式。其营销特点包括方式多样性、全球性、互动性、虚拟性、高效性。

2. 跨境电商营销的发展有七个阶段,包括电子邮件营销、展会营销、搜索引擎营销、社交媒体营销、需求方平台营销、重定位和再营销技术、整合营销。

3. 有效的互动式营销包括搜索引擎营销、社交媒体营销、电子邮件营销。

4. AliExpress 平台的自主营销活动有限时限量折扣、全店铺打折、店铺优惠券。

5. Amazon 的营销推广主要包括黄金购物车、广告活动、促销活动。

6. eBay 跨境电商平台中的优惠活动包括订单折扣、运费折扣、优惠券、降价活动、捆绑销售。

课 后 习 题

一、单选题

1. 速卖通设置限时活动时,正常情况下设置( )左右为宜。
    A. 三天 B. 一个星期 C. 二十天 D. 半个月
2. 店铺自主营销中效果最好的是( )。
    A. 限时限量 B. 全店铺打折 C. 店铺满立减 D. 店铺优惠券
3. 平台活动报名前期准备工作的第一步是( )。
    A. 市场调研 B. 活动策划 C. 选品 D. 客户沟通
4. Facebook 是美国排名第一的( )站点。
    A. 用户 B. 数据 C. 照片分享 D. 购物
5. 下列选项中,给同一个客户每月发开发信的频率最好是( )。
    A. 2~4次 B. 4~6次 C. 1~2次 D. 越多越好
6. 跨境电商营销的特点不包括( )。
    A. 全球性 B. 互动性 C. 虚拟性 D. 营销方式少
7. 下列营销方式中,比较早期的营销方式是( )。

A. 搜索引擎营销 B. 社交媒体营销
C. 电子邮件营销 D. 网络广告营销

8. 下列选项中,属于速卖通的店铺自主营销活动的是(　　)。
   A. 店铺满立减 B. 限时限量折扣
   C. 全店铺打折 D. 联盟营销

9. Pinterest 的特点包括(　　)。
   A. 图钉服务
   B. 瀑布式布局
   C. 以具有"收藏爱好"的优质女性为核心用户
   D. 更新速度慢

10. 下列选项中,Twitter 的特点不包括(　　)。
    A. 简洁性 B. 公开性
    C. 高效交互 D. 推文字数不受限制

11. 跨境电商营销的功能包括(　　)。
    A. 企业品牌推广 B. 网上调研
    C. 促进销售 D. 维护客户关系

12. 企业在利用 AliExpress 的直通车进行营销推广时,需要关注(　　)。
    A. 黄金购物车规则 B. 前台展示规则
    C. 排列规则 D. 扣费规则

二、多选题

1. 跨境电商营销的常见手段有(　　)。
   A. 搜索引擎营销 B. 网络广告营销
   C. 电子邮件营销 D. 内容营销

2. 链接优化包括(　　)。
   A. 内链优化 B. 关键词优化
   C. 图片优化 D. 外链优化

3. AliExpress 的营销推广方式有(　　)。
   A. 直通车 B. 店铺自主营销活动
   C. 联盟营销 D. 黄金购物车

三、判断题

1. 速卖通直通车营销需要设置关键词。　　　　　　　　　　　　　　　　(　　)
2. 全店铺打折开始时间采用的是北京时间。　　　　　　　　　　　　　　(　　)
3. 亚马逊分配黄金购物车时并不会优先考虑使用 FBA 的卖家。　　　　　(　　)
4. Product Boost 推广产品的流程是选品、关键词设置、产品竞价、推广活动优化。(　　)
5. Shopee 的营销推广时无须考虑上架时间。　　　　　　　　　　　　　(　　)

四、简答题

1. 请简述3种跨境电商营销的功能。
2. 跨境电商营销具备哪些特点?
3. 你认为跨境电商直播营销过程中需关注哪些方面?
4. 请简述速卖通的直通车如何进行营销推广。
5. 亚马逊的黄金购物车有哪些获得条件?

第六章
跨境电商数据分析

 学习目标

知识目标
- 了解跨境电商选品时常用的数据分析方法
- 掌握跨境电商数据化管理的定义与意义
- 掌握跨境电商数据分析的基本步骤
- 熟悉跨境电商数据分析的常用指标

能力目标
- 能够说出跨境电商数据分析的指标和方法
- 能够应用跨境电商数据分析的方法进行选品

 关键概念

选品　数据分析指标　数据分析方法

本章框架图

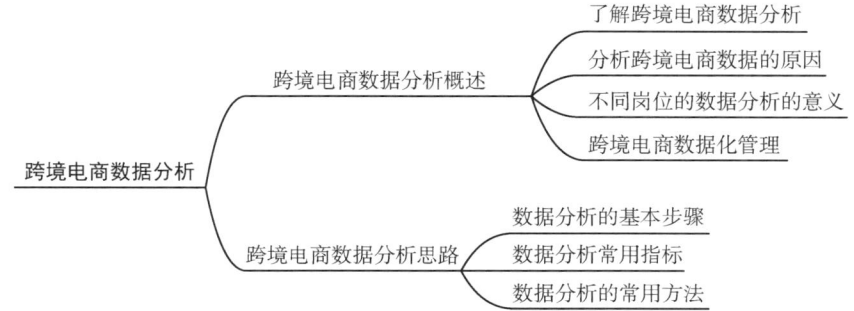

近些年,随着互联网的发展,人们越来越感受到互联网带来的便利。人们可以在网上购买各种商品,包括服装、鞋帽、化妆品、日用品还有日常的生鲜果蔬等等。还可以网上进行旅游产品的购买、定制,进行酒店的预订。可以说,人们的生活越来越离不开互联网。

作为日常消费者,我们发现在购物时,平台的后台会自动向我们推送一些商品,我们发现这些商品往往和我们的需求密切相关。数据分析就是平台通过用户的购物行为和搜索行为,为用户匹配用户所需要或者潜在需要的商品。

无论是对于互联网平台来说，还是对于个人卖家来说，数据分析都是举足轻重的。对于平台来说，需要分析用户的访问、搜索、转化等行为，来提高平台的销售额。互联网平台都有比较高的用户流失率，因此需要通过数据分析来不断进行客户的扩容并且降低用户流失率，保证用户的数量，从而保证下单量和销售额。对于平台上的卖家来说，用户的访问量、关注的商品、热卖商品以及访问时段等因素也会对产品销售产生极大的影响。

数据分析就是可以帮助各互联网平台以及平台卖家，甚至直播销售产生前驱作用的各种分析方法、工具、分析维度相结合的产物。

第一节 跨境电商数据分析概述

一、了解跨境电商数据分析

数据分析是指用适当的统计分析方法对收集的大量第一手资料进行分析，以求最大化地利用数据资料，发挥数据资料的作用，提取有用的信息并形成结论，从而对数据加以详细研究和概括总结的过程。跨境电商的数据分析就是跨境电商通过分析数据得到有助于其发展的相关信息。例如，全球速卖通的卖家通过数据分析，能将整个店铺的运营建立在科学分析的基础之上。对各种指标进行定性、定量分析，可以为决策者提供准确科学的参考依据。

数据分析是电子商务发展的必然趋势。在跨境电商领域，销售量好的卖家一定是有足够的数据敏感度的，而且还要有可靠的数据来源，用以分析商品的销售、店铺的运营成绩等。为了帮助卖家充分利用数据，跨境电商平台都有专门的数据分析工具。例如，速卖通为卖家提供了专业的数据分析工具——数据纵横，以帮助卖家使用和管理店铺的数据。速卖通数据分析分为三大模块。模块一，行业数据分析：选好行业、选好产品，让店铺发展起来。模块二，店铺经营分析：根据繁多的数据指标，针对店铺和产品开展优化工作、营销活动，为店铺成长提供动力。模块三，国家市场分析：提供某个行业或行业对应的子集类目在全球维度的国家热度分析，细分买家市场分析，组合维度下的人群画像数据、商品分析等，助力卖家了解全球市场拓展行情及趋势，提供策略分析参考。

行业情报是一种能从多个方面，如访客数占比、成交订单数占比、供需指数等，去展示除一级类目外所有行业类目的数据情报的工具。行业情报可以查看行业概况、蓝海行业和行业趋势。在选品专家中，可以查看热销商品、热搜商品和潮流趋势。此外，关键词分析也是数据分析的一部分，包括热搜词、飙升词、零少词三类。

亚马逊后台没有专门的数据选品工具，卖家可以借助其他网站作为亚马逊店铺的数据化选品工具。例如，数据脉、MerchantWords等。不过，亚马逊前端提供了热销产品（best sellers）、新品（new releases）、潜力产品（movers & shakers）和收藏最多的产品（most wished for）等展示，可以为卖家选品提供直观参考。

Wish 平台也没有提供专门的数据选品工具，卖家可以仿照亚马逊平台的操作，利用 Wish 平台的前端热销产品推送来选品，也可以借助其他数据选品网站来帮助选品，如米库、Wish 卖家数据、海鹰数据、Chinabrands 环球华品等。

跨境电商数据分析可以帮助店铺选品，选品对于店铺的运营有着至关重要的影响。优质的商品可以为店铺带来客户，客户又可以为店铺带来销售额。优质的选品可以提升店铺的整体流量，提升商品在平台的搜索结果中的排名，增强企业的商品竞争力。

在选品过程中，有的商家是根据自己的喜好进行选品从而进行销售，有的商家是根据其他金牌卖家的销售情况来进行商品选择，从而进货销售，有的商家是根据自己的感觉来决定。这些都可能和市场需求脱节。更为有效的做法是通过系统观察和数据分析进行选品，这样才能增加流量，提高商品销量。

在跨境电商中，进行选品的数据分析方法主要有以下几种。

（一）差评数据分析方法

差评数据分析方法源于评价数据分析方法。评价数据分析方法通过分析买家的评价数据从而判断用户对产品的认可度以及产品使用痛点。差评数据分析方法则是通过搜集平台上热卖产品的差评数据，找出用户不满意的方面。假如有意向对该类产品进行铺货，可以根据用户的差评对商品进行改进，从而更好地满足用户的需求。简言之，差评数据分析方法就是从用户的评价数据中挖掘买家的需求痛点，从而对商品进一步改良和完善，提高用户的满意度，提升商品的销售额。用户评价数据可以通过相应的数据分析工具进行抓取、分类，然后进行相应的数据分析，比如使用 Python 进行数据处理和分析。

（二）组合数据分析法

组合数据分析方法是通过商品组合的思维来进行选品的方法。我们知道，店铺中商品的毛利率是不同的，通过价格和毛利率的不同，我们可以把商品分为核心商品、爆款商品、基本商品。核心商品一般占商品池的 20% 左右，这部分商品拥有较高的毛利率，可以为店铺带来显著的利润增长。核心商品应选择更加小众化并且贡献较高毛利额的商品；爆款商品一般在商品池中的占比为 10% 左右，这部分商品一般价格低、需求量大、毛利率低。爆款商品主要的作用是引流，帮助店铺吸引客户，获得流量。在爆款商品的选择上，应该选择热门商品，比如热播影视剧的明星同款、奥运明星同款等；基本商品一般在商品池中的占比约为 70%，这部分商品在店铺中是主要贡献销售额的商品，可以和爆款商品搭配销售，由爆款商品带动基本商品的销售。基本商品一般选择性价比比较高的商品。因此，选品应该兼顾到不同客户的特点和需求，避免把所有商品都定位在同一个价格段和品质水平上。在选品的时候，应该区分品质梯度和价格梯度，这样才可以吸引不同需求的客户，进而提高订单量和销售额。

（三）行业动态数据分析方法

行业动态数据分析方法从行业的角度来研究商品的品类，根据某个商品品类的市场规模和主要目标国家或地区分布来分析商品的市场销量情况。卖家可以通过第三方研究机构发布的市场调查分析报告、参加行业展会、出口贸易公司或者工厂渠道来了解行业概况。

二、分析跨境电商数据的原因

数据分析对于互联网平台和跨境电商店铺都有十分重要的作用。它为平台实现千人千面、帮助店铺进行选品，但它的重要性远不止于此。电子商务企业需要关注数据所反映出的运营问题，而不仅仅是产品的整体运营数据。假如一个店铺只有个位数的SKU（商品的品种划分，比如新疆阿克苏苹果和红富士苹果就是两个不同的SKU，并且拥有不同的SKU的编码，但是两个品种同属于苹果这个大品类），如果其运营出现了问题，排查原因相对较容易。但是对于有上千个SKU的店铺或者平台来说，利用数据分析的方法进行排查就很重要，可以提高效率。所以数据分析是一项整体性的战略投资。各大平台都在积极地搭建自己的数据分析的系统，包括底层的数据库系统、报表系统以及前端的选品系统等。各系统的基础就是数据，包括电子商务企业的整体数据、网站运营数据、用户数据、各种转化率数据、广告投放数据等。

不论是国内互联网平台还是跨境电商卖家，都需要通过数据分析来了解所经营行业的大趋势，从而辅助卖家了解行业情况和整体趋势，为卖家的经营决策提供支持，如速卖通后台提供的行业信息、选品专家、关键词分析等功能。

（一）寻找行业蓝海

蓝海是指未知但是却有待开发的市场空间，一般指竞争不激烈、需求庞大、利润空间较高的行业。进入蓝海市场更容易发现新商机，获得市场超额利润，占据市场份额。进入蓝海市场，对于卖家来说可以争取更多的发展时间和空间。蓝海市场的寻找也可以通过行业数据分析来进行市场需求的探索，进行相应的市场分析，从而利用敏锐的商业嗅觉来发现蓝海市场。

（二）数据分析是选品的重要依据

各商家在选品的时候，应该挑选有热度、差异化、购买转化率高、关联性强的商品。举例来说，夏季卖的泳衣、冬天卖的羽绒服、热播影视剧同款等都属于有市场热度的商品。如果在夏天卖羽绒服，市场需求是很窄的，会限制商家的销售。从商品差异化的角度来说，抄袭其他店铺的热销产品肯定不会有市场或者市场空间并不会很大，因为别的卖家的销售量已经很高了，很难用同样的商品来吸引更多的流量或者把已有的流量从已经存在的店铺中吸引过来。只有通过数据分析，提取出热卖商品的关键词，并且通过差评数据分析法和评价分析法提取出商品需求的痛点，进行改良，方能建立自己的竞争力。提供差异化又有热度的产品才是获取财富的必由之路。从商品转化率的角度来看，只有流量，也就是只有高点击率，但是不能实现有效的转化，是不能为店铺带来订单和实际成交量的。所以店铺要避免那些低转化率的商品。从商品的关联性方面来看，可以通过数据分析方法来研究商品之间的关联性，由热卖商品、热度商品来带动店铺其他商品的销售。

三、不同岗位的数据分析的意义

在电子商务企业中,主要岗位有推广、运营、采购、客服等。数据分析对各岗位有着不同的意义。

(一) 推广类岗位的数据分析

推广类岗位中的数据运用主要体现在搜集市场数据并且进行整理与分析,根据现有的数据进行推广分析,判断哪个渠道的推广效果好,哪个渠道的流量表现更加优秀。在进行推广时需要资金的投入,进行推广分析,就是根据数据分析结果,最大化地控制活动的成本,制定合理的推广预算。

二维码 6-1
如何选择推广渠道

(二) 运营类岗位的数据分析

运营类岗位和推广类岗位属于同一大类岗位,但是在工作侧重点上略有不同。运营类岗位比较侧重于前台页面的展现、活动的策划和文案的编辑。比如说某网络店铺,主要售卖的产品是生鲜水果类,和线下的商店一样,线上的店铺也需要通过经常性的活动来增加曝光、增加新客户、留住老客户。例如,店铺需要举办满减活动(满 199 元减 50 元或者满 66 元减 10 元这样的活动)或店铺优惠券的领取活动(10 元或者 20 元或者 50 元的优惠券的领取)。并且每一档位的优惠券使用的购物总金额是不同的,至于哪款优惠券的效果更好,或者是哪种满减活动效果更好,都需要通过数据分析来说明。数据分析的作用就是对已经发生的营销活动进行复盘,并且对于没有发生的营销活动提供前瞻指导。运营类岗位还需要对日常前台页面活动的展现进行分析,哪些资源未分配给哪些产品,哪些产品之间在销售上具有高度的相关性等。运营类的岗位都要进行数据分析,然后在分配资源位分配方面肯定是优先给大流量产品资源位,并且把相关产品放在一起展示,由大流量产品带动其他相关产品的销售,从而提高商品的销售额。

(三) 采购类岗位的数据分析

产品的售卖的基础是采购,但是采购商品也要通过数据分析来进行。每种产品的需求空间是不同的,有的产品贵,有的产品便宜,但是我们在采购铺货的时候应该采购哪些产品以及采购哪个价格段的产品?我们以线上的服装店铺的数据为例来进行说明。表 6-1 是经过整理后的淘宝某店铺卫衣价格区间的数据。

表 6-1 淘宝某店铺卫衣价格区间的数据

××店铺 2022 年卫衣 1 月至 6 月销售统计表		
价格区间(元)	销售量(件)	销售额(元)
50~100	39	2 652.00
110~160	81	10 206.00
170~220	120	22 680.00
230~280	65	16 510.00

(续表)

××店铺2022年卫衣1月至6月销售统计表		
价格区间(元)	销售量(件)	销售额(元)
290~340	24	7 440.00
350~400	11	4 180.00

　　从表6-1中,我们看到,同类产品在不同价格区间的受欢迎度是不同的,170~220元这个价格区间的销售量是最大的,也是最受欢迎的,其次是110~160元的价格区间,230~280元价格区间的卫衣也具有不小的市场空间,但是350~400元和50~100元的价格区间的产品销售情况不佳。这也就是说采购人员在进货的时候,可以多考察销售较好的价格区间的商品,并增加这些热销区段商品的库存。对于销售情况不好的价格段的商品,适量缩减SKU数量。一方面,减少资金占用,提高资金的周转率;另一方面,有效利用仓库和人员资源,极大地提高各方面的运营效率。

　　另外,采购的数据分析在每个月份的销售上、在大类中再进行SKU的细分及SKU的精细化管理上都有非常广泛的应用。很多店铺或者平台都有在做商品池的规划,原理就是基于对商品的数据分析,包括采购和销售环节。

(四)客服类岗位的数据分析

　　客服类岗位对数据的运用主要是客服工作专员对客户提出的疑问和建议做出响应,搜集客户的需求和建议,并且在销售中分析客户的购买信息,为客户推荐出他们需要的产品,并且需要对客户的评价数据进行分析。尤其是要重视客户的差评数据,从差评中发现客户对产品不满意的点在哪里,如果是服务方面的,可以进行服务改进,如果是物流方面的,可以选择更换合作的物流公司,如果是产品方面的,可以向店铺进行反映,如果是生产方面的,可以通过改进生产工艺进行产品质量的提高。针对客户的好评,可以进行相应的客户宣传,巩固优势地位。通过改进差评中的产品或者服务痛点,保持已有的优势,进一步巩固店铺的优势地位,扩大产品的销售量,提高产品的销售额,扩大产品的市场份额。

四、跨境电商数据化管理

(一)数据化管理的定义

　　数据化管理是指运用分析工具对客观、真实的数据进行科学分析,并将分析结果运用到生产、营运、销售等各个环节中的一种管理方法。根据管理层次的不同,数据化管理可分为业务指导管理、营运分析管理、经营策略管理、战略规划管理4个由低到高的层次。根据业务逻辑,数据化管理还可以分为销售中的数据化管理、商品中的数据化管理、财务中的数据化管理、人事中的数据化管理、生产中的数据化管理、物流中的数据化管理等。

二维码6-2
你知道数据化管理中常用的数据分析工具有哪些吗?

(二)数据化管理的意义

　　从数据化管理的流程来看,应用是数据化管理的核心。这也是数据化管理和数据分析最大的不同,不能应用到业务层面的数据分析是没有意义的。

1. 量化管理

无论是传统零售还是跨境电商,其大部分管理工作都是可以量化的。关键绩效指标(key performance indicator,KPI)就是对日常业务进行量化管理的一种方法。

2. 最大化地提高销售业绩和生产效率

数据分析本身不能带来业绩或效率的提高,只有将正确的分析结果实际地应用到业务层面,才能产生效益。数据分析只有持续不断地产生效益才能称得上是数据化管理。

3. 有效地节约企业的各项成本

每个业务中心都可以建立独立的数据化管理体系,建立自己的追踪及预警机制,从而达到节约成本的目的。

4. 组织管理、部门协调的工具

针对同样一个指标,不同部门提供的数据可能不一致,这既浪费资源,又不利于标准化管理。日常和数据有关的信息传递尽量按如下的原则来做,会大大提高组织及部门间的效率:提供正确且有效的数据给对方;不仅提供数据,还尽可能提供根据数据得到的结论;对结论进行必要的补充说明,将论证逻辑告诉对方;建立业务管理模板共享机制。

5. 提高企业管理者决策的速度和正确性

我们习惯给企业管理者扣一顶"拍脑袋"的帽子。其实"拍脑袋"并不是一件容易的事情,是基于经验、深思熟虑之后得到的一种结论。不是每个人都有资格"拍脑袋"的。当然,如果企业管理者在"拍脑袋"决策的过程中能够参考必要的数据,将有效提高企业管理者决策的速度和正确性。

(三)数据化管理的层次

数据化管理的4个层次如表6-2所示。

表6-2 数据化管理的4个层次

业务指导管理	营运分析管理	经营策略管理	战略规划管理
数据分析人员通过数据收集、数据监控、数据追踪等手段来管理业务。通过数据分析、数据挖掘等方式搭建业务管理模型来提升业绩。业务指导管理的范畴包括销售、人力资源、生产、财务、客服等业务单元,其主要的管理模块包括目标及预测管理、利润及费用管理等	简单来讲,营运分析管理是对人、货、场、财的分析管理。其主要内容包括绩效考核管理、库存分析管理供应链分析管理、客流分析管理、资金分析管理、客户关系管理等。业务指导管理和营运分析管理的区别是前者侧重于追踪和监控,后者侧重于分析和管理	经营策略管理是指通过对各经营环节进行对应的数据分析来达到制定或修改策略的目的。数据化的经营策略管理是企业策略合理化的一个保证。其主要内容包括消费者购买行为分析、会员顾客策略、商品定价策略、品牌定位策略、竞争对手策略管理、资源分配策略等	战略规划管理是通过分析企业内部和外部数据,制定企业长远规划的过程。其主要内容包括宏观经济分析、行业环境分析、经营环境分析、内部资源分析、企业竞争力分析、战略目标规划管理、战略可操作性评估等

二维码6-3
电子商务数据
分析的作用
及应用

第二节　跨境电商数据分析思路

在店铺运营过程中，能够为卖家运营决策提供依据的就是数据分析。开展数据分析的目的就是为店铺运营或者是平台运营找到最优的营销方案，从而实现利润最大化。

一、数据分析的基本步骤

一般来说，开展数据分析包括以下步骤。

（一）明确数据分析目标

在开展数据分析以前，首先需要明确进行数据分析的目的是什么，需要通过数据分析发现并且解决什么问题。不同的问题、不同的目标需要使用的数据维度也是不同的。

（二）数据采集

要开展数据分析，首先要有足够的有效数据，商家可以从哪里来采集这些数据？有以下渠道。

1. 店铺的销售数据

卖家可以定期对自己店铺的数据进行搜集和整理，包括PV、UV等流量数据，销售量、订单量、销售额、毛利额等销售数据，SPU、SKU、库存周转率等供应链数据，广告推广效果等营销数据以及客户数据。

2. 平台数据工具

比如速卖通平台的数据纵横就是基于平台的海量数据打造的一款数据营销工具，卖家可以利用数据纵横来了解自己店铺的运营状况。此外，还有热销榜、销量榜等都可以为卖家搜索行业的销售数据提供渠道，以供卖家使用，进行适合自己的数据分析以及营销分析。

3. 第三方的数据工具

有些专门为电商或者跨境电商商家提供专业服务的第三方的数据工具，可以为商家提供数据监测、行业数据、竞品数据、搜索指数等服务。卖家可以利用这些第三方的数据工具来进行数据采集。

4. 利用特定的爬虫程序来获取竞争对手的数据

可以利用Python进行爬虫程序的开发来下载一些自己需要的竞争对手的数据，进行竞争对手数据的定时定向的监测，以进行价格、营销方案等方面的对比以及调整。

（三）数据处理

数据处理就是把采集来的数据进行处理，其主要运用工具就是Excel，可以制作成图表，也可以用数据透视表来进行相应的计算。关键步骤包括剔除无效数据、进行数据的合并整理、从数据中得出有效的信息。

(四)数据分析

选取指标维度,对数据进行分析,比如把发放优惠券前后的数据进行对比分析,把本月的销售或者流量数据进行同比和环比分析,把店铺活动前后的数据进行对比分析。对于客户要进行跟踪发放优惠券后以及活动后客户的行为,尤其是新客户,要最大程度地提高客户的留存率。

(五)数据展现

数据分析是相关的运营人员在自己的头脑中加工而成的,包括数据的抽丝剥茧和数据分析的过程。但是,数据分析本质上是为店铺运营服务的。那就需要把数据分析的过程和结果和整个团队共同磨合。这就需要把数据分析的过程、思路、结果通过图表展现出来,进行团队内部的分享。

(六)撰写数据分析报告

每次的数据分析对于店铺的运营都是积累的宝贵的财富。对于本次的活动、优惠券发放或渠道营销都是有效的复盘,同时对下次的营销活动具有先导作用。每次数据分析的过程都是抽丝剥茧的严密的推演过程,进行数据分析报告的撰写存档对于店铺来说都是运营的积累。

二、数据分析常用指标

数据分析的指标可分为市场类指标和运营类指标。市场类指标主要用于描述行业的情况和企业在行业中的发展状况,是企业进行经营决策时候的重要的参考依据。而运营类指标主要是指企业在日常运营中的指标,反映了企业的运营状况,包括客户类指标、推广类指标、销售类指标、供应链类指标。

(一)市场类指标

市场类指标主要包含行业销售量、行业销售额、企业市场占有率、市场增长率、竞争对手销售额、竞争对手客单价。

(1)行业销售量是指在一定时期内某行业产品的总的成交量。

(2)行业销售额是指在一定时期内该行业所有成交数量对应的花费额度。同一成交类型,行业成交数量越大,行业总的销售额就越大。

(3)企业市场占有率的计算公式如下:

$$企业市场占有率 = (企业销售额 \div 行业销售额) \times 100\%$$

(4)市场增长率的计算公式如下:

$$市场增长率 = [(本期企业市场销售额 - 上期企业市场销售额) \div 上期企业市场销售额] \times 100\%$$

(5)竞争对手销售额是指竞争对手在一定时期内所销售产品数量所对应的总销售

金额。

(6) 竞争对手客单价的计算公式如下：

竞争对手客单价＝竞争对手的成交金额÷竞争对手的成交客户数

(二) 运营类指标

企业在运营过程中会产生大量的客户数据、推广数据、销售数据、供应链数据。整理并且分析各类数据，对企业运营策略的制定和调整起到重要的作用。

1. 客户类指标

客户是数据化运营的基础，只有有客户，有流量，才可以产生销售额。客户类指标主要用于描述可营销客户的黏度和忠诚度。

(1) 注册客户数是指曾经在平台上或者店铺注册过的客户数量。

(2) 活跃客户数是指在一定时期内有购物消费或者登录行为的客户总数。

(3) 活跃客户比率是指活跃客户数量占客户总数的比例。

(4) 重复购买率是指在特定时期内产生两次以及两次以上购买行为的客户数占客户购买总数的比例。

(5) 平均购买次数是指特定时期内每个客户平均购买的次数。

(6) 客户回购率是指上一期末活跃客户在下一期时间内有购买行为的客户比率。

(7) 客户流失率是指一段时间内没有消费的客户比率。

(8) 客户留存率是指某个时间节点的客户在某个特定时间周期内登录或消费过的客户比率。

(9) 消费频率是指在一定时间内客户消费的次数。消费频率越高，客户的忠诚度以及黏度也越高，客户的价值也越大。

(10) 收藏人数是指统计周期内通过对应渠道进入店铺访问并进行商品收藏行为的去重人数。

(11) 加购人数是指统计周期内将商品加入购物车的客户去重数。

2. 推广类指标

流量直接关系着商品的销售额。如果想要取得不错的销量，必须要进行适当的营销推广。推广活动是否可以取得成功，通常从推广效果(效益和影响力)、推广成本以及活动的黏合度等几个方面来考察。推广类指标主要分为展现、点击、转化类指标。

(1) 访客数 UV：在统计周期内，访问网站或者店铺的独立客户数。包括新客和老客。新客户数是指首次访问网站或者店铺的客户数。老客户数指再次光临访问的客户数。

(2) 浏览量 PV：浏览量又称为访问量，是指在统计周期内，客户浏览网站或店铺页面的次数。客户每访问一个网页就增加一个 PV，多次打开或者刷新同一个页面，PV 均进行累加。

(3) 平均访问量：又称平均访问深度，是指在统计周期内，客户平均每次访问页面的平均值,即平均每个UV访问了多少个PV。算法是PV除以UV。

(4) 平均停留时间:客户在同一访问周期内的平均访问网站的时长。实际应用中,通常指平均停留时间。

(5) 跳失率:在统计周期内,访客入站后只是浏览了一个页面就离开的次数占入站次数的比例。分为首页跳失率、关键页面跳失率、具体商品页面跳失率等。

(6) 关注数:统计日期内新增店铺的关注人数,不考虑取消关注的情况。

(7) 展现量:统计日期内通过搜索关键词展现店铺或者店铺商品的次数。

(8) 点击量:某一时间段内某个或者某些关键词广告被点击的次数。

3. 销售类指标

企业在销售过程中产生的指标合集,能够揭示企业销售运行的状况。

(1) 销售量是指在一定时期内实际促销出去的产品数量。

(2) 销售额是销售出的商品的市场价值。

(3) 销售毛利的计算公式如下:

$$销售毛利=销售收入净额-销售成本$$

(4) 销售毛利率的计算公式如下:

$$销售毛利率=(销售毛利÷销售额)×100\%$$

(5) 客单价的计算公式如下:

$$客单价=成交总金额÷成交客户总数$$

(6) 件单价的计算公式如下:

$$件单价=产品单价之和÷产品种类数量$$

(7) 连带率的计算公式如下:

$$连带率=(销售量÷交易总次数)×100\%$$

(8) 动销率是评价企业综合得分的指标,不一定越高越好,需要结合具体情况。其计算公式如下:

$$动销率=(动销品种数÷仓库总品种数)×100\%$$

4. 供应链类指标

企业在采购、物流、仓储环节产生的指标合集,能够反映企业供应链环节的情况和存在的问题。

(1) 库存周转率的计算公式如下:

$$库存周转率=360÷库存周转天数$$

库存周转天数＝某时间单位天数×(1÷2)×(期初库存数量
＋期末库存数量)÷某时间单位销售量

(2) 售罄率的计算公式如下：

售罄率＝销售量÷总采购数量(某一时间单位内)×100%

(3) 平均配送成本的计算公式如下：

平均配送成本＝单位时间内配送货物的总成本÷单位时间内配送货物的总数量

(4) 订单响应时长：客户下单到收货的时长，订单响应时长越短，客户的满意度越高。

(5) 订单满足率的计算公式如下：

订单满足率＝(单位时间内已经完成的订单数量÷单位时间内接收的订单总数量)×100%

(6) 平均送货时间的计算公式如下：

平均送货时间＝总送货时间÷送货次数(某一时间单位内)

二维码6-4
数据分析的
指标及流程

三、数据分析的常用方法

数据分析的常用方法有描述性统计分析方法、趋势分析方法、对比分析方法、漏斗图分析法、频数分析法、分组分析法、结构分析法、平均分析法、交叉分析法等。接下来，我们就对常用到的方法进行介绍学习。

(一) 描述性统计分析方法

描述性统计分析方法主要是通过对统计量的计算和分析得出分析结论的过程，包括平均值、中位数、众数、最小值、最大值以及数据和。描述性统计方法可以在 Excel 中进行对数值的描述计算，在 Excel 中有专门的数据分析工具可供利用。

(二) 趋势分析方法

趋势分析是在已有的数据基础上，利用科学方法和手段，对未来一定时期内的市场需求、发展趋势、影响因素的变化做出合理的判断，进而为营销决策提供支持。趋势分析要明确数据变化的方向，以及对变化的原因进行分析，既包括外部原因又包括内部原因。趋势分析方法分为趋势线预测分析以及时间序列预测分析方法。

(1) 趋势线预测分析。趋势线是一种回归分析的基本方法。回归分析是确定两种或者两种以上变量之间相互依赖的定量关系的一种统计分析方法。通过回归分析，可以使趋势线延伸至事实数据之外，从而预测未来值。趋势线的应用范围广泛，大到制定公司战略规划，小到编制工作计划。常见的趋势线类型包括线性趋势线、指数趋势线、对数趋势线、多项式趋势线、多项式趋势线、乘幂趋势线、移动平均趋势线。

线性趋势线适用于增长或者降低的速度比较平缓、关系稳定的情况,其预测数据点呈近乎直线的趋势,比如说某企业的产量与用电量的数据。

指数趋势线适用于增长或者降低的速度持续性增加,并且增加的幅度越来越大的数据集合,其预测数据点呈曲线趋势。需要注意的是,如果数据中包含零或负数,是不可以使用指数趋势预测线预测的。

对数趋势线适合于增长或者降低幅度一开始比较快,逐渐趋于平缓的数据集合,比如人的年龄和身高的数据。

多项式趋势线适用于增长或者降低的波动比较大的数据集合,可用于分析大量数据的偏差。多项式的阶数可以由数据波动的次数或者曲线中的拐点(峰和谷)的个数来确定。二阶多项式趋势线通常仅有一个峰或者谷。三阶多项式趋势线通常有一个或者两个峰或者谷。四阶多项式趋势线通常多达三个峰或谷。

乘幂趋势线适用于增长或者降低速度持续增加,且增加幅度比较恒定的数据集合。

移动平均趋势线用于平滑处理数据中的微小波动,从而更加清晰地展示数据的变化和趋势。

趋势线预测分析使用最多的就是图表趋势线预测方法。我们以线性趋势线和指数趋势线为例进行说明。对 2020 年 11 月和 12 月的销售额进行趋势预测如图 6-1 所示。

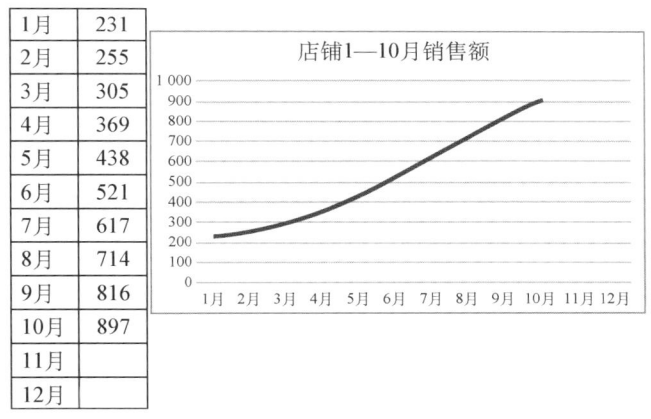

图 6-1 对 2020 年 11 月和 12 月的销售额进行趋势预测

图 6-1 中,我们已知某店铺 2020 年 1 月到 10 月的销售业绩。现在,要运用趋势预测的方法对 11 月和 12 月的销售数据进行趋势线预测。利用 Excel 的图表功能中的添加趋势线功能,对这一组数据运用线性趋势线预测和指数趋势线预测来进行说明。在图表中添加趋势线方法如图 6-2 所示。

图 6-2 展示了如何在图表中添加线性趋势线预测,可以预测未来两个周期(即 11 月和 12 月)的销售额数据。我们预测的数据准确度应该如何来衡量呢?图表中预测的方法如图 6-3 所示。

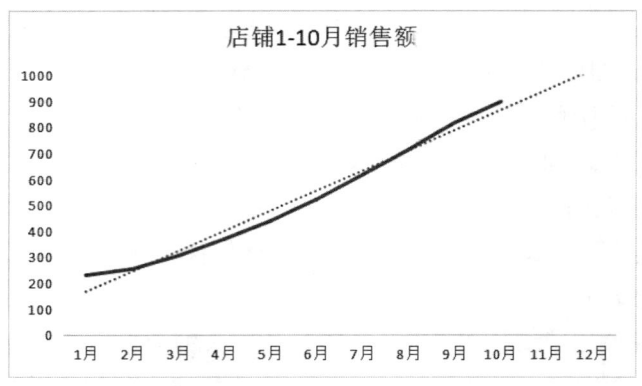

图 6-2　图表中添加趋势线方法

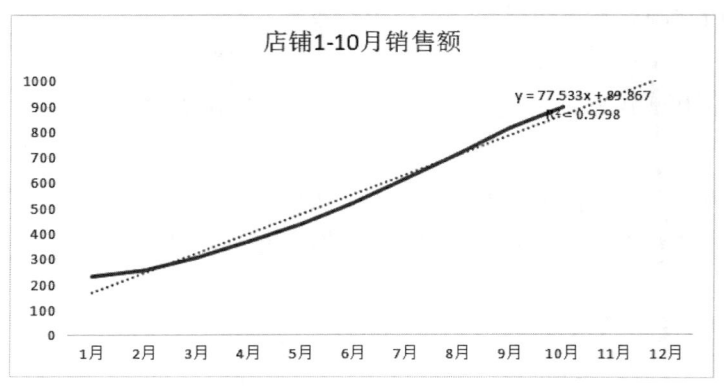

图 6-3　图表中预测的方法

在图 6-3 中,我们已经选择了线性趋势线预测方法,在预测周期上选择了向前推 2 个周期,也就是 11 月和 12 月的预测数据。同时,我们选择显示公式和 R 平方值,公式显示了用什么样的公式来计算 11 月和 12 月的数据,R 平方值是指在多大程度上这些预测值可以代表真实的值。在本例中,R 平方值为 99.13%,说明预测准确度很高。在实际应用中,一般能够达到 80% 以上就可以使用预测值。在该案例中,同样也可以使用指数趋势线预测来进行 11 月和 12 月的数据预测。具体的操作方法,请按照线性趋势预测方法自行操作。

(2) 时间序列预测分析方法。时间序列是指某种变量在一定时间段内不同的时间点上的观测值的集合,这些观测值是按照时间的序列进行排列的,时间点之间的间隔是相等的,可以是年、季度、月、周、日或者其他时间段。时间序列预测和趋势线预测的不同点在于,趋势线预测的数值是有规律地排列,而时间序列预测的数据具有不规则性,但是数据又会延伸到未来,并且数据之间是不存在关联和因果关系的。

时间序列预测分析方法一般是使用数据分析工具来进行的,比如 SPSS 软件、R 软件或者 Python 软件。主流的数据分析工具中都有内嵌的时间序列模型,只需要把数据按照要求导入到软件中,即可建立时间序列模型。然后,利用模型进行预测计算并评价预测结果。

(三) 对比分析方法

对比分析方法,又称比较分析方法,是一种将两个或者两个以上有关联的指标进行对比的分析方法。从数量上来展现和说明这几个指标的规模大小、速度快慢、关系亲疏、水平高低等情况。使用对比分析方法,可以直观看到被比较指标之间的差异或者变动,并通过数据量化的方式呈现出被比较指标之间的差距值。

对比分析的使用场景包括和竞争对手的对比、目标和结果的对比、活动效果(活动前后)的对比以及同一个事物在不同时期的对比。竞争对手的对比是指使用企业自身的指标数据与竞争对手指标数据进行行业上的对比,目的是通过了解竞争对手的信息、发展策略以及行动,对比企业的自身情况之后做出合理的应对的措施,从而达到优化企业策略的效果。目标与结果的对比是将指标的实际完成情况与预设的目标进行对比,可以对比出目标完成情况,以及预设的目标是否合理。不同时期的对比则是针对同一指标在不同时期的数据进行对比,以了解同一个指标的发展情况。活动效果的对比则通过活动开展前后的对比,来评估某项促销活动是否成功。

对比分析常用的方法有同比分析方法和环比分析方法。同比分析方法是指对同类指标本期与同期的数据进行对比,企业数据分析的时候常用本期的数据和去年同期的数据进行同比分析。环比分析方法是指对同类指标本期与上期的数据进行对比,企业数据分析的时候常用来对本期的数据与上个月的指标数据进行环比分析。同比分析方法和环比分析方法都可以在 Excel 中进行计算实现,也可以通过数据透视表进行自动化的同比与环比分析。

(四) 漏斗图分析方法

漏斗图分析方法是使用漏斗图展示数据分析过程和结果的数据分析方法。该方法适合分析行业周期长、流程规范并且环节多的指标,比如网站的转化率。漏斗图可以提供的主要信息有 6 个,包括进入访客数、离开访客数、完成订单的访客数、每个步骤的访客数、总转化率以及步骤转化率。

漏斗图分析方法的使用场景包括电子商务网站和应用程序。通过漏斗图展现网站或者应用程序转化率的变化情况,也就是说客户从进入网站到实现购物的最终转化率。企业可以对各个环节的转化率进行分析,及时发现问题并进行相应的优化。漏斗图还可以用于营销推广分析。通过漏斗图分析方法展现营销各个环节的转化情况,包括展现、点击、访问等直到订单生成客户流量数据。企业可以分析各个环节客户数量的情况以及流失情况,并进行优化处理。漏斗图分析方法也可以应用在客户关系管理(CRM)中。通过漏斗图展现客户各个阶段的转化情况,如潜在客户、意向客户、谈判客户、成交客户、签约客户等。企业可以分析客户的转化数据并进行相应的优化。

漏斗图分析方法的作用如下：

（1）可以直观展示问题。漏斗图能够直观展现业务流程以及相应的数据，同时说明数据的规律，通过漏斗图分析方法，企业可以快速发现业务环节中存在的问题，并及时优化和解决。漏斗图的直观展现如图6-4所示。

（2）漏斗图是端到端的重要部分。漏斗图能够实现完整闭环的数据分析，如对企业的PV、加购、生成订单、完成订单等数据进行分析。

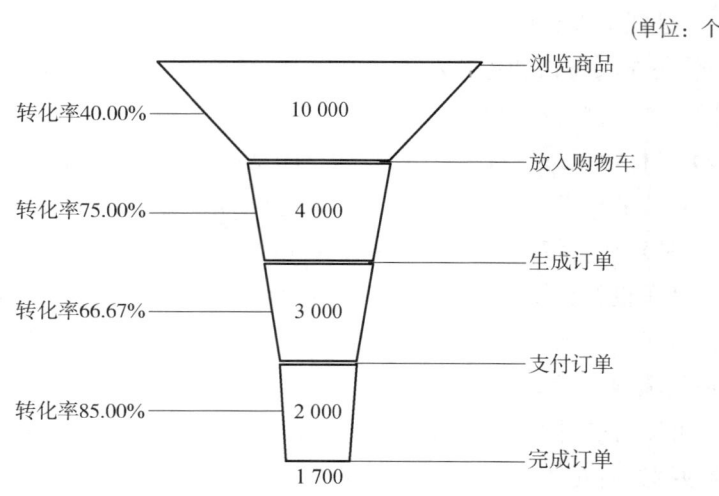

图6-4　漏斗图的直观展现

延伸阅读6-1

某企业旗下拥有一款主营各类零食的App。尽管在经营初期效益良好，但随着业务规模的扩大，出现了业绩增长乏力的状况，企业管理者加大推广力度后仍未见明显改善。为了优化推广效果，企业管理者决定对客户特征进行分析，将客户分类，然后有针对性地优化推广策略。企业采集90天内客户购买频次、购买金额等指标进行分析后，将客户分为五类：老客户、新客户、VIP客户、潜在客户和流失客户。其中，老客户是指购买过两次及以上的客户，新客户是指购买过一次的客户，VIP客户是指90天内消费金额超过500元的客户，流失客户是指90天内未发生购买行为的客户，潜在客户是指注册了App但尚未发生购买行为的客户。针对不同的客户类型，企业制定了相应的推广策略，从而显著提高了运营效率。客户的划分如表6-3所示。

表6-3　客户的划分

客户类型	策略
老客户	加强VIP客户特权，刺激老客户成为VIP客户

(续表)

客户类型	策略
新客户	定期推送与上次购买产品相关的其他产品或优惠信息,刺激其二次购买
VIP客户	为VIP客户定期赠送食品小样并给予优先发货等特权
潜在客户	推出满减优惠券,促使其产生首次购买
流失客户	定期推送优惠信息与上新产品信息,必要时寄送食品小样

企业按照上表中的推广策略展开推广后,客户订单量显著增加,同时不同层级客户的类型也发生了转化,如很多老客户转化为VIP客户,潜在客户转化为新客户等,企业经营效益得到了大幅度提升。

通过以上案例,我们可以看到数据分析在店铺运营中的重要作用。对于很多电子商务企业而言,数据分析可以极大提高企业运营效率,使其能够对店铺、客户和商品进行针对性运营,从而提高企业商品销售额。

本 章 小 结

1. 跨境电商的数据分析是指跨境电商通过数据分析得到有助于其发展的相关资料。在跨境电商选品时可以使用差评数据分析方法、组合数据分析法以及行业动态数据分析方法。

2. 数据分析有助于人们做出判断,以便采取适当的行动。其意义在于发现问题并找到问题的根源,最终通过切实可行的办法解决存在的问题。基于以往的数据分析,可以总结发展趋势,为营销决策提供数据支持。此外,在不同的岗位上,运用到数据分析的方法和技能侧重点各有不同。

3. 数据化管理的意义包括实现量化管理、最大化地提高销售业绩和生产效率、有效节约企业各项成本、作为组织管理和部门协调的工具,以及提高企业管理者决策的速度和正确性。

4. 数据分析的基本步骤包括明确数据分析目标、数据采集、数据处理、数据分析、数据展现,以及撰写数据分析报告。

5. 数据统计分析的常用方法包括描述性统计分析方法、趋势分析方法、对比分析方法、频数分析法、分组分析法、结构分析法、平均分析法、交叉分析法、漏斗图分析法等。

课后习题

一、单选题

1. 数据分析在选品中的应用方法主要是(   )。

A. 评价数据分析方法 B. 趋势分析方法
C. 对比分析方法 D. 行业预测法

2. 数据分析的平均访问深度的计算方法是（　　）。
   A. PV÷UV B. UV÷PV
   C. 销售额÷订单数 D. PV÷访问次数

3. 对客单价的计算公式描述正确的是（　　）。
   A. 销售总额÷顾客总数
   B. 商品平均单价×每个顾客平均购买商品个数
   C. 日均客单价×复购率
   D. 动线长度×停留率×注目率×购买率

4. 对于一般商品而言，价格和供给量呈（　　）关系。
   A. 正相关 B. 负相关 C. 不相关 D. 其他

5. 商家制定价格策略时，重要依据是（　　）。
   A. 消费者的消费层次 B. 消费者的个人爱好
   C. 消费者的价格承受能力 D. 以上都包括

二、多选题

1. 数据分析的常用分析方法有（　　）。
   A. 描述性统计分析方法 B. 趋势分析方法
   C. 对比分析方法 D. 漏斗图分析方法

2. 数据分析中，能反映流量指标的有（　　）。
   A. UV B. 老客户数 C. 新客户数 D. 销售额

三、判断题

1. 每个岗位做数据分析的意义都是相同的。（　　）
2. 趋势线预测分析需要使用 SPSS 软件。（　　）
3. 时间序列预测方法需要建立时间序列模型。（　　）
4. 漏斗图分析方法常用来分析各层级转化率的数据。（　　）
5. 客单价是指顾客的平均交易金额。（　　）
6. 网店的销售额是由客单价和顾客数决定的。（　　）

四、简答题

1. 电子商务数据分析的原因有哪些？
2. 电子商务数据分析的主要方法有哪些？
3. 电子商务数据分析的常用指标有哪些？

第七章 跨境电商物流

 学习目标

知识目标
- 了解跨境电商物流的发展现状及发展趋势
- 掌握跨境电商不同的物流方式
- 掌握邮政物流的收费标准
- 了解商业快递的基本情况
- 了解我国主要的物流专线
- 掌握海外仓的含义和功能

能力目标
- 能够阐述跨境电商常用的物流方式
- 能够根据货物的性质和目的区域选择合适的物流方式
- 能够概括海外仓的优缺点

 关键概念

跨境电商物流　邮政物流　商业快递　专线物流　海外仓储

本章框架图

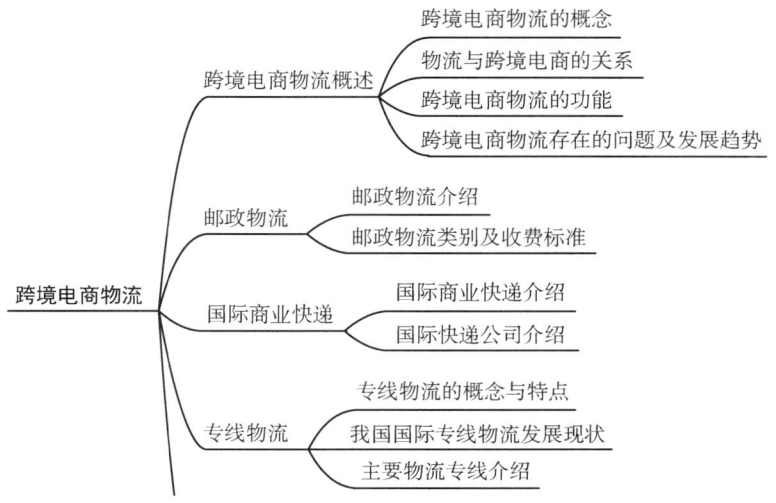

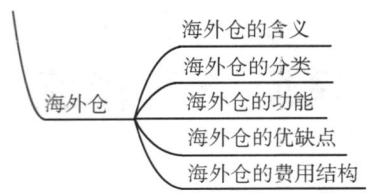

在跨境交易中,物流是连接国内卖家与国外买家的重要通道,选择高效、适合自身需求的物流方式,能为卖家节约物流成本,提高收益。卖家熟练掌握发货流程,及时上传物流信息,可以让买家随时掌握物流动态,为其提供良好的购物体验。

第一节　跨境电商物流概述

一、跨境电商物流的概念

随着经济和信息技术的发展,跨境电商已然成为中国对外贸易的新业态、新渠道和新功能,日益扩大的跨境电商交易规模为跨境电商物流带来了巨大的潜在市场。

跨境电商物流是指以跨境电商平台为基础,在两个或两个以上的国家之间进行的物流服务。由于跨境电商涉及的交易双方分属不同的国家,商品需要从供应方所在国家通过跨境电商物流的方式实现空间位置的转移,再到需求方所在国家实现最后的物流与配送。

根据跨境商品的位置移动轨迹,跨境电商物流可以分为 3 段:发出国国内段物流、国际段物流及目的地国内段物流。由于跨境电商商品种类繁多,通常采用小批量、多频次的运输方式;又因不同商品体积重量差别很大,不同品类的商品所需运输和仓储解决方案各异。因此,为了实现一站式、门到门的服务,各段物流之间的有效衔接就显得尤为重要。

实现物品所有权转移的过程即商流。为了顺利实现商流,信息流是跨境电商供应链各环节顺畅运行的重要保障。

二、物流与跨境电商的关系

(一)从属关系

跨境电商主要包含三个部分:跨境电子商务平台、跨境物流和跨境支付。因此,跨境物流在跨境电商整个产业链中占据重要位置。

(二)相互促进

跨境电子商务的迅速发展对跨境物流提出了高效化的要求,物流效率的高低甚至成为二次订单转换的关键。反过来,高效的跨境物流体系为跨境电商带来了更好的用户体验,跨境物流的全球化促进了跨境电商发展范围的扩大。

(三)相互竞争

在境内电商环境下,物流更加依赖于电商的流量,物流的议价能力相对较弱。但跨境物流存在通关环节,物流企业的行业门槛变高,使得具备通关能力的物流企业有了更强的议价能力。

三、跨境电商物流的功能

跨境电商正处于2.0时代,相关行业标准、准入标准、监管保障日益完善,全世界逐渐成为一个自由流通的B2C市场。随着跨境电商产业逐步成熟,跨境电商竞争的焦点已经转移到物流供应链的解决方案上。跨境电商物流的功能具体表现在仓储管理、运输配送和附加价值这三个方面。

(一)仓储管理——规范化、智能化、定制化

跨境电商的物流仓储属于第三方外包仓储物流。以联邦转运为例,该公司在全世界各货源地建设货仓,搭建了一张覆盖全球的仓储网络,建立了标准化管理仓库和一套科学的仓储管理办法。仓库与使用者在地理上可能相隔万里,因此使用者必须通过现代通信技术对库存进行实时监控管理,这就要求跨境电商企业配套智能且易于操作的库存管理系统,以便各个非物流专业的使用者管理库存,实现信息流、物流的无缝对接。总结起来,跨境电商物流企业的仓储建设投资比重很大,在整个物流解决方案中占重要地位。

(二)运输配送——强化风控能力,精简中转环节,严选合作伙伴

跨境电商的配送流程至少需要经过"三转两关",在货物经过层层转手转包,风险呈几何倍数增加的同时,必然会产生溢价,并最终转嫁到用户身上。一旦出现货物丢失或损毁,常常会发生权责不清、互相推诿的情况。以联邦转运为代表的试点企业独立面对终端用户,承担运输合同规定的相应责任和义务。这就要求跨境电商物流企业强化风控能力,提高合作伙伴的选择标准,精简中转环节,独立运营整个配送流程。

(三)附加价值——开拓市场、大数据、采购与供应链管理

物流服务的本质是利用资源来满足用户的需求,因此物流服务的质量对用户价值的产生具有推动作用。优质、高效、用户体验好的物流伙伴会极大地提高品牌竞争力,名牌物流合作伙伴如今已经成为品牌商打开市场的重要砝码。同时电商物流拥有大数据属性,充分利用跨境电商平台和用户大数据能够对跨境电商的发展产生极大的推动作用。例如,联邦转运建设了专业的货源地采购团队并配套供应链管理,将跨境电商物流的触角前伸,为跨境电商伙伴提供一站式物流服务,促进了跨境电商行业的快速发展。

四、跨境电商物流的现存问题与对策

(一)跨境电商物流的现存问题

跨境电商的发展离不开物流业的支持。随着跨境电商物流体系的不断完善,跨境电

商物流在整体上获得了较大发展。但是,跨境电商物流业产值增长速度整体相对缓慢,远低于跨境电商产值的增长速度,存在一定的滞后性。

1. 物流基础设施不完善

传统的国内物流业基础设施相对完善,但跨境电商物流体系仍有待改善。由于跨境电商涉及报关等事务,所以物流运输周期长、物流运输方式复杂等问题突出。因此,建立更加完善的跨境电商物流体系,引入更加先进的物流设施,成为解决此问题的主要方法。

2. 跨境电商物流发展速度与跨境电商需求吻合度较低

我国跨境电商虽起步晚,但其发展速度和发展规模都已达到较高的水平。与从事传统国内物流服务的企业相比,从事跨境电商物流服务的企业数量较少,跨境电商物流的配送服务大多由国际快递公司完成。但是,如此巨大的国际物流市场仅依靠国际快递公司是远远不够的,我国物流企业还需不断完善和加强跨境电商物流配送服务。

3. 物流专业化水平不高

跨境电商是跨境交易,其交易流程和运输方式都比国内电子商务更复杂,涉及国际快递运输、报关、报税、报检等程序。我国现有的物流企业大多是第三方物流企业,主要为国内电子商务服务企业,尚缺乏大型的、专业的、具备高水平物流服务经验和实力的跨境物流企业。

4. 政府政策支持不足

我国现已出台了一些支持跨境电商发展的政策,使跨境电商的发展逐渐受到人们的重视。但是,由于还没有出台扶持相关企业的政策,这在一定程度上阻碍了跨境电商企业及相关物流企业的快速发展。

(二) 跨境电商物流的发展对策

1. 构建跨境电商物流网络

跨境电商物流涉及境内物流、出境清关、国际物流、目的地清关与商检、目的地物流及目的地配送等多个环节。我国物流企业需要与国际物流企业建立稳定的合作关系,搭建多层次、多元化、高效率的物流服务平台,这样才能够逐步融入全球物流网络,解决不同物流配送环节间的衔接与协同问题。

2. 重视物流风险监测

对于物流企业来说,跨境电商物流配送的复杂性使得许多物流风险难以避免,为了将各种物流风险的发生概率与影响降到最低,就必须重视对物流风险的监督与预测,利用信息化手段建立完善的物流风险监测体系,以有效应对各种物流风险。

3. 建立海外仓与边境仓

针对当前跨境电商物流模式中存在的基础设施问题,物流企业可以从海外仓与边境仓的建设入手。物流企业需要对自身跨境电商物流配送区域内各地区的货物需求进行调查,并通过对配送距离、交通情况、物流水平、配送时间、货物需求量等因素的综合考虑,在各地区设置专门的海外仓,为当地需求量较大的商品货物提供阶段性的仓储服务,从而降低物流成本、缩短发货周期与配送时间。边境仓在功能上与海外仓类似,通常建在本国边境处,并根据目的地的商品需求存储货物,同样能够缩短配送距离与时间、降低物流成本。

4. 推动物流模式多元化

跨境电商物流模式在流程与合作关系上都十分复杂,因此在合作方不同、目的地不同、配送货物不同的情况下,物流配送的要求往往会存在较大的差异。为满足多样化的物流配送要求,物流企业必须引入多种物流模式,并结合各种物流模式的特点与优势进行灵活组合、搭配,从而设计出最为合理的综合物流模式。

5. 加大政策支持力度

政府需要对跨境电商物流模式的创新发展给予强有力的政策支持,从而解决当前跨境电商物流在政策规定与法律体系等方面存在的诸多问题。例如,在海关、商检环节中,可以对监管数据标准进行全面创新,坚持以开放性的原则开展进出口报关、检验检疫等工作,对出口货物信息、货物检验建议情况等数据进行公布,充分发挥社会监管的作用,提高监管效率。

6. 强化信息技术应用

信息化管理对于跨境电商物流模式的发展有着非常重要的意义,在大数据时代,国内物流企业必须将各种先进的大数据及信息技术应用到跨境电商物流体系中,以提高自身的跨境电商物流配送能力。首先,物流企业需要对整个跨境电商物流配送流程的业务操作进行全面规范,为信息化管理创造良好的基础。其次,通过自身业务系统与电商网站之间的无缝对接,实现信息资源共享,让物流企业、商家和消费者都可以精准地掌握物品的物流状态,这样既可以加强商家与物流企业间的协同合作,也能够提高消费者的满意度。最后,物流企业还可以利用大数据,通过综合运用精准定位、云计算和云存储等信息技术,对用户需求、消费者偏好等展开预测性分析,从而为企业发展决策提供参考。

二维码7-1
跨境电商卖家
企业如何控制
物流成本

第二节 邮政物流

一、邮政物流介绍

在介绍邮政物流之前,跨境电商经营者需先了解一个组织,即万国邮政联盟(universal postal union,UPU),简称"万国邮联"或"邮联"。它是商定国际邮政事务的国际组织,旨在组织和改善国际邮政业务,发展邮政方面的国际合作,以及在力所能及的范围内为会员提供邮政技术援助。万国邮联规定了国际邮件转运自由的原则,统一了国际邮件处理手续和资费标准,简化了国际邮政账务结算办法,确立了各国(地区)邮政部门争讼的仲裁程序。截至目前,万国邮政联盟有 192 个成员方,其中包括中国。正是由于这个组织的存在,我们可以通过万国邮政系统将包裹或信件从中国寄送到其他国家或地区。

二、邮政物流类别及收费标准

中国邮政国际业务为用户提供通达全球 200 多个国家和地区的寄递服务。根据不同产品,可提供信息查询、邮件保价、延误赔偿和丢失赔偿等增值服务,以满足用户寄递物品、文件资料和信件等不同类型的需求。

中国邮政服务特色如下:
(1) 覆盖全球的庞大网络。
(2) 顺畅的通关能力,有效提高发货时限。
(3) 更合理的资费。
(4) 安全可靠的运输服务,免除后续烦恼。
(5) 提供仓储、理货、分拣、配送一条龙服务。
(6) 为国际电子商务交易提供全球化递运服务。
(7) 快捷多样的运输方式。

中国邮政出口业务如表 7-1 所示。

表 7-1 中国邮政出口业务

优先类	标准类	经济类	海外仓配服务
(1) 国际(地区)特快专递(简称"国际 EMS") (2) 中速快递 (3) e 特快	(1) e 邮宝 (2) 挂号小包 (3) 跟踪小包 (4) 国际包裹 (5) e 速宝	(1) 平常小包 (2) e 速宝小包	(1) 中邮海外仓 (2) 中邮 FBA

下面主要介绍一下中国邮政小包和 e 邮宝。

(一) 中国邮政小包

中国邮政小包(China post air mail)又称中国小包(平常小包),是中国邮政开展的一项国际邮政小包业务服务,属于中国邮政航空小包的业务范畴,包括平常小包和挂号小包两种类型,是一项针对货物重量在 2 kg 以下的经济实惠的国际包裹服务项目。这项中国邮政与万国邮政联盟合作开展的通邮全球服务渠道,可寄达全球 200 多个国家和地区的各个邮政网点。

中国邮政小包主要适用于跨境电商平台的卖家,例如,eBay、速卖通、Lazada、Wish、敦煌、Newegg 等。挂号邮件查询系统、中国邮政平常小包和挂号小包的部分运费报价依次如图 7-1、表 7-2 和表 7-3 所示。

图 7-1 挂号邮件查询系统

表 7-2 中国邮政平常小包部分运费报价

配送范围/目的地国家/地区列表 Destination			包裹重量为 0～30 g	包裹重量为 30～80 g		包裹重量为 80 g 以上	
			首重价格（首重 30 g）	首重价格（30 g）	高出 30 g 的配送服务费（根据包裹重量按克计费）	首重价格（首重 30 g）	高出 30 g 的配送服务费（根据包裹重量按克计费）
			元(RMB)	元(RMB)	元(RMB)/kg	元(RMB)	元(RMB)/kg
美国	United States	US	22.36	22.36	91.46	22.36	91.46
澳大利亚	Australia	AU	9.42	9.42	93.99	9.42	68.76
以色列	lsrael	IL	9.51	9.51	101.37	9.51	78.94
瑞典	Sweden	SE	9.32	9.32	73.22	9.32	57.73
加拿大	Canada	CA	9.83	9.83	114.73	9.83	90.10
挪威	Norway	NO	9.90	9.90	106.88	9.90	87.88
瑞士	Switzerland	CH	9.32	9.32	72.90	9.32	55.27
日本	Japan	JP	8.92	8.92	60.71	8.92	48.09

表 7-3 中国邮政挂号小包部分运费报价

配送范围/目的地国家/地区列表 Destination			0～150 g(含 150 g)		151～300 g(含 300 g)		300～2 000 g	
			正向配送费（根据包裹重量按克计费）	挂号服务费 Cost by parcel	正向配送费（根据包裹重量按克计费）	挂号服务费 Cost by parcel	正向配送费（根据包裹重量按克计费）	挂号服务费 Cost by parcel
			元(RMB)/kg	元(RMB)/单	元(RMB)/kg	元(RMB)/单	元(RMB)/kg	元(RMB)/单
俄罗斯	Russian Federation	RU	72.91	24.00	72.91	23.00	68.41	23.00

(续表)

配送范围/目的地国家/地区列表 Destination			0～150 g(含 150 g)		151～300 g(含 300 g)		300～2 000 g	
			正向配送费（根据包裹重量按克计费）	挂号服务费 Cost by parcel	正向配送费（根据包裹重量按克计费）	挂号服务费 Cost by parcel	正向配送费（根据包裹重量按克计费）	挂号服务费 Cost by parcel
			元(RMB)/kg	元(RMB)/单	元(RMB)/kg	元(RMB)/单	元(RMB)/kg	元(RMB)/单
美国	United States	US	90.35	39.00	89.35	39.00	88.35	39.00
法国	France	FR	67.52	13.45	49.75	15.82	49.75	15.82
英国	United Kingdom	UK	52.41	17.95	52.41	17.95	51.41	17.95
澳大利亚	Australia	AU	79.57	16.50	74.57	16.50	71.57	16.00
德国	Germany	DE	60.13	16.32	54.13	16.52	51.13	17.02
以色列	Israel	IL	78.84	18.50	78.84	18.50	77.34	19.00
瑞典	Sweden	SE	58.04	27.80	57.04	27.80	56.04	27.80
西班牙	Spain	ES	53.63	20.63	53.63	20.63	53.63	20.63
加拿大	Canada	CA	92.13	19.00	92.13	19.00	91.13	19.00

物流产品对包裹重量和尺寸都有一定标准，表 7-4 为中国邮政小包重量和体积的限制标准。

表 7-4 中国邮政小包重量、体积限制标准

包裹形状	重量限制	最大体积限制	最小体积限制
方形包裹	≤2 千克	长+宽+高≤90 cm，单边长度≤60 cm	至少有一面的长度≥14 cm，宽度≥9 cm
圆柱形包裹		2 倍直径及长度之和≤104 cm，单边长度≤90 cm	2 倍直径及长度之和≥17 cm，单边长度≥10 cm

中国邮政小包通常分为平邮和挂号两种，其包裹的收费标准存在差异，下面将对收费标准进行介绍。

(1) 中国邮政平邮小包：运费根据包裹重量按克计费。对于重量为 30 g 及以下的包裹，按照 30 g 的标准计算运费；对于重量超过 30 g 的包裹，按照实际重量计算运费。每个单件包裹限重在 2 kg 以内，免挂号费。

例如，一件送到美国的货品，重 200 克，当前折扣为 8 折，标准运费为 100 元/千克，请计算平邮运费。

平邮运费：100×200÷1 000×0.8=16(元)

(2) 中国邮政挂号小包:运费根据包裹重量按克计费,1 g 起重。每个单件包裹限重在 2 kg 以内。

例如:一件送到美国的货品,重 200 克,当前折扣为 8 折,标准运费为 100 元/kg,挂号费为 8 元,请计算挂号小包运费。

挂号小包运费:100×200÷1 000×0.8+8=24(元)

以上两种小包的运输时效通常为 16～35 天到达目的地。在特殊情况下,可能需要 35～60 天到达目的地,特殊情况包括:节假日、政策调整、偏远地区等。邮件标签如图 7-2 和图 7-3 所示。

图 7-2 挂号小包邮件标签

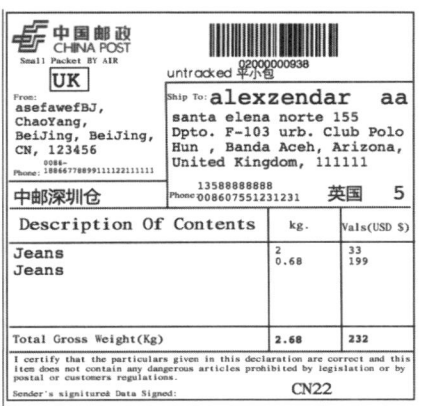

图 7-3 平邮小包邮件标签

(二) e 邮宝

e 邮宝(https://www.ems.com.cn/eyoubao)业务是中国邮政为适应跨境轻小件物品寄递需要开办的标准类直发寄递业务。该业务依托邮政网络资源优势,境外邮政合作伙伴优先处理,为客户提供价格优惠、时效稳定的跨境轻小件寄递服务。

国际 e 邮宝具备以下特点:第一,经济实惠,国际 e 邮宝按总重计费,续重的计量单位为克,免收挂号费;第二,国际 e 邮宝时效较快,一般 7～15 天就可以妥投;第三,全程跟踪,提供主要跟踪节点扫描信息和妥投信息,安全放心;第四,平台认可,主流电商平台认可和推荐物流渠道之一,品牌保障。

1. 重量体积限制

国际 e 邮宝包裹的重量和体积限制如表 7-5 所示。

表 7-5 国际 e 邮宝重量、体积限制

国际 e 邮宝重量、体积限制	
重量限制	≤2 kg(俄罗斯限重 3 kg;英国、以色列限重 5 kg)
体积最大	长、宽、厚合计不超过 90 cm,最长一边不超过 60 cm。圆卷邮件直径的两倍和长度合计不超过 104 cm,长度不得超过 90 cm。

(续表)

国际e邮宝重量、体积限制	
体积最小	长度不小于14 cm,宽度不小于11 cm。圆卷邮件直径的两倍和长度合计不小于17 cm,长度不小于11 cm。

下面将对收费标准进行介绍。

运费基本公式为:运费=首重×20.08+续重×0.08。

例如,当商品重量是2 000 g时,报价查询如图7-4所示,显示标准资费是180元,计算过程是:

运费=1×20.08(元/克)+(2 000-1)×0.08元/克=180元。

图7-4 报价查询

2. 邮件标签

e邮宝标签包括1枚10×10 cm投递标签和1枚10×10 cm报关签条(CN22)。

① 除了CN22的内件描述需用中英文双语填写,标签的其他信息项都使用数字或英文填写。

② 中国邮政e邮宝标签由客户打印完成,建议使用热敏纸打印。

以上我们介绍了中国邮政小包和e邮宝两种常见的邮政物流服务产品,下面我们可以对比一下这两者之间的异同。这两种物流产品对包裹的重量限制和尺寸限制是相同的,不同之处在于时效和费用。从费用上来说,e邮宝较为便宜,从时效上来说,e邮宝相对中邮小包更快。

第三节 国际商业快递

一、国际商业快递介绍

国际商业快递是跨境电商中使用率仅次于邮政小包的另一种物流模式。全球性国际快递公司主要有UPS、FedEx、DHL和TNT,这四家快递公司在全球已经形成较为完整的物流体系,几乎覆盖全球的各个重点区域。此外,我国的本土快递公司也在逐步开展跨电商物流业务，如顺丰速运、申通快递、韵达速递等，对跨境电商物流的发展起到了实际的促进作用。国际商业快递对信息的提供、收集与管理有较高的要求，以全球自建网络及国际化信息系统为支撑，其显著优点在于货物运输时效性高，能够提供实时的物流信息，运输过程中丢包率较低。国际商业快递全球网络较完善，能够实现报关、保险等辅助业务，支持货物包装与仓储等服务，可以实现门到门服务及货物跟踪服务。但是，国际商业快递成本较高，因为其在各国的计费依据、计费标准、服务时限、售后服务方面的标准均不一样，操作模式也不相同，这些因素都在一定程度上提高了国际商业快递业务的成本。另外，国际商业快递也受到一些限制，如在一些国家和地区，某些货物会成为禁运品或限运品。在美国，一些货物被列入国际（地区间）快递的禁运目录，如新鲜、罐装的肉类与肉制品，植物种子等。

二、国际快递公司介绍

(一) 德国邮政全球网络

1. 敦豪航空货运公司(DHL)介绍

DHL 成立于 1969 年，是由德国邮政控股的航空货运公司，总部位于德国的布鲁塞尔，是目前世界上最大的航空速递货运公司之一。DHL 是全球快递、洲际运输和航空货运的领导者，也是全球第一的海运和合同物流提供商。公司名由达尔希(Dalsey)、赫尔布罗姆(Hillblom)、林恩(Lynn)三位创始人的名字首字母组成。

2002 年，德国邮政控制了其全部股权，并把旗下的敦豪航空货运公司、丹沙公司(Danzas)以及欧洲快运公司整合为新的敦豪航空货运公司。2003 年，德国邮政收购了美国的空运特快公司(Airborne Express)，并把它整合到敦豪航空货运公司中。2005 年，德国邮政又收购了英国的英运公司(Exel plc)，并把它整合到敦豪航空货运公司中。至此，敦豪航空货运公司拥有了世界上最完善的速递网络之一，能够覆盖 220 个国家和地区的 12 万个目的地。

2. DHL 敦豪航空货运公司优势与劣势

优势：服务区域广，通达 220 个国家和地区的近 12 万个目的地，派送网络遍布全球；速度快，正常情况下 2~4 个工作日货达全球，对于欧洲与东南亚地区，可以做到 3 个工作日送达欧洲，2 个工作日送达东南亚；价格上，5.5 kg 以下的小货及 21 kg 以上的大货价格便宜，21 kg 以上物品另有单独的大货价格，部分地区大货价格比国际 EMS 便宜；服务上，提供及时、准确、方便的全程追踪查询，提供包装检验与设计服务，报关代理服务及极强的清关派送服务。

劣势：小货价格较贵，对托运物品限制较多，拒收特殊商品较多。

(二) 美国联合包裹运送服务公司

1. 美国联合包裹运送服务公司介绍

美国联合包裹运送服务公司(United parcel service, UPS)成立于 1907 年，总部设于美国佐治亚州亚特兰大市,是全球领先的物流企业,提供包裹和货物运输、国际贸易便利化、先进技术部署等多种旨在提高全球业务管理效率的解决方案。UPS业务网点遍布全球220多个国家和地区,拥有超53万名员工。2021年UPS营业额达到973亿美元,名列《财富》世界500强第89名,超25年连续入围《财富》全球500强。

1988年,UPS进入中国,与中外运总公司合作开展国际快递业务。进入中国市场以来,UPS在中国的服务范围覆盖330多个商业中心和主要城市,每周连接中国与美国、欧洲以及亚洲其他国家和地区的航班近200个班次。目前,UPS在中国上海、深圳设有两个中转中心。

2. UPS美国联合包裹运送服务公司优势与劣势

优势:服务区域广,在全球220多个国家和地区设立UPS商店、营业点、服务中心、授权服务点和投递箱,能快速派送到北美洲和欧洲;速度快,正常情况下2~4日货达全球,尤其是仅需约48小时即可到达美国;价格上,UPS国际快递货物出口至美国、加拿大、西欧、北欧和澳新等国家有独特优势;服务上,定点定时跟踪,查询记录详细,解决问题及时快捷。

劣势:除上述地区外,运费较贵,要计算产品包装后的体积重,对托运物品的限制比较严格。

(三)美国联邦快递公司

1. 美国联邦快递公司FedEx介绍

FedEx是一家国际性速递集团,于1971年在美国创立,最初名为"阿肯色航空公司",1973年正式更名为"联邦快递公司"。该公司服务覆盖范围广,能够覆盖全球220多个国家和地区,可提供安全可靠、时效快、门到门的国际速递服务。FedEx适合运送较高价值、对时效要求较高的货件。服务分为优先型(IP)和经济型(IE)。2020年7月,福布斯2020全球品牌价值100强发布,联邦快递排名第99位。

2. FedEx美国联邦快递公司优势与劣势

优势:服务区域广,通达全球220多个国家和地区,派送网络遍布全球各地;价格上,21kg以上大货到东南亚的价格相当有竞争力,且速度与DHL、UPS相当;服务上,网络覆盖全球,网站信息更新快,查询响应快。

劣势:除上述地区外,价格较贵,需要考虑产品体积重,对托运物品限制也比较严格,时效上不如HDL与UPS。

(四)荷兰邮政集团

1. 荷兰邮政集团TNT介绍

TNT总部位于荷兰的阿姆斯特丹,拥有欧洲最大的空陆联运快递网络,提供包裹、文件以及货运项目的安全准时运送服务,能实现门到门的递送服务,每天递送的包裹、文件和托盘货物达百万件。在欧洲、中东、非洲、亚太和美洲地区拥有航空和公路运输网络。

TNT 于 1988 年进入中国市场。TNT 快递大中国区是 TNT 快递的分支机构,涵盖中国(含中国香港地区、中国台湾地区)市场。在中国大陆,TNT 快递提供国际快递和国内公路快运服务。在国际快递方面,它拥有 36 家国际快递分公司和 3 个国际快递口岸。在国内公路快运方面,TNT 通过其在华全资子公司天地华宇运营公路递送网络,下辖 56 个运转枢纽及 1 500 个运营网点,服务覆盖中国 600 多个城市。

2. TNT 荷兰邮政集团优势与劣势

优势:西欧地区为其强势区域。速度较快,一般 2～4 工作日通达全球,其中送达西欧仅需 3 个工作日;价格上,在西欧地区价格极低,无偏远地区派送附加费用;服务上,在西欧地区清关能力极强,提供报关代理服务,全球货到付款服务,提供免费、及时、准确的货物追踪查询。

劣势:除西欧地区外,其他地区时效和价格优势不够明显,且价格比其他快递更高。发货需要考虑产品体积重,对所运货物限制也比较多。

第四节 专 线 物 流

一、专线物流的概念与特点

(一)专线物流的概念

随着跨境贸易的日益发展,为降低货物运输成本,物流公司将货物集中,以点到点的方式直接发往某个国家或地区,通过合作公司在目的国进行派送的物流方式称为专线物流。目前,国内发往其他国家和地区的专线物流主要包括美国专线、欧洲专线、澳洲专线、俄罗斯专线、中东专线及南美专线等。

(二)专线物流的特点

随着我国跨境电子商务的迅猛发展,我国跨境专线物流规模持续扩大,相对于其他物流方式,跨境专线物流存在以下特点。

1. 直达运输

专线物流不同于商业快递,它将货物的运输环节尽可能减少,从出发地的某一网点直接运输到目的国的另一网点。

2. 专线物流服务内容丰富

一般情况下,专线物流提供的是一对一服务,针对性较强。例如,在欧洲地区,由于关税起征点低,很容易产生关税,因此中欧专线往往提供预付关税或包关税服务,便于解决托运人的清关问题。同时还提供不计抛、一票多件等服务,能够更好地满足托运人的物流

二维码 7-2
专线物流

需求。

3. 专线物流性价比高

由于专线物流集中大批量货物实行集中运输,使得专线物流相比于商业快递,在价格上有较大优势,且不产生偏远地区附加费,适合大批量发货。

4. 专线物流丢包率低

由于专线物流是线性物流,物流中间环节避免了多次搬卸、装运等环节,使得丢包率大大降低,提高了货物投递的安全性。

5. 专线物流的时效性介于商业快递与邮政小包之间

专线物流是点到点的线性运输业务,故而省略了运输中的转运环节与转运时间,使其物流时效优于邮政小包,但仍低于商业快递。

6. 专线物流在清关方面表现得更为出色

一般而言,成熟的国际物流专线时效稳定,且通常具备双清关功能,甚至在部分国家和地区双清包税。这样就降低了客户双方的物流成本,减少了客户在物流方面的工作量,促进了商业效率的提升。

7. 专线物流在承运部分物品方面具有优势

不同的快递服务对承接物品有不同的限制。例如,国际快递一般只能承接内置电池产品,国际小包则无法承接敏感品。国际专线物流则可以对其他物流进行补充,不仅可承接含有内置电池的产品,还可承接纯电池、液体、膏体、化妆品等敏感品的托运。

二、我国国际专线物流发展现状

(一)国际专线物流产品逐渐增多

随着我国跨境电子商务的不断发展,市场对于专线物流业务的需求不断扩大,专线物流产品也不断增多。以阿里巴巴为例,旗下跨境电商平台速卖通,通过菜鸟网络与目的国商业快递联合,针对 31 kg 以下大包推出标准类物流专线服务,可寄送普货、带电、化妆品、特货等品类商品。同时,针对 2 kg 以下小件特殊货品(液体、粉末、膏状等),菜鸟网络与目的国邮政联合推出特货专线-标准(Cainiao Standard Shipping for Special Goods)。2012 年,Aramex 公司与中外运成立了中外运安迈世(上海)国际航空快递有限公司,面向中东地区提供一站式的跨境电商服务以及进出口中国的清关和派送服务。针对 2 kg 以下小件物品,速卖通与芬兰邮政共同推出"速优宝芬邮挂号小包",派送范围为白俄罗斯、爱沙尼亚、拉脱维亚、立陶宛、波兰、德国全境邮局可到达区域。2013 年,中环运与俄罗斯物流公司 Pony Express 合作,推出俄邮宝,面向俄国全境提供跨境专线物流服务。在可以预见的将来,国际专线物流产品将更加丰富,以满足跨境企业的物流需求。

(二)民营企业竞相推出跨境专线物流产品

根据中国电子商务研究中心的数据,民营企业在开通跨境物流专线的企业中,占比高达85％以上。目前,顺丰公司针对跨境电商卖家推出国际专线小包,依照高标准时效要求制定专线方案,可接受带电,覆盖乌克兰、法国、西班牙及韩国全境。中通快递也已面向欧盟、美国、日韩、新澳、东盟、中东、非洲等全球其他国家和地区开通国际专线物流。申通快递通过在目的国或地区成立分公司,面向韩国、日本、英国等国提供国际专线物流服务。阿里巴巴旗下菜鸟网络与Aramex、Pony Express、芬兰邮政、新加坡邮政等合作,推出覆盖欧洲、俄罗斯、中东、新加坡等地的专线物流。随着跨境电商市场的进一步扩大,企业在专线物流领域的竞争与角逐将更加激烈。

(三)专线物流同质化竞争非常严重

尽管目前市场上提供跨境专线物流的服务商非常多,但其后端的货物实际承运人基本为国际主流的海运及空运公司,前端代理销售看似丰富的国际物流专线产品,但在服务质量上并无明显差异,同质化竞争非常明显。随着近年速卖通、WISH、EBAY等电商平台的迅猛发展,跨境小包货量呈现井喷式增长。商业快递虽然时效快,但价格高。邮政小包虽然价格便宜,但时效慢。跨境小包专线物流恰好弥补了邮政小包与商业快递之间的需求空缺,因此得以迅速发展。然而,各种跨境小包专线最终目的港的派送渠道往往都大同小异。前端货运代理公司接单承运之后,仍然将货物交由主流物流公司承运,从中赚取差价。这使得专线物流市场鱼龙混杂,以中小企业为绝大多数,尚未形成巨头企业。

三、主要物流专线介绍

(一)中美专线

我国开通中美专线物流的企业较多,通常使用的有以下几种。

1. 菜鸟专线-标准产品

菜鸟专线-标准(cainiao expedited standard)产品由阿里巴巴旗下速卖通推出,面向美国(除夏威夷,波多黎各,阿拉斯加),仅支持承运普通货物,不支持带电、纯电、液体及化妆品,目前投递时效10～15天左右。该专线不接受申报价值超过800 USD的货物;不接受同一个收件人名且同一地址,当天累计包裹申报价值超过800 USD的货品。速卖通平台卖家可直接在速卖通平台线上操作发货。

2. 美国FBA专线

该产品是为了解决亚马逊平台卖家从中国备货至美国亚马逊仓库的物流需求而提供的集出口报关、航空头程、清关及尾程派送于一体的综合物流产品。开通中美FBA专线物流的企业较多,申通国际、易联速递、众邦达国际物流、联宇物流、保时运通、彼舟货运等众多物流企业均开通美国专线,产品涵盖FBA空运、FBA海运、FBA海+派、FBA空+派、FBA清关、FBA双清包税到门等多种形式。美国FBA发货需要平台卖家在亚马逊平台的后台开通FBA服务,并进行填单操作。

值得注意的是,美国FBA专线在发货时要注意以下事项:

(1) 特殊产品。例如,眼镜、美容器械、医疗仪器。在美国进口这几类产品需要提供"FDA"等文件,如果提供不了这些文件是绝对不能进口的。

(2) 反倾销产品。如果商业发票上显示该商品为反倾销商品,则大概率会被卡在美国海关。

(3) 仿牌。根据美国亚马逊FBA发货规则,仿牌货物在洛杉矶或者是纽约机场清关时极大概率会被查。

当美国FBA货物被海关查扣后,卖家首先需要分析扣关原因。通常情况下,相关海关部门会提供一份说明,注明扣货原因。此时卖家须配合海关,提交相关文件。

(二) 中欧专线

中欧专线物流是仅次于美国专线规模的专线物流线路。通常包括以下产品。

1. 速优宝芬邮挂号小包

该产品是速卖通和芬兰邮政(posti finland)针对2 kg以下小件物品推出的特快物流产品,其派送范围为白俄罗斯、爱沙尼亚、拉脱维亚、立陶宛、波兰、德国全境邮局可到达区域。该专线为普货渠道,不能寄送带电产品、化妆品及药品。运费根据包裹重量按克计费,每个单件包裹限重在2 kg以内。正常情况下,投递时效为16～35天。在订单支付金额≤23美元,或买家下单时选择了"速优宝芬邮挂号小包"时,速卖通卖家才能创建"速优宝芬邮挂号小包"物流订单。

2. 欧洲FBA专线

欧洲FBA专线是为欧洲FBA用户开通的专线物流产品,通常提供到英、法、德、意、西五国线路的FBA头程服务。该产品通常采用DDP(delivered duty paid,完税后交货)清关方式,集中在荷兰阿姆斯特丹清关,同时为客户代缴关税,避免货物因无法清关或无法支付关税被退回并产生高额费用的情况。欧洲FBA头程专线包括FBA空运、FBA铁路、双清包税到门等方式。提供欧洲FBA物流专线的企业众多,包括PFC皇家物流集团、万邦速运国际物流、雄达国际物流、捷网国际物流等。

3. 中欧班列专线

中欧班列铁路运输作为我国"一带一路"建设的重要一环,已成为具有竞争力和影响力的物流方式。中欧班列运距短、速度快、安全性高、受自然环境影响小且综合性价比高。与传统的运输方式相比,其运输时间是海运的三分之一,而费用仅为空运的四分之一,因此成为中国和欧洲贸易的主流运输方式之一。目前,中欧班列提供门到门、门到站自提、自送仓库站到站自提、自送仓库站到门、DDP双清等形式的专线物流服务。发货类型可根据托运人要求选择拼箱或整箱运输。现已开通湘欧(长沙—德国杜伊斯堡)、西安长安号(西安—德国)、蓉欧快铁(成都—波兰罗兹)、汉新欧(武汉—德国汉堡/杜伊斯堡)、渝新欧(重庆—德国杜伊斯堡)、苏满欧(苏州—波兰华沙)及郑欧国际铁路货运班列(郑州—德国汉堡)线路。

需要注意的是，清关过程中如遇海关查验，当查验的产品本身不合格、资料与产品不一致或者海关需要产品的资料时，发件人需配合提供，若出现无法提供资料、提供资料不及时或者海关不认可提供的资料的情况，产生的所有损失由发件人承担。

(三) 中俄专线

中俄专线主要由面向俄罗斯及覆盖俄语系国家的专线组成。常见的俄罗斯专线产品包括：

1. 菜鸟大包专线

菜鸟大包专线(cainiao heavy parcel line)是菜鸟网络与目的国商业快递针对31千克以下大包推出的标准类物流专线服务，可寄送普货、带电、化妆品、特货等品类。订单支付金额≤550美元，且买家下单时选择了"菜鸟大包专线"才能创建"菜鸟大包专线"物流订单。由于目前菜鸟大包专线尚未开通除俄罗斯以外的其他地区的服务，故将其列入中俄专线产品中。

2. 俄邮宝

俄邮宝业务由中环运国际物流与俄罗斯物流公司(Pony Express)合作建设。15天至25天可以将货物送达至俄罗斯买家手中，价格远低于中国香港小包、EMS等物流方案。尾程由俄罗斯邮政派送，通达俄罗斯全境，客户到当地邮局自提，保存期为30天。俄邮宝可寄带电产品、纯电池和移动电源。

3. 黑龙江俄速通

黑龙江俄速通国际物流有限公司成立于2013年10月，其主要业务涵盖跨境物流仓储服务、供应链贸易服务、供应链金融服务和电商分销服务四大板块，是中俄跨境数字贸易的综合服务商。其主要产品包括俄罗斯航空小包、Ruston-商业大包、俄罗斯3C小包、乌克兰小包、乌克兰大包等。

4. 中俄一车通专线

运盟(广州)国际货运代理有限公司面向俄语国家市场推出的系列专线产品，覆盖俄罗斯、乌克兰、哈萨克斯坦、白俄罗斯等国。产品包括空运、海运、陆运、铁路、双清、门到门等形式。

(四) 中东专线

Aramex作为中东地区最知名的快递公司，成立于1982年，在中东地区的清关具有绝对优势，因此中东专线也被称为Aramex专线。Aramex服务目前支持中东、印度次大陆、东南亚、欧洲及非洲航线。Aramex专线时效非常有保障，正常时效为3～6天，运费相对较低，且没有偏远附加费用，在中东、北非、南亚等20多个国家有显著优势。并且，客户可在Aramex官网跟踪查询包裹信息。

第五节 海 外 仓

在海外仓模式下,跨境电子商务企业按照一般贸易方式,将商品批量出口到海外仓库,线上完成销售后,再将商品送达海外的消费者。自诞生开始,海外仓就不单是在海外建仓库,而是一种对现有跨境电子商务物流方案的优化与整合。

一、海外仓的含义

海外仓是指建立在海外的仓储设施。在跨境电子商务中,海外仓是指境内企业将商品通过大宗运输的形式运往目标市场,在当地建立储存商品的仓库,然后再根据当地的销售订单,第一时间做出响应,及时从当地仓库进行分拣、包装和配送。

二维码7-3
海外仓

海外仓的本质就是将跨境贸易"本地化",提升消费者的购物体验,从而提高跨境电子商务商家在目标市场的竞争力。

1. 商家下单

商家在海外仓服务官网上下单,与海外仓服务商进行对接。

2. 首公里揽收

对接完成后,海外仓服务商会到商家处进行揽货,并将货物运输至海外仓集货仓。

3. 复查操作

在海外仓模式下,海外仓服务商的工作人员会对货物进行一系列复查操作,如重量复秤、体积复量、商品复查、商品分拣、商品贴标、货物打包等。

4. 出口报关

完成复查工作后,工作人员会将货物装箱,进行出口报关,此时商家需要提供公司材料、商品相关证书等报关资料。

5. 选择配送方式

选择海运、空运或其他方式的头程运输配送方式。

6. 进口清关

货物顺利报关运输至目的地港口后,需要进行进口清关。海外仓服务商会预先支付一部分税金并代理清关。若货物符合目的地的清关规定,则该货物会被放行离港,并由海外仓服务商运输至海外仓。

7. 海外仓操作

货物抵达海外仓后,海外仓工作人员会进行拆箱,并完成分拣上架工作,包括拆箱服务、仓储服务、贴标服务、平台预约等。

8. 尾程物流

一旦买家下单,则相关商品将由海外仓工作人员分拣给运输人员,并由当地的运输体系将商品派送至买家手中。尾程物流需要商家自行选择,建议商家按照当地的物流成本、配送距离和有效库存等因素综合考虑,选择优质的配送服务。

二、海外仓的分类

从经营主体来划分,海外仓主要分为商家自营海外仓和第三方公共服务海外仓。

1. 商家自营海外仓

商家自营海外仓模式是指由出口跨境电子商务企业建设并运营的海外仓库,仅为本企业销售的商品提供仓储、配送等物流服务。在该海外仓模式下,整个跨境电子商务物流体系是由出口跨境电子商务企业自身控制的。

2. 第三方公共服务海外仓

第三方公共服务海外仓模式是指由第三方物流企业建设并运营的海外仓库。这些仓库可以为众多的出口跨境电子商务企业提供清关、入库、质检、接收订单、订单分拣、多渠道发货、后续运输等物流服务。在该海外仓模式下,整个跨境电子商务物流体系是由第三方物流企业控制的。

三、海外仓的功能

国际运输的重要节点和国内运输或配送的起点,随着国际贸易进程的深入,其功能也在不断丰富。

1. 代收货款

由于跨境交易存在较大的风险,因此,为解决交易风险和资金结算不便、不及时的难题,在合同规定的时限和佣金费率下,海外仓服务商在收到货物的同时可以提供代收货款等增值业务。

2. 拆包拼装

在跨境电子商务 B2C 模式下,订单数量相对较小、订单金额相对较低,频率较高,具有长距离、小批量、多批次的特点,因此为实现运输规模效应,海外仓可对零担货物实行整箱拼装运输。货物到达海外仓之后,由仓库将整箱货物进行拆箱,同时根据客户订单要求,为地域环境集中的用户提供拼装业务,进行整车运输或配送。

3. 保税功能

当海外仓经海关批准成为保税仓库时,其功能和用途更为广泛,可简化海关通关流程和相关手续。同时,企业可以在保税仓库进行转口贸易,以海外仓所在地为第三国或地区,连接卖方和买方,有效规避贸易制裁。保税海外仓还提供简单加工等相应的增值服务,能有效丰富仓库功能,帮助企业提升竞争力。

四、海外仓的优缺点

1. 海外仓的优点

(1) 可以大大降低物流成本。以发货为例,企业将货物批量从国内发货至海外仓,再由海外仓采用当地快递配送至客户,远比一单单从国内直接发货给客户更经济。一单单发货,如果碰到客户退换货物的问题,就会非常棘手,来回产生的费用不敢想象。如果使用海外仓,就可以避免高昂的国际物流成本。

(2) 可以有效避免物流高峰。以节日为例,每逢特殊节假日(圣诞节、万圣节或其他节日)会有大量货物待发,囤积的货物会严重影响国际物流商的运转操作,从而影响派送时效,进而影响客户的收件时间。如果使用海外仓,就可以预估销售量,提前将货物发至海外仓库,避免因物流通道堵塞而造成的货物囤积,保证派送时效,提高客户满意度。

(3) 可以清晰管理、清点货物。以订单为例,每笔订单的录入、录出,库存的清点和盘查,是非常耗时、耗力、耗资的,这就增加了成本,降低了利润。如果使用海外仓,就可以省去相关支出。海外仓提供免费的仓库管理员,经验丰富,可实时监控,简化了物流管理流程,节省了成本。

(4) 提高商品的曝光率。客户在购物时,倾向于选择当地发货的商品,因为这样对客户而言可以大大缩短收货的时间。海外仓能够让商家拥有自己特有的优势,从而提高商品的曝光率,提升店铺的销量。

(5) 可以提高客户满意度。海外仓极大地增强了物流的时效性,不仅能够得到客户的青睐,提高客户满意度,也能为商家节省运输成本,减少损失。

2. 海外仓的缺点

(1) 必须支付的海外仓仓储费。海外仓的仓储成本费用因所在地不同而不同。商家在选择海外仓的时候,一定要计算好成本费用,并与目前发货方式所需要的成本进行对比。

(2) 定量库存。海外仓要求商家有一定的库存量,因此定制少量商品不适合海外仓模式。

(3) 库存压力大,资金周转不便。销量不理想或存货量预测不准会导致货物滞销。货物一直压在海外仓中,就会继续增加仓储成本,还会使商家的资金周转不便。

(4) 海外仓服务商的本土化服务和团队管理是挑战。商家要采用完全当地化的手段和思路来管理团队,以确保海外仓的顺利运营。

五、海外仓的费用结构

海外仓的费用结构是指把仓库设立在海外而产生的一系列费用,包括头程运费、处理费、仓储费、尾程运费、税金等。海外仓的费用结构如图 7-5 所示。

头程运费　　　处理费　　　仓储费　　　尾程运费　　　税金

图 7-5　海外仓的费用结构

1. 头程运费

头程运费是指从卖家将货物从国内运送至海外仓这段过程中产生的运费。其中包括使用航空运输（即空运）、快递、海洋运输（即海运）和铁路运输等四种方式。

2. 处理费

处理费是指买家下单后，由第三方人员对其订单拣货打包而产生的费用。

3. 仓储费

仓储费是指海外仓代替经营者负责商品的存储、分类、包装与物流运输的服务所收取的费用。存储商品在仓库而产生的费用，一般第三方公司为了提高产品的销售率，会按周收取费用。

4. 尾程运费

尾程运费是指买家下单后，由海外仓仓库完成打包并将商品配送至买家地址所产生的费用。各国物流公司的操作不尽相同。

5. 税金

税金是指货物出口到某国需按照该国进口货物政策而征收的一系列费用，如关税、增值税和其他税金等。

 延伸阅读 7-1

跨境电商物流行业发展趋势

跨境电商物流是跨境电商发展的重要支柱。相比国内快递物流，跨境电商物流流程更为复杂，已经成为跨境电商发展的重要痛点之一。因此，我国政府出台多项政策推动跨境电商物流建设，众多信息技术也被广泛应用于跨境物流行业。伴随着跨境电商交易量的持续上升，跨境电商物流行业万亿市场规模也在不断扩大，其发展趋势主要体现在以下四个方面。

（一）跨境电商公司/平台自建物流管理体系

对于物流配送的高品质追求将成为跨境电商公司整体运营的重要组成部分。因此，未来随着跨境电商平台的壮大和对跨境物流需求量的快速增长，有实力的电商公司将开始自建物流管理体系。即使不能实现全流程的自建物流，跨境电商公司也可以在某些节点上投入自建物流管理，例如自建海外仓。随着跨境电商对供应链物流管理的竞争日益激烈，未来一定会有更多跨境电商公司/平台，出于追求更高的目标自建物流管理体系。

（二）行业加速洗牌推动合规化发展

跨境电商呈现出的发展趋势是非常迅猛的，并且每个跨境电商平台的成长速度也非常快，这将大大提升跨境物流的需求量，同时也对跨境物流提出更高的要求和挑战，例如更保险的清关、更高的时效等。在这种情况下，物流行业也面临着"大洗牌"的局面。那些满足不了当今跨境电商企业和卖家需求、不符合跨境电商合规化要求的物流企业将被淘汰,而能长久生存下来的企业,就是能够紧随跨境电商企业和卖家货量增长步伐、能满足个性化运营要求和合规化流程的物流企业。

（三）行业竞争加剧

跨境电商行业的高速增长,也带动了跨境物流行业市场需求的迅速提升,且在未来相当长的一段时间,都会为跨境物流行业的发展带来强势的增长。因此,越来越多的企业,也正是看到跨境物流行业"机会大""增速快"的特点,开始大踏步地涉足跨境物流领域。包括传统的物流企业、跨境电商平台、国内电商平台、甚至一些跨境电商卖家和部分非相关行业的企业,都开始拓展跨境物流业务。跨境电商物流行业的竞争将会更加激烈。

（四）新技术赋能提升行业效率

目前,越来越多的互联网信息技术被应用于物流行业。随着人工智能、大数据、云计算、射频识别等技术的加速普及,跨境电商物流行业的效率有望进一步提升。与此同时,区块链技术也有望赋能跨境电商物流行业,对运输路线、资源调度等进行合理优化和配置,进而提高运输效率。

本 章 小 结

1. 跨境电商物流是指以跨境电商平台为基础,在两个或两个以上的国家之间进行的物流服务。由于跨境电商的交易双方分属不同的国家,商品需要从供应方所在国家通过跨境电商物流方式实现空间位置的转移,再到需求方所在国家实现最后的物流与配送。跨境电商物流的功能:仓储管理、运输配送、附加价值。

2. 我国国际专线物流存在的问题包括国际专线物流产品逐渐增多、民营企业竞相推出跨境专线物流产品、专线物流同质化竞争非常严重。目前我国主要的专线物流包括中美专线、中欧专线、中俄专线、中东专线。

3. 海外仓是指由卖家或电商平台设立的境外仓储中心。跨境电商卖家通过市场调研预测,提前将适销的货物规模批量运至仓库,买家下订单后,就可以实现当地销售与配送。海外仓具备代收货款、拆包拼装和保税功能。因此,海外仓的实质就是将跨境贸易转变为本地进行,消费者的购物体验得到增强,出口跨境电商企业在出口目的地也能得到进一步发展。

课后习题

一、单选题

1. 跨境电商物流是指以（　　）为基础,在两个或两个以上的国家之间进行的物流服务。

　　A. 跨境电商平台　　B. 配送员　　　　C. 外贸术语　　　　D. 物流团队

2. TNT 商业快递通至全球的时效为 2～4 个工作日,特别是到西欧的可送达国家比较多,大约需要(　　)个工作日。
   A. 2　　　　　　　B. 4　　　　　　　C. 3　　　　　　　D. 5
3. 跨境电子商务物流存在的问题不包括(　　)。
   A. 破损丢包　　　　　　　　　B. 不支持退换货
   C. 清关障碍　　　　　　　　　D. 海外专线

二、多选题

1. 物流与跨境电子商务的关系为(　　)。
   A. 从属关系　　B. 相互促进　　C. 相互竞争　　D. 对立关系
2. 全球性国际快递公司主要有(　　)。
   A. UPS　　　　B. FedEx　　　C. DHL　　　　D. TNT
3. 常见的俄罗斯专线产品包括(　　)。
   A. 中欧班列专线　　　　　　　B. 菜鸟大包专线
   C. 俄邮宝　　　　　　　　　　D. Ruston 俄速通

三、判断题

1. 中国邮政小包是一项针对货物重量在 2 千克以下的经济实惠的国际包裹服务项目。(　　)
2. e 邮宝和 DHL 都属于商业快递。(　　)
3. 中欧专线物流是仅次于美国专线规模的专线物流线路。(　　)

四、简答题

1. 简述跨境电商环境下物流的特点。
2. 简述中国邮政服务特色。
3. 简述商业快递的特点。
4. 商业快递计算运费时包括哪些方面?

第八章 跨境电商支付

 学习目标

知识目标

- 了解支付与结算的定义、特征,第三方支付的特点、支付流程、优缺点
- 掌握跨境支付与结算的定义、特征
- 熟悉我国跨境支付与结算的现状、目前存在的问题及未来发展趋势

能力目标

- 能够说出支付与结算的特征
- 能够阐述跨境电商支付与结算方式
- 能够概括跨境支付与结算的现状及前景

 关键概念

支付与结算　跨境电商支付　跨境电商支付前景

本章框架图

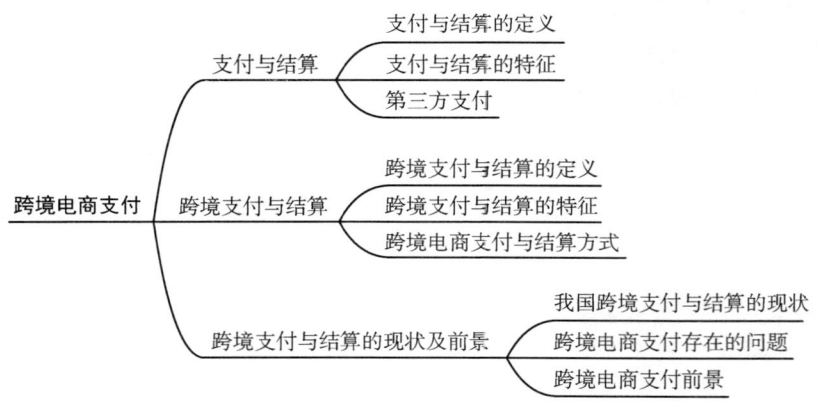

21世纪以来,在经济全球化和信息技术进步的背景下,国际商业环境和数字技术创新及应用发生了巨大变化,跨境支付呈现新的发展态势,跨境零售支付的重要性快速上升,传统的代理行模式发展势头持续减弱,跨境数字支付成为新兴模式,地缘政治博弈推动多边支付系统发展。

开放规范的国际经贸往来是促进跨境零售支付发展的主动力。随着跨国供应链的蓬勃发展以及境外旅游、海外留学和移民数量的增长，跨境零售支付用户群体日益庞大。特别是，随着跨境电商等新业态的兴起，国际支付由大型批发交易向零售交易拓展。贸易模式的转变使中小企业和个人消费者对跨境零售支付服务产生巨大需求，适用于零售业务的快速支付系统也迅速在全球范围内铺开。2022年，全球约60个国家和地区拥有快速支付系统，约72%的人口可使用快速支付服务。

第一节 支 付 与 结 算

目前跨境电商发展如火如荼，尤其是自2016年以来，市场逐渐走向开放和规范，跨境电商的蓬勃发展已经开始反向驱动中国国内供应链升级。跨境电商成了中国外贸业务发展的新引擎，对于电商系统来说，业务从国内转移到跨境，变化最大的是支付和结算方式。

一、支付与结算的定义

支付结算有广义和狭义之分。狭义的支付结算是指单位或个人在社会经济活动中使用现金、票据（包括支票、本票、汇票）、银行卡和汇兑、托收承付、委托收款等结算方式进行货币给付以及资金清算的行为，其主要功能是完成资金从一方当事人向另一方当事人的转移。广义的支付结算包括现金结算和银行转账结算。

二、支付与结算的特征

（一）银行是支付结算的中介机构

支付结算必须通过中国人民银行批准的金融机构或其他机构进行。《支付结算办法》第六条规定："银行是支付结算和资金清算的中介机构。未经中国人民银行批准的非银行金融机构和其他单位不得作为中介机构经营支付结算业务。但法律、行政法另有规定的除外。"这一规定明确说明了支付结算不同于一般的货币给付及资金清算行为。

（二）票据和结算凭证是办理支付结算的工具

支付结算必须符合中国人民银行发布的《支付结算办法》的规定。《支付结算办法》的第九条规定"票据和结算凭证是办理支付结算的工具。单位、个人和银行办理支付结算，必须使用按中国人民银行统一规定印制的票据凭证和统一规定的结算凭证""未使用按中国人民银行统一规定格式的结算凭证，银行不予受理"。

中国人民银行除了对票据结算凭证的格式有统一的要求外，对于票据和结算凭证的填写也提出了基本要求。例如，票据和结算凭证的金额、出票和签发日期、收款人名称不得更改，更改的票据无效，更改的结算凭证，银行不予受理。

(三) 体现委托人的意志

银行在支付结算中充当中介机构的角色,因此,银行只要以善意且符合规定的正常操作程序审查,对伪造、变造的票据和结算凭证上的签章以及需要交验的个人有效身份证件未发现异常而支付金额的,对出票人或付款人不再承担受委托付款的责任,对持票人或收款人不再承担付款责任。

与此同时,当事人对在银行的存款有自己的支配权;银行对单位、个人在银行开立存款账户的存款,除国家法律、行政法规另有规定外,不得为任何单位或个人查询;除国家法律另有规定外,银行不代任何单位或个人冻结、扣款,不得停止单位、个人存款的正常支付。

(四) 统一的管理体制

支付结算是一项政策性强,与当事人利益息息相关的活动,因此,必须对此实行统一的管理。《支付结算办法》第二十条规定,中国人民银行总行负责制定统一的支付结算制度,组织、协调、管理、监督全国的支付结算工作,调解、处理银行之间的支付结算纠纷;中国人民银行各分行根据统一的支付结算制度制定实施细则,报总行备案,根据需要可以制定单项支付结算办法,报中国人民银行总行批准后执行;中国人民银行分、支行负责组织、协商管理、监督本辖区的支付结算工作,协调处理本辖区银行之间的支付结算纠纷;政策性银行、商业银行总行可以根据统一的支付结算制度,结合本行情况,制定具体管理实施办法,报经中国人民银行总行批准后执行,并负责组织、管理、协调本行内的支付结算工作,调解、处理本行内分支机构的支付结算纠纷。

(五) 严格依法进行

《支付结算办法》第五条规定:"银行、城市信用合作社、农村信用合作社(以下简称银行)以及单位和个人(含个体工商户),办理支付结算必须遵守国家的法律、行政法规和本办法的各项规定,不得损害社会公共利益。"支付结算的当事人必须严格依法进行支付结算活动。

三、第三方支付

(一) 第三方支付的定义

第三方支付是指具备一定实力和信誉保障的独立机构,通过与银联或网联对接而促成买卖双方进行交易的网络支付模式。以"支付宝"为代表的第三方支付是在银行监管下保障交易双方利益的独立机构,是买卖双方在交易过程中的资金"中间平台"。

在国内 C2C 中,最具代表性的第三方支付包括 eBay 易趣的"安付通"、淘宝网的"支付宝"以及腾讯旗下的"财付通"等。中国国内的第三方支付产品主要有支付宝、微信支付、百度钱包、PayPal、中汇支付、拉卡拉、财付通、融宝、盛付通、腾付通、通联支付、易宝支付、中汇宝、快钱等。

第三方支付的基本模式是:买方选购商品后,将货款支付给第三方平台提供的账户,由第三方通知卖家货款到账,按照要求发货。买方收到货物、检验货物、确认无误后,再通知第三方付款。第三方再将货款转至卖家账户。若买方不满意,第三方支付平台确认商家收到退货后,将货款退还给买方。

(二) 第三方支付的特点

第一,第三方支付平台提供一系列的应用接口程序,将多种银行卡支付方式整合到一个界面上,负责交易结算中与银行的对接,使网上购物更加快捷、便利。消费者和商家不需要在不同的银行开设不同的账户,这有助于降低消费者网上购物的成本和商家的运营成本,同时还可以帮助银行节省网关开发费用,并为银行带来一定的潜在利润。

第二,相较于 SSL、SET 等支付协议,利用第三方支付平台进行支付操作更加简单且易于接受。SSL 是应用比较广泛的安全协议,在 SSL 中只需要验证商家的身份。SET 协议是基于信用卡支付系统的比较成熟的技术。但在 SET 中,各方的身份都需要通过 CA 进行认证,程序复杂,手续繁多,速度慢且实现成本高。在第三方支付平台中,商家和客户之间的交涉由第三方来完成,从而使网上交易变得更加简单。

第三,第三方支付平台本身依附于大型的门户网站,且以与其合作的银行的信用作为信用依托。因此,第三方支付平台能够较好地突破网上交易中的信用问题,有利于推动电子商务的快速发展。

(三) 支付流程

在第三方支付交易流程中,支付模式使商家看不到客户的信用卡信息,同时避免了信用卡信息在网络上多次公开传输,从而降低了信用卡信息被窃的风险。此处以 B2C 第三方交易为例讲解第三方支付流程,如图 8-1 所示。

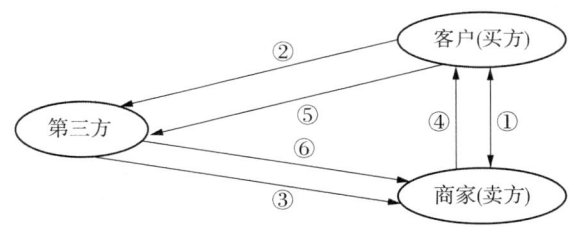

图 8-1　第三方支付交易流程

第一步,客户在电子商务网站上选购商品,最后决定购买,买卖双方在网上达成交易意向。

第二步,客户选择使用第三方支付平台作为交易中介,客户通过信用卡将货款划到第三方账户。

第三步,第三方支付平台将客户已经付款的消息通知商家,并要求商家在规定时间内发货。

第四步,商家收到通知后按照订单发货。

第五步,客户收到货物并验证后通知第三方支付平台。

第六步,第三方支付平台将其账户上的货款划入商家账户中,交易完成。

(四) 第三方支付的优缺点

1. 优点

(1) 简化交易操作。第三方支付平台采用了与众多银行合作的方式,从而极大地方便了网上交易的进行。商家不需要安装各个银行的认证软件,在一定程度上简化操作。

(2) 降低商家和银行的成本。对于商家,第三方支付平台可以降低企业运营成本;对于银行,可以直接利用第三方的服务系统提供服务,帮助银行节省网关开发成本。第三方支付平台能够为商家网站提供增值服务,如实时交易查询、交易系统分析、方便及时地退款和止付服务。

(3) 第三方支付平台可以对交易双方的交易进行详细的记录,从而防止交易双方对交易行为可能的抵赖,以及为在后续交易中可能出现的纠纷问题提供相应的证据。

2. 缺点

(1) 自身运行风险问题。第三方支付结算属于支付清算组织提供的非银行类金融业务,中央银行以牌照的形式提高门槛。对于已经存在的企业,牌照发放后如果不能成功持有,就有可能被整合或收购。政策风险将成为这个行业最大的风险,严重影响了资本对这个行业的投入。没有强大的资本支持,该行业难以依靠自身积累和原始投资发展起来。现在国家正在制订相关法律法规,准备在注册资本、保证金、风险能力等方面对该行业进行监管,采取经营资格牌照的政策来提高门槛。

(2) 法律制度不够完善。由于法律的不完备,且没有建立起国家的信用体制,第三方支付的安全性得不到很好的保证,独立于网络之外的物流活动的诚信风险依然存在。第三方支付存在的不足主要表现在:交易出现纠纷时买卖双方往往各执一词,相关部门取证困难;支付平台流程有漏洞,不可避免地出现人为耍赖、不讲信用的情况,这已成为第三方支付发展道路上必须完善和改进的问题。

(3) 第三方支付平台与银行的竞争问题。"支付宝"等第三方支付公司是通过与银行的合作来运行,但支付公司和银行之间的关系并非只有合作,当银行不通过任何第三方支付公司,而直接与商家连接时,第三方支付公司将面临来自银行的强大竞争。除银行外,目前我国第三方支付市场还面临四种力量的竞争,分别是潜在竞争对手、替代品生产商、客户和现有产业竞争对手,他们是驱动产业竞争的四种基本力量。第三方支付市场的五种竞争力量在市场上的博弈竞争,将共同决定该产业的平均盈利水平,这五种力量的分化组合也将对第三支付平台的发展产生深刻影响。

(4) 对第三方支付平台的监管难度大。尽管第三方支付平台与银行签订了战略合作协议,但这些银行对"支付宝"账户上的资金是否"专款专用"并没有监督的权利和义务。

这样就导致支付宝公司本身"类银行"的相关业务处于监管真空状态,可能存在资金安全隐患。第三方支付工具提供了买卖双方现金交易的平台,这样就会导致有些人通过第三方支付工具进行洗钱。某些第三方支付工具不需要实名制就可以完成交易,且国内的第三方支付平台都没有防止恶意交易的相关措施,这使得洗钱更为容易。如果相应的法律文件还不出台,第三方支付工具将有可能沦为不法分子的洗钱工具,为网络赌博等提供资金渠道。对于某个第三方支付平台因为管理不善导致用户资金流失的情况,目前尚无统一的责任承担标准。

第二节 跨境支付与结算

在国内电商中,收款方式通常是支付宝、财付通等,买方往往不需担心手续费、安全性和即时性等问题。但是若将范围扩大至跨境电商,收汇款方式就变得不那么简单了。由于不同收汇款方式的差别很大,它们都有各自的优缺点和适用范围。因此,我们需要非常熟悉跨境电商的各种支付方式以做出合适的选择。

一、跨境支付与结算的定义

跨境支付与结算是指两个或两个以上国家或地区之间因国际贸易、国际投资等原因所引起的国际债权债务借助一定的结算工具和支付系统实现资金的跨国和跨地区转移的经济行为,跨境支付与结算流程如图8-2所示。

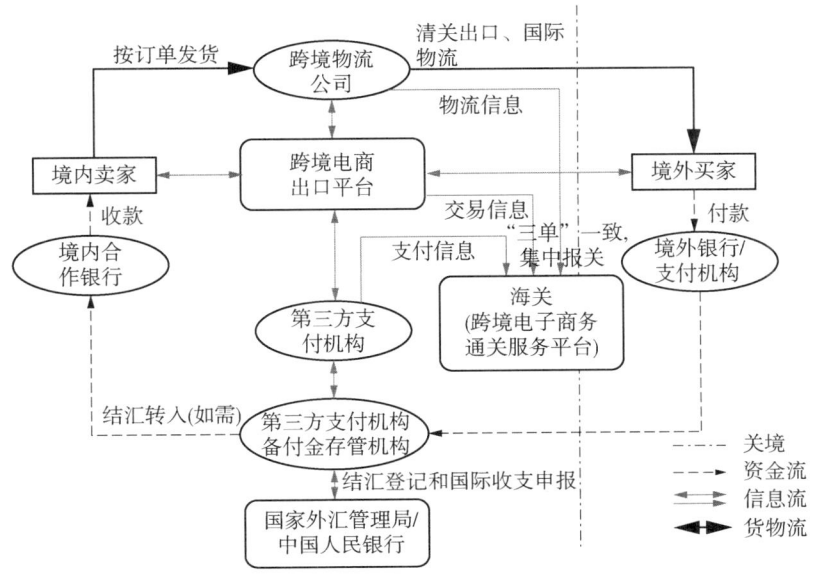

图8-2 跨境支付与结算流程

中国消费者在网上购买国外商家的产品或国外消费者购买中国商家的产品时,由于币种的不同,需要通过一定的结算工具和支付系统实现两个国家或地区之间的资金转换,并最终完成交易。

二、跨境支付与结算的特征

(1) 跨境支付与结算是跨国支付与结算,收付双方处在不同的国度,因国际经济活动而引起的债权债务关系。

(2) 跨境支付与结算必须采用收付双方都能接受的货币为支付结算货币,在结算过程中有一定的汇兑风险。

(3) 跨境支付与结算主要通过银行这一中间人,以一定的工具按照一定的方式来进行支付结算。

(4) 收付双方处在不同的法律制度下,受到各自国家主权的限制。

三、跨境电商支付与结算方式

二维码 8-1
跨境电商支付
概述

跨境电子支付业务发生的外汇资金流动,必然涉及资金结售汇与收付汇。我国跨境电子支付结算的模式主要有跨境支付购汇和跨境收入结汇两种方式。跨境支付购汇包括第三方购汇支付、境外电商接受人民币支付、通过国内银行购汇汇出等。跨境收入结汇包括第三方收结汇,通过国内银行汇款,以结汇或个人名义拆分结汇流入等。

跨境支付与结算方式可以分为:传统跨境电商支付与结算方式和新型跨境电商支付与结算方式。

(一) 传统跨境电商支付与结算方式

传统跨境电商支付与结算方式主要包括:汇付、托收、信用证。

1. 汇付

汇付,亦称汇款,付款方通过第三者(一般是银行)使用各种结算工具,主动将款项汇付给收款方的一种业务处理方式。

汇款业务中通常有四个基本当事人:汇款人(即付款人)、收款人、汇出行、汇入行。

汇款人(remitter)或称债务人:通常是国际贸易中的进口商。

收款人(payee)或称债权人:在国际贸易中通常为出口商。

汇出行(remitting bank):是受汇款人委托汇出汇款的银行,在国际贸易中通常是进口方所在地银行。

汇入行(receiving bank)或称解付行:是受汇出行委托,解付汇款的银行。在国际贸易中通常为出口地银行。

常用的汇款方式有三种。

(1) 电汇(T/T)。汇出行接受汇款人委托后,以电传方式将付款委托通知收款人当地的汇入行,委托其将一定金额的款项解付给指定的收款人。电汇可以分为两种:预付货款和货到付款,俗称前 TT 和后 TT。

电汇的特点为:从支付工具来看,电汇方式使用电报、电传或 SWIFT;从汇款人的成本费用来看,电汇收费较高;从安全方面来看,电汇因交款迅速,在三种汇付方式中相对较安全;从汇款速度来看,电汇最为快捷;从使用范围来看,电汇是目前使用最广泛的方式。电汇业务流程如图 8-3 所示。

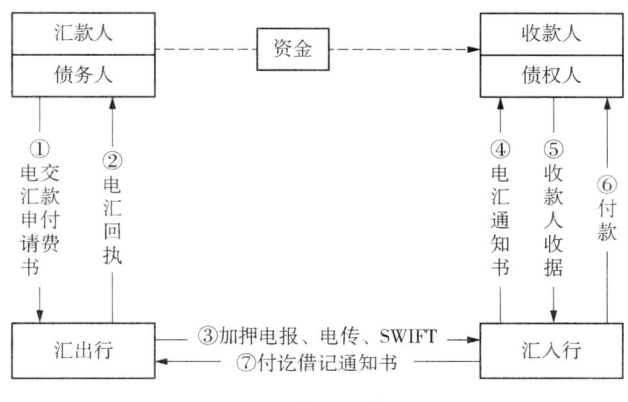

图 8-3　电汇业务流程

（2）信汇（M/T）。汇出行应汇款人申请,将其交来的汇款通过信汇委托书邮寄至汇入行,委托其解付给收款人。

信汇的特点为:从支付工具来看,信汇方式使用信汇委托书或支付委托书;从汇款速度来看,信汇的速度比电汇慢;从安全方面来看,因信汇方式人工手续较多,有可能在邮寄中丢失。目前欧洲银行已不再办理信汇业务。信汇业务流程如图 8-4 所示。

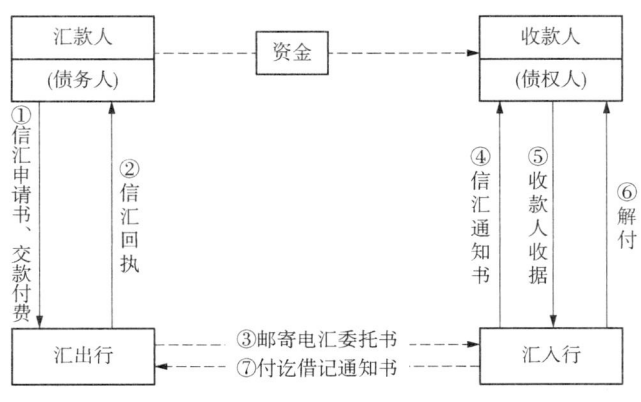

图 8-4　信汇业务流程

（3）票汇（D/D）。票汇是以银行即期汇票为支付工具的一种汇付方式。由汇出行应汇款人的申请,开立以其代理行或账户行为付款人,列明汇款人所指定的收款人名称的银行即期汇票,交由汇款人自行寄给收款人,最终由收款人凭票向汇票上的付款人(银行)取款。

票汇的特点为:从支付工具来看,票汇方式使用银行即期汇票;汇款过程中可能丢失、被窃,但成本较低;从使用范围来看,票汇介于电汇和信汇之间。票汇业务流程如图8-5所示。

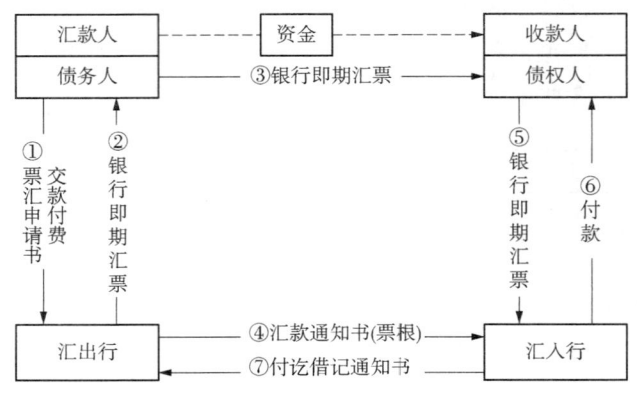

图 8-5 票汇业务流程

(4) 电汇、票汇、信汇三种汇付方式的异同如下。

共同点:汇款人在委托汇出行办理汇款时,均要出具汇款申请书,这就形成汇款人和汇出行之间的一种契约。三者的传送方向与资金流向相同,均属顺汇。

不同点:电汇是以电报或电传作为结算工具;信汇是以信汇委托书或支付委托书作为结算工具;票汇是以银行即期汇票作为结算工具。票汇与电汇、信汇的不同在于票汇的汇入行无须通知收款人取款,而由收款人持票登门取款。汇票除有限制转让和流通者外,经收款人背书,可以转让流通,而电汇、信汇委托书则不能转让流通。

电汇是收款较快、费用较高的一种汇款方式,汇款人必须负担电报费用,所以通常适用于金额较大或有急用的汇款。信汇、票汇都不需发电,以邮递方式传送,所以费用较电汇低廉,但因邮递关系,收款时间较晚。

2. 托收

托收(collection)是指在进出口贸易中,出口方开具以进口方为付款人的汇票,委托出口方银行通过其在进口方的分行或代理行向进口方收取货款的一种结算方式。

托收涉及四个主要当事人,即委托人、付款人、托收行和代收行。

(1) 委托人是委托银行办理托收业务的一方。在国际贸易实务中,出口人开具汇票,委托银行向国外进口人(债务人)收款。

(2) 付款人是银行根据托收指示书的指示提示单据的对象。托收业务中的付款人,即商务合同中的买方或债务人。

(3) 托收行又称寄单行,指受委托人的委托办理托收的银行,通常为出口人所在地的银行。

(4) 代收行是指接受托收行委托,向付款人收款的银行,通常是托收行在付款人所在地的联行或代理行。

根据托收时是否向银行提交货运单据,可分为光票托收和跟单托收两种:

(1) 光票托收。托收时如果汇票不附任何货运单据,而只附有"非货运单据"(发票、垫付清单等),叫光票托收。这种结算方式多用于贸易的从属费用、货款尾数、佣金、样品费的结算和非贸易结算等。

(2) 跟单托收。跟单托收有两种情形:附有金融单据的商业单据的托收和不附有金融单据的商业单据的托收。跟单托收根据交单条件的不同,又可分为付款交单（documents against payment）和承兑交单（documents against acceptance）两种。

3. 信用证

在国际贸易活动中,买卖双方可能互不信任。买方担心预付款后,卖方不按合同要求发货;卖方也担心在发货或提交货运单据后买方不付款。因此需要两家银行作为买卖双方的保证人,代为收款交单,以银行信用代替商业信用。银行在这一活动中所使用的工具就是信用证。

信用证是指银行根据进口人(买方)的请求,开给出口人(卖方)的一种保证承担支付货款责任的书面凭证。在信用证内,银行授权出口人在符合信用证所规定的条件下,以该行或其指定的银行为付款人,开具不得超过规定金额的汇票,并按规定随附装运单据,按期在指定地点收取货款。

信用证方式有三个特点:

一是信用证是一项自足文件（self-sufficient instrument）。信用证不依附于买卖合同,银行在审单时强调的是信用证与基础贸易相分离的书面形式上的认证。

二是信用证方式是纯单据业务（pure documentary transaction）。信用证是凭单付款,不以货物为准。只要单证相符,开证行就应无条件付款。

三是开证银行负首要付款责任（primary liabilities for payment）。信用证是一种银行信用,它是银行的一种担保文件,开证银行对支付有首要付款的责任。信用证业务流程如图 8-6 所示。

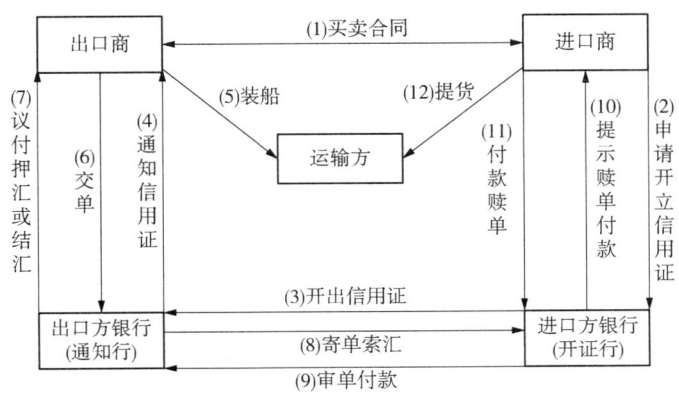

图 8-6　信用证业务流程

(二)新型跨境电商支付与结算方式

1. PayPal

1) PayPal 的介绍

PayPal(在中国大陆称为贝宝)是美国 eBay 公司的全资子公司,于 1998 年 12 月由 Peter Thiel 及 Max Levchin 创立,是一个总部在美国加利福尼亚州圣荷西市的因特网服务商。该公司允许在使用电子邮件标识身份的用户之间转移资金,避免了传统的邮寄支票或者汇款。PayPal 也和一些电子商务网站合作,成为它们的货款支付方式之一。但是用这种支付方式转账时,PayPal 会收取一定数额的手续费。2019 年,PayPal 入选"2019 福布斯全球数字经济 100 强",位列第 33 位。2019 年 10 月,PayPal 在 Interbrand 发布的全球品牌百强榜中排名第 72 位。2021 年 3 月 8 日,在线支付平台 PayPal 宣布,将收购数字加密货币安全存储技术公司 Curv,以加快和扩大其加密货币和数字资产的计划。

2) PayPal 的账户类型

PayPal 的账户类型如图 8-7 所示。

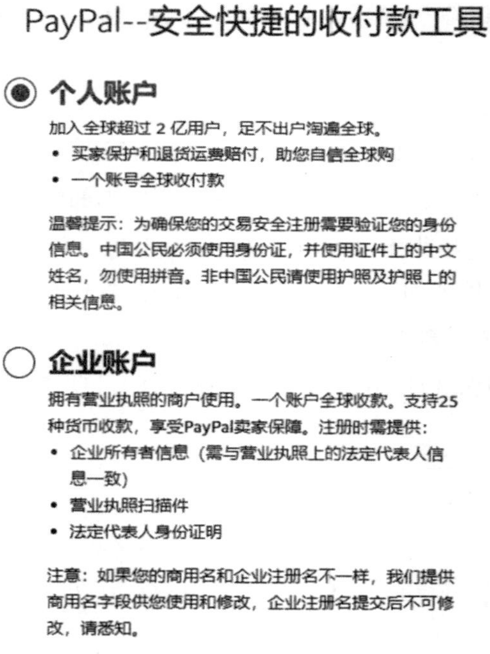

图 8-7 PayPal 的账户类型

3) PayPal 的支付流程

付款人通过 PayPal 欲支付一笔金额给商家或者收款人时,可以分为以下几个步骤:

第一步,只要有一个电子邮件地址,付款人就可以登录开设 PayPal 账户,通过验证成为其用户,并提供信用卡或者相关银行资料,增加账户金额,将一定数额的款项从其开户时登记的账户(例如信用卡)转移至 PayPal 账户下。

第二步,当付款人启动向第三人付款程序时,必须先进入 PayPal 账户,指定特定的汇出金额,并提供收款人的电子邮件账号给 PayPal。

第三步,接着 PayPal 向商家或者收款人发出电子邮件,通知其有等待领取或转账的款项。

第四步,如商家或者收款人也是 PayPal 用户,并决定接受后,付款人所指定之款项即移转予收款人。

第五步,若商家或者收款人没有 PayPal 账户,收款人得依照 PayPal 电子邮件内容指示,进入网页注册并取得一个 PayPal 账户,收款人可以选择将取得的款项转换成支票寄到指定的处所、转入其个人的信用卡账户或者转入另一个银行账户。

从以上流程可以看出,如果收款人已经是 PayPal 的用户,那么该笔款项就汇入他拥有的 PayPal 账户,若收款人没有 PayPal 账户,网站就会发出一封通知电子邮件,引导收款者至 PayPal 网站注册一个新的账户。

4)PayPal 的收款

PayPal 集全球流行的各种信用卡、借记卡、电子支票于一身,不采用传统的邮寄支票或汇票方式,而采用电子邮件为用户身份标志来转移资金。

当有人通过 PayPal 付款的时候,卖家会收到 PayPal 发来的提醒邮件。对于中国用户来说,第一笔收款需要到 PayPal 网站上进行手动确认接受,以便寄来的款项汇入用户的 PayPal 账户。

5)PayPal 的提现方式

用户可以将资金从其 PayPal 账户提取到用户的本地银行账户、中国香港地区银行账户或美国银行账户,也可选择向 PayPal 申请支票。

(1)本地银行账户(电汇银行):提现周期短,费用固定,建议用户在余额较多时一次性大额提取,可降低提现成本。

(2)中国香港地区银行账户:需要到中国香港地区办理银行账户,提现周期短,费用低。但对于客户群不是中国香港地区的卖家会有较高的汇率转换损失。

(3)美国银行账户:需要到美国办理银行账户,提现周期短,每笔交易收取 35 美金的手续费。因无法办理美国银行账户,不适合中国大陆用户。

(4)向 PayPal 申请支票:费用较低,但是提现周期很长,支票可能在邮寄过程中丢失。该方式适合小额提现且资金周转不紧张的用户。

6)PayPal 的优势

(1)PayPal 支付网络遍布全球。目前,PayPal 覆盖了 200 多个国家,接受 100 多种货币付款,是名副其实的国际支付服务商。对于出海的商家而言,接入了 PayPal 就相当于对接了全球 100 多种货币。而对于用户而言,拥有了 PayPal 账户就意味着拥有了在 200 多个国家购物和支付的能力。

（2）PayPal本地化支持。不同于一些国家或地区性支付产品，PayPal在全球范围内，针对不同国家或地区的语言、支付习惯和支付方式进行了调整和适应。一个中国的商户要出海，他不需要单独注册一个海外企业，也不需要去看英文网站，通过中文网站，绑定中国银行账户，即可完成交易。不同国家的用户也可使用本国货币，享受到舒适的支付体验。

（3）强大的支付资金安全能力。PayPal诞生至今已有二十多年，得益于长期深耕支付领域，PayPal对资金支付、资金流转和资金结汇都有着很完善的安全措施，构建了涵盖商户资质、账户信息审查、个人支付环境、支付流程、售后客服等全方位立体的安全保障体系。PayPal拥有丰富的防欺诈经验和措施，将欺诈控制率控制在 $0.30\%\sim0.31\%$，处于国际贸易中新型跨境电商支付与结算的最低水平。PayPal始终关注用户隐私，不将用户的个人信息透漏给第三方。

（4）PayPal对付款人比较友好。对于付款人，PayPal不收取任何费用。买家可以在付款后180天内，针对卖家产品提出"未收到物品"或"物品与描述不符"等争议事件，只要符合条件，PayPal都会为付款人提供全额赔偿。此外，只要付款人发起退款申请，该笔资金将立即被冻结，然后进行严格审查。

（5）PayPal在国外及跨境企业中使用最多。PayPal能即时到账，快速结算款项，也支持在境内外不同的PayPal账户之间进行转账。例如，企业的PayPal账户中有可用余额，且在海外有做推广的需求，那么就可以用PayPal转账方式迅速进行付款，提高了支付效率。

2. 西联汇款

1）西联汇款的定义

西联汇款是国际汇款公司（Western Union）的简称，是世界上领先的特快汇款公司，迄今已有150年的历史。它拥有全球最大最先进的电子汇兑金融网络，代理网点遍布全球近200个国家和地区。西联汇款是美国财富五百强之一的第一数据公司（FDC）的子公司。西联汇款分为现金即时汇款和直接到账汇款两类。现金即时汇款有三种方式：西联网点、网上银行和银联在线。

2）西联汇款的付款流程

（1）在网点填妥"西联汇款申请书"和"境外汇款申请书"。

（2）递交填妥的表格、汇款本金、汇款手续费及个人有效身份证件。可以持外币汇款，也可以以人民币购汇汇款。

（3）汇款完成后，汇款人会收到一张印有汇款监控号码（MTCN）的收据，汇款人须准确通知收款人汇款人姓名、汇款金额、汇款监控号码及发出汇款国家等信息。为确保汇款安全，勿将监控号码泄露给除收款人之外的其他人。

（4）数分钟后，收款人可于收款国家的代理西联汇款业务网点提取汇款。

（5）每笔汇出汇款都要填写"境外汇款申请书"进行国际收支申报。

3）西联汇款的收款流程

（1）确保汇款由境外已获授权的代理西联网点发出，并与汇款人核实汇款人姓名、汇款金额、汇款监控号码及发出汇款国家等信息。

（2）收到汇款人通知后，到就近代理西联汇款业务的银行网点兑付汇款。

（3）提交填妥的"收汇申请书"，出示有效身份证件。

（4）提取汇款及取回收据。

（5）境外个人的每笔汇款及境内个人等值 2 000 美元以上（不含）的汇款，还需填写"涉外收入申报单"进行国际收支申报。

4）签名并接收收据

在确认收据上的所有信息均无误之后，收款人需要签收一张收据。收据所打印的内容之一是汇款监控号码（MTCN），收款人可使用 MTCN 联机（在网上）跟踪汇款的状态。确认汇款已经到位后，收款人随时可以取款。在前往西联合作网点之前，收款人应确保汇款已经可以提取，可以直接联系汇款人确认，也可在网上跟踪汇款状态，还可以拨打中国地区热线进行咨询。

5）西联汇款的优缺点

优点是西联汇款安全，先收钱后发货，对商家最有利。缺点是西联汇款手续费按笔收取，对于小额收款手续费较高。对买方而言，先付款再收货容易造成损失。此外，西联汇款属于传统型的交易模式，不能很好地适应新型的国际市场。

3. 国际支付宝

1）国际支付宝介绍

国际支付宝（Escrow）是阿里巴巴与支付宝联合开发的一种第三方支付担保服务，旨在保护国际在线交易中买卖双方的交易安全，全称为 Escrow Service。

国际支付宝的服务模式与国内支付宝类似：交易过程中先由买家将货款打到国际支付宝账户中，然后国际支付宝通知卖家发货，买家收到商品后确认，之后国际支付宝将货款放给卖家，完成一笔网络交易。

2）国际支付宝账号申请

如果卖家已经拥有了国内支付宝账号，无须再另外申请国际支付宝账户。只要卖家是全球速卖通的用户，就可以直接登录"My Alibaba"后台（中国供应商会员）或"我的速卖通"后台（普通会员），管理收款账户，绑定国内的支付宝账户即可。如果卖家尚未注册国内支付宝账号，可以先登录支付宝网站申请国内的支付宝账号，再绑定即可。

绑定国内支付宝账户后，卖家就可以通过支付宝账户收取人民币。国际支付宝会按照买家支付当天的汇率将美金转换成人民币支付到卖家的国内支付宝或银行账户中。卖家还可以通过设置美金收款账户的方式来直接收取美金。

3）支付宝国际账户使用

支付宝国际账户（Alipay Account）是支付宝为从事跨境交易的国内卖家建立的资金

账户管理平台,包括交易的收款、退款、提现等主要功能。支付宝国际账户是多币种账户,包含美元账户和人民币账户。目前只有 AliExpress(速卖通)与阿里巴巴国际站会员才能使用。

国际支付宝系统上线后,提现功能较之前有了一些改变,用户提现不再限制在 100 笔交易金额之内,而是可根据自身需要对账户中的"可提现金额"做全部或者部分提现,大大降低了用户的提现成本。

4) 国际支付宝支持的产品交易类型及产品运输方式

目前,国际支付宝支持部分产品的小额批发、样品、小单、试单交易,每笔订单金额小于 10 000 美元(产品总价加运费的总额)。

国际支付宝支持 EMS、DHL、UPS、FedEx、TNT、SF、邮政航空包裹这 7 种国际运输方式。只要能够通过这 7 种运输方式发货的产品,都可以使用国际支付宝进行交易。国际支付宝暂时不支持海运。

5) 国际支付宝与国内支付宝(Alipay)的区别

国际支付宝的第三方担保服务是由阿里巴巴国际站同国内支付宝(Alipay)联合支持提供的。全球速卖通平台只是在买家端将国内支付宝(Alipay)改名为国际支付宝(Escrow)。在卖家端,全球速卖通平台依然沿用国际支付宝一词,只是国际支付宝相应的英文变成了"Escrow"。

在使用上,只要卖家有国内支付宝账号,无须再另外申请国际支付宝(Escrow)账号。登录"My Alibaba"后台(中国供应商会员)或"我的速卖通"后台(普通会员)之后,卖家可以绑定国内支付宝账号来收取货款。

6) 国际支付宝与 PayPal 的区别

国际支付宝与 PayPal 的区别如表 8-1 所示。

表 8-1　国际支付宝与 PayPal 的区别

对比项目	PayPal	国际支付宝
通用币种	具有全球性,通用货币有美元、加元、英镑、欧元、日元、澳元等,不收人民币	只能用人民币结算
买家或卖家保障	偏向于保护卖家,一旦买家付款,款项马上就能到卖家账户上	偏向于保护买家,只有买家点击"已收到货物"后,款项才会到卖家账户,以此抑制卖家的欺诈行为
会员设置	会员有不同的等级,根据等级享受不同的利益保障	会员没有等级划分
账号保护	账户投诉率过高会被永久性关闭	账户一般不会被轻易关闭
提现费用	账户上的资金在中国可以电汇到银行,但需要支付手续费	不收取转账手续费

7) 使用国际支付宝的优势

使用国际支付宝有很多显而易见的优势,具体如下。

（1）多种支付方式：支持信用卡、银行汇款等多种支付方式，后续将会有更多的支付方式接入进来。

（2）安全保障：先收款，后发货，全面保障卖家的交易安全。国际支付宝是一种第三方支付担保服务，而不是一种支付工具。它的风控体系可以保护买家在交易中免受信用卡盗卡欺诈，而且只有在国际支付宝收到了买家的货款后，才会通知卖家发货，这样可以避免在交易中使用其他支付方式导致的交易欺诈。

（3）方便快捷：线上支付，直接到账，足不出户即可完成交易。使用国际支付宝收款无须预存任何款项，速卖通会员只需绑定国内支付宝账号和美金银行账户就可以分别进行人民币和美金的收款。

（4）品牌优势：背靠阿里巴巴和支付宝两大品牌，海外潜力巨大。

4．连连支付

（1）连连支付的介绍。连连银通电子支付有限公司（简称"连连支付"）是专业的第三方支付机构，是中国领先的行业支付解决方案提供商。连连支付在欧洲、美洲、亚洲的多个国家地区设立海外持牌金融公司，与全球众多知名金融机构及电商平台达成合作，成功对接国内 11 个电子口岸，支持全球 16 个主流结算币种，逐步建立、完善了全球跨境支付服务网络。

连连支付致力于创建"更简单的跨境支付"事业。凭借强大的合规安全实力与高效灵活的全球支付网络，连连支付目前已支持全球数十家电商平台，覆盖全球超过 100 个国家和地区，成为超过 50 万跨境卖家信任的一站式跨境支付平台。

（2）连连跨境收款。连连跨境收款是连连支付为中国跨境电商卖家量身打造的一款创新型支付解决方案，旨在解决跨境电商用户境外收款账户获取难、多主体多店铺资金管理复杂、提现到账速度慢等问题，帮助卖家高效、灵活、便捷地管理平台的销售回款。

（3）连连支付的优点。①急速提现，高效的全球资金网络，提现实时到账。②汇率无损，锁定中国人民银行实时汇率，真正的零汇损。③资金安全，银行级别的安全，为资金保驾护航。

5．Qiwi wallet

Qiwi wallet 是俄罗斯最大的第三方支付工具，其服务类似于支付宝。Qiwi wallet 电子支付系统于 2007 年年底在俄罗斯推出。该系统使客户能够快速、方便地在线支付水电费、手机话费、上网费用、网上购物采购以及银行贷款等。

6．WebMoney

WebMoney 是由 WebMoney Transfer Techology（WM）公司开发的一种在线电子商务支付系统。WebMoney Transfer 技术是基于提供所有用户独特的接口，它允许经营和控制个人资产，并将其储存在专门的实体——保人。

其支付系统可以在包括中国在内的全球 70 个国家和地区使用，在俄语系国家、日本、欧美国家都有相当的使用人群。尤其在俄语系国家，它是三大在线支付工具之一（另外两个是 Yandex Wallet 和 Qiwi wallet）。WebMoney 是俄罗斯最主流的电子支付方式，用户在俄罗斯各大银行均可自主充值取款。

7. ClickandBuy

ClickandBuy 是独立的第三方支付公司,该付款方式在俄罗斯、中东、北非等国家可以使用。在收到 ClickandBuy 的汇款确认后,款项会在 3~4 个工作日内存入到客户的账户中。每次最低额度 100 美元,每天最高额度 10 000 美元。如果客户选择通过 ClickandBuy 汇款,则可以通过 ClickandBuy 提款。

8. Paysafecard

Paysafecard 是一家网上领先的预付支付卡金融机构。作为欧洲广泛使用的在线支付方式之一,Paysafecard 以其高安全性和便捷性而受到用户的青睐。使用 Paysafecard 时,用户无需填写任何个人信息或银行卡详细情况,这确保了用户的隐私安全。用户只需输入一个 16 位的 PIN 码,即可完成交易。支付款项会从 Paysafecard 账户中扣除,而终端客户可以随时查询账户的余额。

9. CashU

CashU 自 2002 年起隶属于阿拉伯门户网站 Maktoob(Yahoo 于 2009 年完成对 Maktoob 的收购),主要用于支付在线游戏、VoIP 技术、电信、IT 服务和外汇交易。CashU 允许你使用任何货币进行支付,但该账户将始终以美元显示你的资金。CashU 现已为中东和独联体广大网民所使用,是中东和北非地区运用最广泛的电子支付方式之一。

10. LiqPAY

LiqPAY 是一个小额支付系统,它对最低金额和支付交易的数量没有限制并能够立即执行。需要进行付款时,LiqPAY 使用客户的移动电话号码作为其标识。一次性付款不超过 2 500 美元,可以在一天内尽可能多地交易。LiqPAY 的账户存款是美元,如果存入另一种货币,将会根据 LiqPAY 内部汇率折算。

11. NETeller

NETeller(在线支付或电子钱包)是提供在线支付解决方案的领头羊。它可以免费开通,全世界数以百万计的会员选择 NETeller 的网上转账服务。你可以把它理解成一种电子钱包或者一种支付工具。

12. PingPong

PingPong 隶属于杭州呼嘭智能技术有限公司,是中国本土的跨多区域收款品牌,致力于为中国跨境电商卖家提供低成本的海外收款服务。PingPong 跨境收款最快 2 小时即可提现到账。PingPong 还为客户提供更多本地化的增值服务,收款币种有美元、英镑、欧元、日元、澳元、加元。

第三节 跨境支付与结算的现状及前景

在经济全球化、信息共享型的大背景下,跨境电子商务在全球化进程中迅猛发展,中国在这一领域的发展也不例外。为了满足不断增加的跨境电商市场需求,多种支付方式开始出现,但同时也带来了许多的问题,其中以第三方支付为主。

一、我国跨境支付与结算的现状

1. 交易体量快速增长

中国出口跨境电商规模、出国留学生规模、中国境外游旅客规模的快速增长,为跨境支付市场持续稳定的增长提供了动力。中国人民银行发布2022年支付体系报告,报告显示人民币跨境支付系统业务量保持增长。2022年,人民币跨境支付系统处理业务440.04万笔,金额96.70万亿元,同比分别增长31.68%和21.48%。日均处理业务1.77万笔,金额3 883.38亿元。

2. 政策鼓励行业发展

当前,随着我国跨境电商的高速发展,跨境支付行业也进入了新的发展阶段。一方面,监管层也逐渐放开了行业的市场准入;另一方面,主导跨境支付城市试点方案落地实施。

3. 第三方支付推动跨境支付体系多元化发展

随着互联网的发展,特别是移动互联网的发展,支付组织、支付介质、支付渠道、支付账户形式以及支付模式等都发生了很大的变化。第三方跨境支付机构大量涌现,现金的使用量逐渐减少,电子票据逐渐取代纸制票据,银行卡成为主要的支付工具,无卡支付正蓬勃发展,手机银行、电话银行和微信银行等新兴支付渠道不断涌现,支付账户从传统的银行账户发展到第三方支付账户,中国现代化支付体系呈现多元化、多样化、多层次的发展态势。

4. 跨境支付步入高速发展期

中国现代跨境支付业务的发展正式起源于2007年,2007年9月,国家外汇管理局允许支付宝办理境外收单业务。国内跨境支付业务正式起步。2013年外汇管理局在北京等5个地区启动支付机构跨境外汇支付试点,2013年,央行正式下发《关于开展跨境电子商务外汇支付业务试点的批复》。批准17家第三方支付机构开展跨境电子商务外汇支付业务试点,跨境电子商务外汇支付业务试点正式开始。2014—2019年,随着中国第三方支付的蓬勃发展,中国跨境支付市场进入启动期,业务量的增加和技术的发展推动行业持续发展。2020年,我国跨境支付行业野蛮发展结束,逐渐步入高速发展期。

5. 获得跨境支付牌照企业名单

目前,整个跨境支付分为前、中、后端三个部分。前端主要职责是收单,对应的机构有PayPal,Visa,Mastercard等授权的第三方收单机构;中端主要职责是分发,对应机构主要是PayPal,WorldFirst和Payoneer;后端主要职责是结汇和发单子,对应的机构主要是外管局批准的第三方支付机构和央行批准的跨境人民币支付机构。

二、跨境电商支付存在的问题

虽然跨境电商在我国已经取得了突飞猛进的发展,但同时也暴露出了许多的问题,尤其是在支付问题方面遭遇到的重重阻碍。由于国家法律的不健全,以及互联网监管的不到位,导致一些不法分子钻空,为我国跨境电子商务蒙上了一层阴影。

1. 监管力度不够

在我国目前的跨境零售模式下,一般是由电商平台来替代个人向通关服务平台发起报关数据,这就会出现海关的监管制度体系不明确的现象。此外,还出现了报关数据和实际物品不一致的情况,这充分说明了我国跨境电商的监管制定体系主体的不明确,进而会给海关的监管及推动下一步的发展带来很大的阻力。我国在跨境电商退换货环节会遭遇跨境通关和跨区域物流难题,这使得退换货难有一个顺畅的通道返回,甚至会导致各项成本增加。

绝大部分跨境支付的过程是通过网络来进行的,但是由于网络的虚拟性并不能产生纸质合同资料等,所以交易记录可以伪造,易造成证据的失真。相应的监管部门想要进行账单查询,在审核过程中很难发现问题或找到真相。由于进出口贸易数据比较大,配送的方式各有不同,交易方式也并不统一,所以统计难度很大。

2. 支付系统不完善

由于我国外汇监管、税收等配套制度的不完善,我国跨境电商缺乏健全的网上支付系统。目前我国跨境电商一般都通过第三方支付机构来实现结算,如支付宝、易宝支付以及京东网银等。但是由于第三方支付存在通关、退税等复杂的跨境业务问题,从而制约了相关企业跨境支付的开展。目前,我国国内金融机构和支付企业国际化程度较低,国际影响力小,服务能力不足,尚未被海外电子商务企业、买家普遍接受。

3. 法律体系不完善

虽然我国已经在跨境行业有了比较明确的法律法规支撑,但是在很多细节之处还是未能顾及,特别是在跨境支付方面缺少相关的规定。从当前跨境电商的法律问题看,最突出的是涉及商品质量的监督和维权问题,由于法律体系不健全往往导致跨境消费者权益保护不足,一些网络欺诈、假冒伪劣的交易行为极大损害了消费者的跨境消费权益,严重影响了我国跨境电商的声誉。

4. 平台支付安全问题

跨境电商的网站很多,如有不慎会遇到某些钓鱼网站,出现消费者付了款却收不到货、银行卡被盗刷、个人信息被盗用等问题。跨境电商的环节要比传统的电子商务更复杂一些,各国有关支付的法律都是不同的,所以卖家一定要对当地国的法律法规有充分了解。

二维码 8-2
跨境支付风险
政策解析及
风险防范

三、跨境电商支付前景

跨境电商的迅速发展需要跨境支付的支持,跨境支付市场无疑将成为支付领域新的增长点。未来,跨境支付行业或将呈现以下四大趋势。

1. 更趋于合规、安全

无论是中国境内还是海外各国政府对于跨境支付行业的监管都会更趋合规。为了以不变应万变,出口电商也会倾向于找到持有当地执照的支付机构合作,以此保证其业务及资金的安全性。

2. 利用新技术提升效率

正如跨境电商行业的发展离不开互联网技术的发展,新技术在支付领域的应用也促成跨境支付手段的不断更新。尽管人工智能目前的创造力还是有限的,但它在处理重复性工作上的能力是可以无限放大的。

今后,跨境支付行业也将依托区块链、人工智能等新技术的应用,大大提升效率,进而将整个跨境交易的底层结构打造得更快速、更稳定。

3. 控制成本,扩充业务量

尽管近两年国内涌现不少跨境第三方支付公司,但由于跨境交易的复杂性,支付企业在处理包括合规、产品、技术、营销等运营问题时,整个公司运营成本会非常庞大。

因此,若想要把市场做大,跨境支付企业需要努力降低运营成本,提升客户体验感。当成本控制在合理范围之内,公司的业务规模或可以成倍增长。

4. 顺势而为,不断创新

第三方支付企业为何近些年来会如此快速增长,正是因为传统银行在处理跨境业务上存在繁琐的程序,才让第三方支付察觉到了巨大的市场需求。

 延伸阅读 8-1

主流跨境电商平台都支持哪些支付方式

由于每个国家的用户支付习惯不一样,所以多一种外贸收款工具为用户提供多种支付选择,也许是获得新客户信任及吸引新客户最简单而有效的一种方式。

下面为大家介绍一下主流跨境电商平台的跨境收款解决方案。

(一)亚马逊海外购(http://amazon.cn)

亚马逊海外购订单目前支持信用卡、借记卡(储蓄卡)、支付宝和微信支付四种付款方式,暂不支持礼品卡支付。

(二)eBay(http://ebay.com)

电商巨头 eBay 在 2018 年 2 月 1 日宣布,将以 Adyen 作为其主要支付提供商取代 PayPal。eBay 宣布与欧洲支付公司 Adyen 达成合作,原因可能为以下三种:

1. 为平台商家"降低成本"
2. 为用户提升支付体验

使用 PayPal,用户必须注册一个 PayPal 账户;而使用 Adyen,用户无须重新注册账户。

3. 为用户提供更多支付选择

Adyen 是全球在线支付提供商,不仅支持信用卡,还可以支持全球多个国家的本地支付。

(三)速卖通(http://Aliexpress.com)

速卖通是阿里巴巴旗下面向全球用户的跨境 B2C 电商网站,拥有超过 1 亿用户,覆盖全球 200 多个国家和地区。目前,主要支持的支付方式有:

1. VISA、MasterCard 国际信用卡
2. 俄罗斯 Qiwi、WebMoney,以及印尼 DOKU 钱包
3. 德国 Sofortbanking、Giropay,以及波兰 Przelewy24 网银转账
4. 巴西 Boleto 等账单支付

(四)敦煌网

2012 年 8 月 6 日,敦煌网官方发布公告,宣布和 PayPal 将结束业务合作关系,之后将不再使用 PayPal 的支付方式。

敦煌网为全球买家提供安全、有效、多样化的在线支付方式。目前主要提供 VISA、MasterCard 信用卡、西联支付、Moneybookers、Bank Transfer 等国际化支付方式。

另外,本地化支付方式包括新加坡的 eNETS、英国的 Maestro、法国的 Carte Bleue、德国的 Sofortbanking 和 Giropay、俄罗斯的 WebMoney、巴西的 Boleto、荷兰的 iDeal、澳大利亚的 Bpay 等近 30 种。这些支付方式可以很好地覆盖并服务全世界的买家。

(五)环球易购(http://gearbest.com)

环球易购创建于 2007 年,是一家专业的跨境电子商务企业,总部位于深圳市南山区。现在职员工 3 000 多人,客户遍及全球 200 多个国家。

环球易购用户主要来自巴西、西班牙、美国、德国、意大利等国家。目前,官方主要支持 PayPal、VISA、MasterCard、JCB 等国际信用卡,还有德国的 Sofort、荷兰的 iDEAL、墨西哥的便利店支付 OXXO 等。这些都是海外当地比较主流的在线支付方式。

(六)棒谷(http://banggood.com)

广州棒谷网络科技有限公司(guangzhou banggood netWork technology co.,LTD)成立于 2009 年,是服务型公司,专业服务于所有的 B2C 外贸公司。

本 章 小 结

1. 支付结算是指单位、个人在社会经济活动中使用现金、票据(包括支票、本票、汇票)、银行卡、汇兑、托收承付、委托收款等结算方式进行货币给付以及资金清算的行为,其主要功能是完成资金从一方当事人向另一方当事人的转移。

2. 第三方支付是指具备一定实力和信誉保障的独立机构,通过与银联或网联对接而促成交易双方进行交易的网络支付模式。以"支付宝"为代表的第三方支付是在银行监管下保障交易双方利益的独立机构,是买卖双方在交易过程中的资金"中间平台"。

3. 跨境支付与结算指两个或两个以上国家或地区之间因国际贸易、国际投资及其他方面所发生的国际债权债务借助一定的结算工具和支付系统实现资金跨国和跨地区转移的行为。

4. 跨境支付与结算方式可以分为传统跨境电商支付与结算方式和新型跨境电商支付与结算方式两种。传统跨境电商支付与结算方式主要包括汇付、托收、信用证。新型跨境电商支付与结算方式主要包括 PayPal、Western Union、国际支付宝、连连支付等。

5. 我国跨境支付与结算的现状包括交易体量快速增长、政策鼓励行业发展、第三方支付推动跨境支付体系多元化发展、跨境支付牌照合规化。

课后习题

一、单选题

1. 新型跨境电商支付与结算方式不包括(　　)。
   A. PayPal　　　　　B. 信用证　　　　　C. 西联汇款　　　　D. 国际支付宝
2. 中国首家获得欧洲支付牌照的新一代金融科技公司是(　　)。
   A. 练练支付　　　　B. PingPong　　　　C. WordFirst　　　　D. Payoneer
3. Qiwi wallet 是(　　)最大的第三方支付工具。
   A. 美国　　　　　　B. 英国　　　　　　C. 德国　　　　　　D. 俄罗斯

二、多选题

1. 传统跨境电商支付与结算方式主要包括(　　)。
   A. 汇收　　　　　　B. 托收　　　　　　C. 信用证　　　　　D. 借记卡
2. 托收涉及的当事人有(　　)。
   A. 委托人　　　　　B. 付款人　　　　　C. 托收行　　　　　D. 代收行
3. 使用国际支付宝的优势包括(　　)。
   A. 极速提现　　　　B. 安全保障　　　　C. 方便快捷　　　　D. 品牌优势

三、判断题

1. 狭义的支付结算包括现金结算和银行转账结算。　　　　　　　　　　(　　)
2. 第三方支付能有效降低商家和银行的成本。　　　　　　　　　　　　(　　)
3. 信汇是以电报或电传作为结算工具。　　　　　　　　　　　　　　　(　　)

四、简答题

1. 什么是支付与结算?支付与结算的特征有哪些?
2. 简述第三方支付的定义、流程、优缺点。
3. 常用的汇款方式有哪些?它们之间有何区别?

第九章 跨境电商客服

 学习目标

知识目标
- 了解客户服务人员的职能及合格客服应具备的技能
- 理解跨境电商客服工作的思路
- 掌握跨境电商客服沟通技巧
- 了解客户互动平台的种类

能力目标
- 能够阐述合格的客服人员应具备的技巧
- 能够概括常见问题的回复要点
- 能够描述客户关系的重要性

 关键概念

客户服务　客户分类　RFM 模型　客户关系

本章框架图

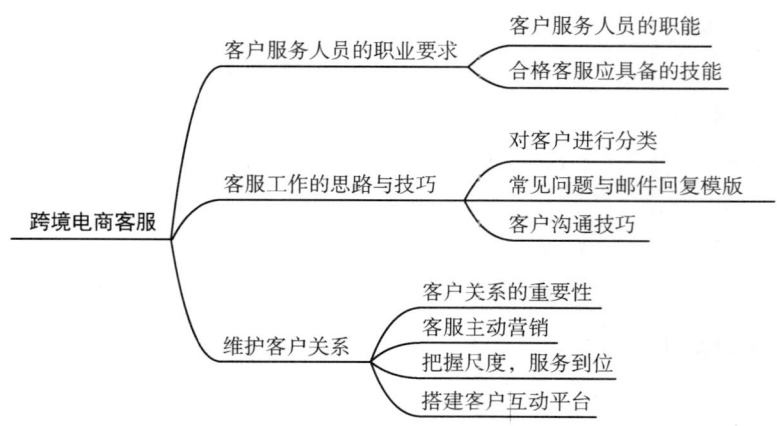

客户服务能力是网店的一种"软实力"。优质的客户服务能为店铺吸引更多的回头客，降低营销成本。作为一名优秀的跨境电商客服，需要以专业、热情的态度与服务提升

买家的满意度。此外,还需掌握沟通技巧,并能有效地处理纠纷或买家拒付的情况。

第一节　客户服务人员的职业要求

客户服务的好坏会直接影响买家的复购率。客户服务是一种服务理念,其核心思想是将客户作为最重要的资源,通过完善的客户服务和深入的客户分析来满足客户的需求、保证实现客户的终身价值。对于速卖通卖家来说,清晰地认识跨境电商客户服务的工作范畴是做好客户服务的关键。无论是经营者还是管理者,都应该清楚跨境电商客户服务和客户服务人员所需的技能。

一、客户服务人员的职能

跨境电商客户服务(简称客服)的工作范围包括四个主要方面:解答客户的咨询、处理商品售后问题、促进商品销售,以及监控和管理运营。

(一)解答客户的咨询

从商业的本质上来讲,跨境电商是零售业的分支。基于零售行业的特点,卖家必然会面临买家提出的各种关于商品和服务的问题。因此,客服人员要解答的咨询主要包括以下两类。

1. 解答关于商品的问题

从整体上来说,中国跨境电商行业的商品具有自身特点,主要表现在以下方面。

(1)商品种类繁多。从早期的3C商品、玩具到后期卖家们集中发力的服装、服饰、家具用品、运动用品,中国跨境电商涉及的商品品类不断丰富,常见的日常消费用品基本被覆盖在内。

与国内电商单个店铺往往只销售一至两个专业品类不同,跨境电商的国外买家对"店铺"没有强烈的概念认知。早期的电商平台只是松散的"商品链接",并没有店铺的概念。因此,在跨境电商中,同一个卖家经营的商品往往会涉及多个品类、多个行业,这就使跨境电商客服的工作更加复杂。

(2)国内外商品规格存在较大差异。以服装尺码来说,存在国内尺码、美国尺码和欧洲尺码的区别;又如,电子设备的标规问题,美国、欧洲、日本电器的电压均与国内标规存在差异,即使是一个简单的电源插头,各国的标规也存在诸多差异。从中国卖出去的电器能适用于澳大利亚的电源插座,但到了英国也许就不能使用。

因此,跨境电商客服在解决客户关于商品的问题时就会面临比较复杂的情况,而不管问题多么复杂,客服人员都应该为客户提供完美的解答和可行的解决方案,这也增加了跨境电商卖家对客服人员培训的难度。

2. 解答关于商品服务的问题

服务实现更加复杂是跨境电商行业的另一个特点。当跨境电商卖家面临国际物流运输、海关申报清关、运输时间及商品的安全性等问题时,其处理过程更加复杂。而当国外客户收到商品后,他们在使用商品的过程中遇到问题也需要客服人员提供优质的售后服务及有效的解决方案。优质的客服服务可以降低售后服务成本,为客户提供良好的购物体验。

(二) 处理商品售后问题

在跨境电商交易中,通常情况下客户在下单之前很少与卖家进行沟通,这就是业内通常所说的"静默下单"。卖家要做的是在商品描述页上借助文字、图片、视频等对商品进行详细、透彻的介绍,并说明能够提供的售前、售后服务。这些内容都构成了卖家向买家做出的不可改变、不可撤销的承诺。

在国内电子商务交易中,大多数买家在下单前都会与客服人员进行沟通,咨询商品库存、是否可以提供折扣或赠品等问题。而在跨境电商交易中,买家往往是静默下单,即时付款,这也就减少了卖家的工作量。

在跨境电商交易中,当买家联系卖家时,往往是因为商品或物流运输出现了问题,或者其他服务方面出现了重大问题,而这些问题买家无法自行解决,这就导致了一个问题:在跨境电商交易中,一旦买家联系客服,通常是买家投诉。

据统计发现,许多卖家每天收到的邮件中,有70%左右都是关于商品和服务的投诉,也就是说,跨境电商客服人员最主要的日常工作就是解决各种售后问题。

(三) 促进商品销售

在跨境电商交易中,如果客服人员能充分发挥主动性,主动促成订单交易,就能为企业和团队带来巨大的销售。速卖通在成立之初的定位是"面向欧美市场的小额批发网站",但随着其不断发展,已经逐渐成长为一个完善的跨境电商B2C零售平台,订单以面向俄罗斯、巴西等欧美国家和地区的零售型商品为主。不可否认的是,仍然有不少国外买家习惯在跨境电商平台上寻找种类多样、质优价廉的中国商品,也就是说,现在跨境电商交易中小额的国外批发采购客户仍然占有不小的比例。

这些买家的购物模式通常是先挑选几个中国店铺采购小额的样品,待确认样品的质量、款式及卖家的服务水平之后,才会尝试发出单笔大额订单,随后逐渐与中国卖家发展为稳定的"采购-批发供应"关系。而这些买家与中国卖家的接触往往是通过客服进行的,所以,优秀的客服人员需要具备营销意识和营销技巧,能将零散买家中的潜在批发买家发展为实际、稳定的长期客户,这就是客服人员促进商品销售的职能。

(四) 监控管理运营

由于跨境电商具有跨国交易、订单零碎的特点,因此在商品的开发、采购、包装、仓储、物流、海关清关等环节容易出现混乱的情况;尤其是在环节众多时,如果出现问题后企业和团队无法确认责任到位,更容易导致问题进一步恶化。如果企业和团队中存在的缺陷长期无法被发现并得到有效的解决,它将会随时给团队带来损失。因此,一个企业和团队必须建立一套完整的问题发现和解决机制,以便在出现问题之后及时、有效地进行处理。

在跨境电商交易中,客服就适合充当发现问题的角色。客服人员不一定要直接参与团队的管理,但他们能够直接接触到广大客户,通过聆听客户提出的问题,可以最先发现企业和团队中的问题。

因此,跨境电商客服人员必须发挥监控管理运营的职能,定期将客户提出的问题进行分类总结,并及时向销售、采购、仓储、物流等环节的主要负责人反馈,为这些部门的决策者进行岗位调整和工作流程优化提供第一手的重要参考依据。

二、合格客服应具备的技能

在跨境电商交易过程中,客服人员发挥着举足轻重的作用,对交易的圆满完成有着至关重要的影响。一名合格的客服人员要具备以下几项必要的职业技能。

(一)熟悉行业和商品知识

客服人员必须要对自己所经营的整个行业和商品有足够的了解。无论是商品的用途、材质、尺寸,还是使用注意事项,都是客服人员必须了解并熟记于心的。此外,客服人员要对不同国家和地区对商品规格的不同规定有清晰的认知,在面对国内外服装尺码存在巨大差异的情况下,能够给国外买家推荐合适尺寸的服装;在面对国内外电器类商品的电压、电流、插头等不同规格的情况下,可以为国外买家推荐能够正常使用的电器。

(二)充分了解跨境电商平台的相关交易规则

客服人员要充分了解各个跨境电商平台的交易规则,不可违背原则进行操作。只有相当熟悉各个平台的交易规则,才能在面对各种情况时做到镇定自若、按部就班,妥善地解决问题,使交易有条不紊地进行。

此外,客服人员还要在不违背相关交易规则的前提下,熟练掌握各种交易操作,包括修改商品价格、付款流程、修改评价、关闭交易、申请退款等。

(三)透彻掌握跨境电商交易各个环节的运作流程

客服人员要充分了解跨境电商交易中商品开发、物流方式、海关清关政策等各个环节的运作流程,以便在买家提出疑问时能够及时准确地解答,进而促成客户下单。

(四)处理问题时妥善控制损失的能力

无论在何种商业模式下,当出现投诉时,经营者必须采取合适的方案来解决,而这些处理方案往往会产生一些售后成本。

在国内电商交易中,商品出现问题后一般采取退货或换货的方式来处理,其售后成本主要是运费,卖家和买家可以协商决定由谁来承担。但是,在跨境电商交易中,距离远、运输周期长、运输成本高,退货或换货往往会产生高昂的运费,有时退货运费甚至会高于商品本身的价值。在这种情况下,卖家和买家都不愿意承担高额的退货运费,这使得退货或换货的解决方式不再适用。

由此可见,跨境电商的售后处理方式与国内电商的售后处理方式完全不同,而在这些处理方式中,卖家需要承担的成本也不同。而客服人员在处理售后问题时,需要灵活运用各种处理方案,以最大程度地满足客户需求并保障卖家利益。

(五) 发现潜在大客户的敏锐性

客服在促进商品销售方面扮演着重要的角色,因此需要具备发现潜在大客户的敏锐性。虽然这项技能需要时间和经验积累,但有一些技巧可供参考。例如,与普通客户相比,潜在的批发客户更加关注卖家的商品种类丰富度、商品线的备货供应情况以及大宗购买是否能够享受折扣等方面。

简单来说,批发客户在与中国卖家的合作中重视的是是否能够获得最大利润空间,以及是否有丰富、稳定的商品供应。因此,供货稳定、批发折扣力度大、运输方案灵活的卖家更容易获得批发客户的青睐。依据这样的思路,客服人员可以在与客户沟通交流的过程中不断观察和总结,培养自己发现潜在大客户的敏锐性。

(六) 了解商品交易的成本预算

客服被赋予促进订单成交的职能后,在某种情况下,他们就相当于业务人员。因此,在传统外贸"询盘—报价"的模式中,客服人员也会遇到物流成本、商品成本计算等问题,这就需要客服人员充分掌握企业所经营商品的成本状况、运输方式的选择,以及各项费用的计算等技能。

(七) 了解各种付款、物流方式及流程

客服人员要对各种跨境支付方式有一定程度的了解,清楚相关的付款流程。一旦客户在付款环节出现问题,客服人员需要能够正确地引导客户解决问题。

为了能够及时地将商品运送到买家手中,卖家与物流公司合作至关重要。对于业务量比较大的卖家来说,他们一般情况下不会只和一家物流公司合作,因为不同的物流公司有着不同的特点和优势,不同的买家也有不同的需求,这就需要卖家与多家物流公司合作。

在物流方面,客服人员的主要任务就是了解常用的几家物流公司的优缺点,根据不同情况选择不同的物流。另外,还要了解不同的物流方式在速度上的区别,以及物流信息的查询方法。建议准备一份不同物流公司的联系方式,以便在最短的时间内联系到不同物流公司的相关人员。

为了有效应对可能发生的意外情况,除了以上准备工作,客服人员还应对各类物流方式包裹的撤回、地址更改、状态查询、保价、问题件退回、索赔处理等流程有所了解,以保证发生意外情况时能在第一时间做出反应,将卖家和买家的损失降到最低。

(八) 及时发现问题并向上反映的能力

客服承担着监控管理运营的职能。在发现与反馈问题上,不能简单地理解为一事一报,而应该有一套完整的"发现—统计—反馈"问题的制度。客服人员通过客户的投诉发现问题,并将各类问题进行分类,明确问题涉及的具体部门,同时统计所涉及的损失。在具体操作时,可以通过创建表格将遇到的问题分门别类地进行数据统计,包括日期、订单号、问题描述、处理办法、涉及费用、涉及部门等。这样的问题统计表可以帮助管理者对问题进行筛选与总结,并寻找解决管理漏洞的方法,如表9-1所示。

表9-1 问题统计表

序号	A	B	C	D	E	F
1	日期(月-日)	订单号	问题描述	处理办法	涉及费用	涉及部门
2	8.9	×××××	颜色发错	退款	商品费用	仓储部
3	9.10	×××××	尺码发错	重发	运费	仓储部
4	10.11	×××××	地址发错	重发	运费	仓储部

(九) 与其他部门协调沟通的能力

无论是对问题分类统计向上级汇报,还是与问题涉及部门进行沟通,客服人员都扮演着重要的"交易信息提供者"角色。客服人员要具备与其他部门协调沟通的能力。同时,管理者也应该对客服人员进行培训,帮助他们处理好与各部门沟通的问题,并让其他部门的工作人员意识到客服人员所反馈的问题对整个团队健康发展的重要性。

第二节 客服工作的思路与技巧

客服面对客户的不同问题,如果没有正确而统一的思路与技巧,不但无法解决客户的问题,还可能使问题放大。那么,客服就需要在开展工作之前对客户特征有所了解,同时对常见问题进行总结,掌握基本的思路与技巧,在实践中不断改进与积累经验。

解决客户提出的问题需要正确的思路与技巧。客服必须熟练掌握这些技巧,并在处理过程中做到随机应变,对客户进行分类。具体的技巧包括:向客户提供专业服务,做谈判的主导,控制客户对事件的认知与情绪,解决方案由卖家积极提供、让买家有选择,坚持主动承担责任,第三方承担错误。

一、对客户进行分类

对客户进行分类是一种科学的分析方法,它把客户分成不同的客户群体,在每个客户群中,客户的需求或其他相关因素非常相似。同时,每个客户群中的客户对于一些市场营销手段的反应也非常相似,这样卖家就可以针对不同客户群体采取相应的市场营销策略,提供符合这个客户分类群的商品或服务。这样更可以使卖家为不同客户群体提供差异化的商品和服务,大大提高营销效率。更重要的是,这种对客户的细分能力可以成为卖家的核心竞争力,使店铺在激烈的市场竞争中立于不败之地。

客服人员与客户接触最紧密,可以收集与客户相关的一手资料。因此,在进行客服工作时,最首要的工作就是对客户进行分类,从而针对不同类型的客户提供有针对性的服务。根据电商平台客户的特点,客服人员可以对客户进行以下分类。

(一)客户属性分类方法

与传统贸易相比,每个客户拍下订单都会有信息记录,包括拍下的时间、联系方式、购买的商品和价格、发货方式等。通常,客服人员可按客户的社会属性、行为属性和价值属性对客户进行分类。这种分类方法将具有相似属性的客户归入一类,将自身商品和店铺定位根据客户作相应调整。

1. 社会属性

社会属性的差异主要源于地理位置的差异。地理位置是跨境电商与国内电商非常明显的区别,不同的国家拥有不同的文化背景和消费需求。在订单批量导出后,客服人员可以以客户地址为基准,按照国家分类,直观地得出自身店铺的主要客户群体的地区分布情况。举例来说,某种运动鞋在美国买家中的销量可能很高,而在巴西买家中的表现并不理想。在这种情况下,我们可以分析原因并针对该商品进行调整,或者在针对巴西买家的页面上提供更详细的产品介绍以满足其需求。

2. 行为属性

每位客户的消费行为不尽相同,体现出的消费方式也不同。大部分客户喜欢购买打折商品和享受免运费服务,但也有些客户偏向选择高价的同类商品,或者优先选择快递服务。很多客户在没有特殊情况时,都会给予商品好评,但也存在容易给中差评或申请纠纷仲裁的客户。店铺在维护客户的过程中,需要根据客户的特点采取不同的处理方式。选择高价的同类商品和选择快递方式的客户往往注重的是商品质量和服务的体验,这也是大多数卖家期望的。对于那些容易给中差评或申请纠纷仲裁的客户,建议卖家不要轻易采取"列入黑名单"的方式来解决,而是诚恳地与客户沟通,了解客户真正的需求,以便之后为其他客户提供更愉快的购物体验。当然,对于动机不纯的专业诈骗者以及恶意的同行竞争者,则需要采取特殊的处理方式。

3. 价值属性

在跨境电商平台交易过程中,平台有严格的卖家等级制度,同时也规范了买家等级。买家等级制度依据买家的购买行为、成交金额以及评价情况等因素综合评定,如积分、VIP 等级等。店铺对买家的积分等级有了充分认识后,就能很快给客户打上标签。

(二)RFM 模型分类方法

客户分类是为了方便卖家对买家的管理,差异化地对待客户,更有针对性地向客户营销。在众多客户细分模型中,RFM模型是在客户关系管理中被广泛应用的,也是非常直观简洁的工具。其主要思想是通过客户近期的购买行为、消费频率和消费金额比值三个指标来描述客户的价值状态。

R(Recency)指客户上一次在店铺成交的时间和成交的商品。理论上,客户购买的时间越近,对店铺的记忆程度越高。因此,对这些客户提供相应的引导和服务,有望获得积极回应。

F(Frequency)指客户的消费频率,即在单位时间内的消费次数。消费次数越多,说明客户的满意度越高。通过始终保持优质的服务和商品,可以提高客户的黏性和忠诚度。

M(Monetary)指客户消费金额比值,即消费总额与平均消费额的比值。当店铺成长到一定阶段后,有限的资源使得其无法及时对所有的客户进行维护,因此店铺80%的利润往往来自20%的客户。店铺应当花80%的精力去维护那20%的客户,从而获得高效益。

二、常见问题与邮件回复模板

客服人员在回复客户提出的问题时,有一些固定的回复模板。以下将从售前、售中及售后三方面介绍邮件回复模板。但是,客服人员并不可以完全照搬这些模板,需要在了解客户的真实需求后,对模板进行调整,做出具有针对性的个性化回复。

(一) 售前

(1) 买家光顾店铺,并询问商品信息时,可作如下回复:

> Hello, my dear friend. Thank you for visiting my store. You can find the products you need from my store. If there is not anything you need, please tell us, and we can help you to find the source. Please feel free to buy anything! Thanks again.

二维码9-1
跨境电子商务
客服工作流程

(2) 库存不多,买家催促下单时,可作如下回复:

> Dear X,
>
> Thank you for your inquiry.
>
> Yes, we have this item in stock. How many do you want? Right now, we only have lots of the X color left. Since it is very popular, the product has a high risk of selling out soon. Please place your order as soon as possible. Thank you!
>
> Best regards,
>
> (name)

（3）回应买家砍价时，可作如下回复：

> Dear X,
>
> Thank you for your interests in my item. I am sorry, but we can't offer you the low price you asked for. We have carefully calculated our pricing to ensure that it is reasonable and provides us with a limited profit margin. We hope you can understand our position.
>
> However, we'd like to offer you some discounts on bulk purchases. If you order more than X pieces, we will give you a discount of xx‰ off.
>
> Please let me know if you have any other questions. Thanks.
>
> Sincerely
>
> (name)

（4）断货时，可作如下回复：

> Dear X,
>
> We are sorry to inform you that this item is out of stock at the moment. We will contact the factory to see when it will be available again. Meanwhile, we would like to recommend to you some other items which are the same style. We hope you like them as well. You can click on the following link to check them out.
>
> http://www.XXXXX.com
>
> Please let me know if you have any further questions. Thanks.
>
> Sincerely
>
> (name)

（5）推广新品时，可作如下回复：

> 客户咨询期间客服人员可根据自己的经验，给买家推荐自己热销的商品。
>
> Hi friend,
>
> As Christmas comes, Christmas gift has a large potential market. Many buyers have purchased these items for resale in their own stores due to the high profit margin. Here is our Christmas gift link. Please click to check them. If you want to buy more than 10 pieces, we can offer you a whole-sale price. Thanks.
>
> Regards
>
> (name)

(二) 售中
1. 关于支付

选择第三方支付方式(Escrow),提醒折扣快结束了。

Dear X,

Thank you for the message. Please note that there are only 3 days left to get 10% off by making payments with Escrow (credit card, Mastercard, Visa, money bookers or Western Union). Please make the payment as soon as possible. I would also like to send you an additional gift as a token of our appreciation.

Please let me know if you have any further questions. Thanks.

Best Regards

(name)

2. 合并支付及修改价格的操作

Dear X,

If you would like to place one order for many items, please first click "add to cart", then "buy now", and check your address and order details carefully before clicking "submit". After that, please inform me, and I will cut down the price to US $XX. You can refresh the page to continue your payment. Thank you.

If you have any further questions, please feel free to contact me.

Best Regards,

(name)

3. 提醒买家尽快付款

Dear X,

We appreciated your purchase from us. However, we noticed that you haven't made the payment yet. This is a friendly reminder to you to complete the payment transaction as soon as possible. Instant payments are very important. The earlier you pay, the sooner you will get the item.

If you have any problems for making the payment, or if you don't want to go through with the order, please let us know. We can help you to resolve the payment problems or cancel the order.

Thanks again! Looking forward to hearing from you soon.

Best Regards,

(name)

4. 海关税

Dear X,

Thank you for your inquiry and I am happy to contact you.

I understand that you are worried about any possible extra costs for this item. Based on experience, the import tax falls into two situations.

First, in most countries, it did not involve any extra expenses on the buyer side for similar small or low-cost items.

Second, in some individual cases, buyers might need to pay some import taxes or customs charges even when their purchase is small. As to specific rates, please contact your local customs office.

I appreciate for your understanding!

Best Regards,

(name)

5. 客户买错商品

沟通技巧：建议保留原商品,给客户折扣使其重买正确的商品。

Dear X,

Thanks for your message. I am sorry to hear that you bought the wrong item.

Usually we don't accept item returns without any defects. However, as you need the item #xxx(item number), we can offer you a great discount. I suggest that you send us XXX dollars. In this way, you will not need to return the incorrect item you received, and we will be able to send you the correct item as a replacement. I hope you understand and let us know if you have any questions.

As you know, if you return it back, you will need to take it to the post office and pay for the postage and restocking fee. Once we receive the return, we will arrange for the reshipment. This process can take about 2 weeks for you to receive a new item or refund.

What do you think? If you agree, here is our account: (correct PayPal account). Once you send the payment, please let me know and I will arrange for the reshipment promptly. If you don't agree, please let me know. I will offer you other solutions.

Regards,

(name)

6. 付款后发货前客户要求换货

沟通技巧：商品货值可能不一样，所以要客户补差价。

Dear X,

　　Thanks for your mail and please find the following item ID: xxx.

　　If this is the item you want, please pay the difference. If you agree to the new price, I will send you a payment request to your email address. Please check your email for the request.

　　Once you have paid, please let me know and I will keep an eye on it.

　　Any problems please contact me freely. I will try my best to help you.

　　Best Regards.

　　(name)

（三）售后

1. 物流遇到问题

沟通技巧：商品货值可能不一样，所以要客户补差价。

Dear X,

　　Thank you for your inquiry. I am happy to contact you.

　　We would like to confirm that we sent the package on 16 Jan, 2022. However, we have been informed this package did not arrive due to shipping problems with the delivery company. We have resent your order by EMS; the new tracking number is: xxx. It usually takes 7 days to arrive at your destination. We are very sorry for the inconvenience. Thank you for your patience.

　　If you have any further questions, please feel free to contact me.

　　Best Regards,

　　(name)

2. 退换货问题

Dear friend,

　　I'm sorry for the inconvenience. If you are not satisfied with the products, you can return the goods back to us.

　　When we receive the goods, we will give you a replacement or give you a full refund. We hope to do business with you for a long time.

　　We will give you a big discount in your next order.

　　Best regards,

　　(name)

3. 求好评

Dear friend,

  If you are satisfied, we sincerely hope that you can take a few precious minutes to leave us a positive comment and 5-star Detailed Seller Ratings. These are of vital importance to the growth of our small company.

  Besides, PLEASE DO NOT leaves us 1, 2, 3 or 4-star Detailed Seller Ratings, because they are equal to negative feedback. As we mentioned before, if you are not satisfied in any regard, please do not hesitate to let us know.

  Best regards,

  (name)

4. 海关速度慢

Dear friend,

  Yes, Actually we can send these items to Italy. However, there's only one problem. Due to the Spain and Italy Customs are much stricter than any other Europe countries, the parcels to these two countries often meet "Customs Inspection".

  That makes the shipping time hard to control. Based on our former experience, normally it takes 25 to 45 days to arrive at your country. On the other hand, with Christmas approaching, most of our customers are buying items for Xmas gifts, so we can't ensure the parcels can arrive in Italy on time.

  Is that ok for you? Waiting for your reply.

  Sincerely,

  (name)

二维码 9-2
跨境电商
常用词汇

三、客户沟通技巧

（一）向客户提供专业服务

1. 从专业的角度解决问题

  客服人员需要从更专业的角度来帮助客户解决问题。首先，客服人员需要清楚明了地向客户解释问题产生的真实原因；其次，无论涉及物流还是商品方面的专业术语或行业概念，客服人员需要以通俗易懂的语言向客户解释，确保客户能够理解；客服人员在提出解决方案时，需要基于对问题产生的真实原因提出负责而有效的解决方案，而不是用搪塞的言辞来拖延问题的处理时间。

  长远来看，客户就所遇到的问题提出投诉对卖家是好事。问题能够顺利且彻底地解决，可以有效地增加客户对卖家的信任感，进而形成客户黏性。也就是说，卖家应当把每一个客户反馈的问题都当作展示自己专业能力的机会,用专业的方法与态度来解决问题,将偶然下单的客户转化为自己的长期客户。

2. 提供可信赖的数据与证据

站在客户的角度思考,由于距离远、流程多,加之语言的不同与文化的差异,客户在跨境购物过程中,必然容易对卖家产生诸多不信任与怀疑。所以,无论是回答客户的咨询提问,还是在售后中应对客户的投诉,客服人员应当尽量提供可以让客户"看得见、摸得着"的数据与证据。

对于商品方面,可信赖的证据指的是商品的细节图片、详尽的使用说明或者是卖家为了说明商品的技术细节而为客户特别拍摄的短片视频等。而对于物流方面的问题,可信赖的数据与证据指的是可以追踪的包裹单号、追踪网址、最新的物流信息等。

向客户提供"数据与证据"时,客服人员需要注意以下事项。

(1) 物流信息务必完整。针对物流这一问题,当回答买家关于包裹邮寄的咨询时,客服人员必须同时提供以下三个信息要点:可跟踪的包裹单号、可以追踪到包裹信息的网站、最新的追踪信息。只有当这三点信息同时存在时,买家才可以查询到真实、可靠的包裹状态。这对增加买家的信任,让买家对日后的国际包裹运输时间持有信心是非常重要的。

(2) 国外买家更信任来自本土网站提供的信息。在针对国际物流的相关信息中,"追踪网站"是非常重要的。特别是对国外买家而言,如果客服人员能够提供买家所在国的本土追踪网站,并且能够找到客户母语所展示的追踪信息,对增加买家对卖家的信任有极大的帮助。

(3) 需要提供对专业数据平实易懂的解释。无论是关于商品的技术细节,还是关于跨境电商物流中的各个环节,凡是涉及专业的数据或概念时,卖家的客服人员都应该在提供客观数据后,进一步对技术细节和专业数据进行通俗化的解释。这样做可以方便零售端的客户更清晰地理解卖家所提供的信息,从而增加对卖家的信任。

3. 采取多样化的回复方式

针对跨境电商平台上的优质商品,通常涉及复杂的组装、使用和维护步骤。为了帮助客户更好地理解和使用这些商品,卖家通常会提供大量的说明性文本供客服人员参考。当买家就涉及技术性问题进行咨询时,客服人员可以提供详细的技术参数、使用方法等的描述和解释,以确保客户能够正确地使用和维护商品。

观察表明,对于复杂的问题,仅仅依靠文字描述可能无法完全解决。因此,利用图片或视频进行沟通往往会取得更好的效果。例如,制作安装流程图或拍摄使用演示录像,然后将这些资料放在网络空间中供买家参考,可以更直观地帮助他们理解并解决问题。

(二) 控制客户对事件的认知与情绪

作为商务谈判的一种,跨境电商客服工作在开展伊始就需要将"疏导客户的情绪"作为一个重要的原则与技巧,设法引导客户的情绪,为后面的双向沟通与问题解决打好基础。

1. 淡化事件的严重性,保障问题顺利解决

试想,当一个跨境零售电商的买家从一个不怎么熟悉的国家购买了一件商品,经过少则一周、多则数周的等待,却发现物流不能及时妥投或者收到的商品存在问题时,肯定会充满沮丧与不满。

在跨境电商中,买家通常不熟悉复杂的国际物流,可能也很难清晰地理解卖家提供的英文说明。因此,当出现问题时,买家普遍会感到问题很棘手,并容易出现焦躁心态。这是正常的。

针对这种情况,客服人员首先需要做到的就是在与买家沟通的每一个环节,特别是在与买家第一次的接触时,积极尝试淡化问题的严重性,在第一时间向买家保证能够帮助他们顺利解决问题。这就是所谓的"先给买家吃定心丸"的技巧。

2. 向买家展示永远感恩的态度

在欧美文化背景下,"感恩"一直是欧美社会普遍认可的一种美德。美国、加拿大、希腊等国的"感恩节"就是这种社会价值观的集中体现。卖家的销量、利润甚至事业都来自买家,理应对买家心怀感恩。

在实际的客服工作中,客服人员在字里行间向买家流露出感恩的态度,对顺利解决投诉或其他问题、说服买家接受卖家提出的解决方案,甚至降低卖家解决问题的成本都是非常有效的。

3. 最后一次的邮件回复一定来自卖方

在与客户的沟通过程中,绝大部分情况下,卖家会使用电子邮件、站内信或订单留言等方式进行交流。从商务礼仪的角度讲,作为卖家,应确保双方文字沟通过程中的最后一封邮件由卖家发出。这对增加买家对卖家的好感有一定的积极作用。

此外,从技术角度来看,许多跨境电商平台的后台系统都会自动设置一个功能,用于扫描卖家在站内信或订单留言中的平均回复时间。平均回复时间越短,反映了卖家服务的时效性和高效性,这个细微的侧面也能体现卖家的服务水平。

但是在实际操作中,卖家往往会遇到这种情况:经过沟通后,卖家顺利帮助买家解决了问题,而买家往往只会回复一条简单的"thanks"或"OK"的信息。对于这种信息,卖家可能就不做任何回复了。但正如之前所述,各个跨境电商平台的后台系统无法真正识别买家发出的信息内容是否需要回复。因此,这些简短的买家信息如果没有得到及时回复,仍可能影响系统对"卖家回复信息时效"的判断。

因此,卖家应要求客服人员做到,无论在何种情况下,在与客户进行的任何互动中,最后一条信息一定出自卖家。这既是出于礼貌,也是出于技巧的考虑。

(三)卖家积极提供有选择的解决方案

1. 方案应由卖家主动提供,而不是买家提出

经过与大量的国内外客服工作人员的接触可发现,在遇到问题时,新手客服人员的工作态度往往非常被动。最常见的情况是,出了问题后,卖家不主动为买家寻找解决方案,而是往往顺口问一句"那您想怎么解决"。这是一种非常不专业的做法,会给买家留下满不在乎、缺乏专业素养的不良印象,为后面问题的解决增加了难度。另一方面,由于跨境电商中的买家对这个行业并不了解,缺乏必要的专业知识,因此,由买家提出的解决方案,往往对卖家而言都是执行困难且成本较高的。

因此,在出现问题的第一时间,卖家积极地提出解决方案,既能给买家留下专业、负责任的印象,又能够最大限度地降低处理问题的成本和难度。

2. 尽量提供多个方案(至少 2 个)供买家备选

在为买家提供解决方案时,建议一次性尽量提供两个或两个以上的解决方案。这样做的好处在于:一方面,多个方案给买家备选,让买家能够充分体会到卖家对他的尊重,使买家更有安全感;另一方面,提供两个主推解决方案,加上一个到两个备选方案,也可以防止在客户不接受卖家的主推方案时,单方面向平台提起纠纷或是给店铺留下差评。

(四) 坚持主动承担责任,第三方承担错误

1. 寻找合适的解释理由

面对买家的不满情绪或投诉时,卖家需要为买家找到一个合理的理由。并且这个理由最好是由第三方或不可抗力引起的。从顾及买家心理的角度出发,一个合理的理由可以让客户更容易接受卖家提出的解决方案,从而快速地解决纠纷和争议。

2. 真诚地承担责任

需要注意的是,为买家寻找一个合理的理由(无论这个理由是否真实)并意味着卖家不承担责任,只是为了让买家能够更容易接受卖家提出的方案,其出发点一定是为了服务买家。也就是说,把错误合理地推诿到第三方身上,并表明"即使错误不在我们,我们仍然愿意为顾客解决问题"的态度,这样往往更能平息买家的怒气,使其更容易接受卖家提出的解决方案。

从长远来讲,只有卖家把买家当作自己的朋友,以诚意相待,以最快捷、最彻底的方式帮助买家解决问题,才有可能在一次次的实践中积累买家对卖家的信任。俗话说"不打不相识",有了矛盾不要紧,只要卖家能够让买家感受到诚意,完美地为他们解决一个又一个的问题,这些买家就更容易成为店铺的长期客户,这种买卖双方的经历和感情弥足珍贵。

(五) 注重回复邮件的技巧

1. 基本功扎实,避免拼写与语法错误

虽然跨境电商行业中,并不是每一个岗位都需要具备高超的外语技能,但是对客服岗位而言,熟练掌握主要客户的语言却是必需的。即使进入工作岗位后,客服人员也需不断加强语言学习,特别需要准确并熟练地掌握所售商品的专业词汇。

客服人员应扎实肯干、注重细节,尽量避免低级的拼写与语法错误,正确使用客户的母语。这一方面展示了卖家对客户的尊重,另一方面也可以有效地提高客户对卖家的信

任感。

2. 邮件中不要有成段的大写

某些卖家为了在较多的邮件文字中突出展示重点信息（如促销优惠信息等）而采用成段的大写字母。这样做虽然可以有效地突出重点，让客户一眼看到卖家所要表达的核心内容，但也会产生一些副作用。

在英语世界，文本中成段的大写表达的往往是愤怒、暴躁等激动的情绪，是一种缺乏礼貌的书写方式。因此，客服人员需要在日常工作中注意这一细节。

3. 尽量使用结构简单、用词平实的短句

在与客户的沟通过程中，考虑到方便绝大部分客户的阅读习惯，客服人员应当尽量使用结构简单、用词平实的短句。这样可以在最短的时间内让客户充分理解卖方所要表达的意思。

当前在阿里巴巴速卖通平台上使用最多的语种是英语，但客户来自全球 220 多个国家和地区，其中绝大部分国家的客户并没有使用英语作为自己的母语。很常见的情况是，许多客户仍需通过"谷歌翻译"等在线翻译工具来阅读店铺的商品页面与邮件。针对这种情况，卖家更需要简化店铺的书面语言，提高沟通效率。

4. 巧用分段与空行，让客户尽快找到想看到的重点

根据常人的阅读习惯，大部分人在阅读卖家邮件、促销信息等文字资料时，都会采取"跳读"的方式。所谓跳读，指快速阅读文章以了解其内容大意的阅读方法。换句话说，跳读是读者有选择地进行阅读，可跳过某些细节，以求抓住文章的大概，从而加快阅读速度。

针对这种情况，客服人员撰写邮件时，需要特别注意按照文章的逻辑将整篇邮件进行自然分段，并在段与段之间添加空行。这样做有利于买家快速地浏览非重要的段落，从而快速跳至重点信息。

这一技巧一方面可以有效地节省买家的阅读时间，增加买家与卖家的沟通信心。另一方面，清晰地按逻辑进行分段，可以给买家以专业、有条理的印象，增加买家对卖家的信任感。

第三节　维护客户关系

很多电子商务企业非常注重开发新客户，所以在广告投放、活动策划等环节投入巨大，而往往忽略了对老客户的维护。公司往往付出了不菲的营销费用，却只获得了短期的效益。如何让这些营销费用持续为公司贡献效益，让费用的价值最大化？如何让客户为公司带来持续的价值？

一、客户关系

(一) 客户关系管理概述

从企业战略的角度看,商品的优惠价格可以使企业在短期竞争中取得优势,但是,企业的长期生存和发展则需要更多地关注客户。一般来说,老客户带来的收益要比新客户多,是因为公司获取新客户的成本相对较高。留住老客户,长期而言,能为企业带来更多的利润。减价或其他刺激措施固然可以吸引新客户,但这些客户也会在竞争者的诱惑下而选择其他价格低的企业。价格优惠可能在某些时候是吸引客户的有效手段,但不是留住客户的长久之策。因此,客户关系管理对于企业而言具有长远的战略意义。

根据 Gartner Group 提出的定义,客户关系管理(customer relationship management,CRM)是指企业为了赢取新客户,维持老客户,以不断增进企业利润为目的,通过不断地与客户沟通和了解客户需求,进而影响客户购买行为的方法。换句话说,CRM 是通过对客户详细资料的深入分析,来提高客户满意度,从而提高企业竞争力的一种手段。CRM 是企业的一种商业策略,并非仅仅是某种 IT 技术。Hurwitz Group 则认为,CRM 的核心是自动化并改善与销售、市场营销、客户服务和支持等领域的客户关系业务流程。CRM 的目标是缩减销售周期和销售成本、增加收入、开拓新的市场和渠道以及提高客户的价值、满意度和忠诚度。

跨境电商的蓬勃发展给企业带来了很大的发展空间,同时也带来了前所未有的挑战。从企业外部环境来看,跨境电商改变了客户的购买行为,使信息变得更加透明,但也导致行业间的竞争变得激烈化,企业的推广成本越来越高,这就要求企业在吸收新客户的同时,也要维护好老客户,防止客户流失。

随着跨境电商 B2C 市场的发展,企业内部面临着一系列挑战。外贸客户数量增加,但规模相对较小,客户信息数据也变得庞杂而分散,这使得企业在进行客户关系管理时面临更大的难度。为了有效管理这些客户,企业可以将其资源进行科学而全面的分类,包括客户、竞争对手、合作伙伴等。管理人员可以运用科学、系统的方法,分析客户的背景资料和交易行为数据,从而确定客户的需求甚至潜在需求。接着,他们可以制定相应的营销策略,以提供满足客户需求的商品和服务。这种客户关系管理的方式有助于企业获取更多客户,创造更大的客户价值,并为企业带来更丰厚的利润和持续的竞争优势。

客服人员要做好客户关系管理,需要在工作中切实落实以客户为中心,具体包括搜集客户信息、进行客户分析、客户等级分类以及提高客户忠诚度。

(二) 跨境电商背景下客户关系管理的重要性

第一,有效节约成本。与实体店铺一样,卖家想让更多的潜在客户了解并购买自己的商品,因此,必不可少地需要进行推广。卖家需要通过各种网络渠道以广告的形式让大众熟悉其商品。这些提高商品流量的渠道有速卖通平台的直通车、谷歌的关键词搜索排名等。但是通过这些平台进行推广的费用是很高的,而且随着入驻跨境电商平台的卖家越来越多,推广费用也在逐年增长,从而增加了卖家的运营管理成本。

第二,增强卖家的竞争优势。与客户建立良好的合作关系,建立忠诚客户群,可帮助卖家建立持久的竞争优势,创造更多的收益。因此,拥有优质的客户资源成为跨境电商卖家的竞争优势之一。

第三,获取更多的市场份额。通过建立良好的客户关系,将普通客户转变为忠诚客户,不但可以稳定商品的销量,而且忠诚客户的口碑推广可以吸引更多新客户,从而提高店铺的市场份额,为卖家赢取更多的利润。

二维码9-3
跨境电子商务
客户关系

第四,有利于发展新客户。正如前述提到的口碑营销,企业通过老客户对商品的口口相传,不但降低了新客户对商品的不信任程度,而且能够为企业树立良好的品牌形象,扩大受众群,挖掘潜在市场,为企业赢得更多的潜在客户,从而为企业带来丰厚的利润,使其实现战略性的发展。所以,客服人员若能将客户关系维护好,客户自然而然地成了企业的广告宣传者,为企业带来更多的新客户。

二、客服主动营销

(一)及时告知新商品信息

当卖家发布了新商品,客服人员应积极主动地向客户宣传即将推出的商品相关信息。一般来说,常见宣传新商品的手段有新商品预告/预热、新商品宣传视频等。客服人员应主动把准备上架的商品介绍给客户,让客户对店铺的上新商品充满期待。在预告商品上新信息时,上新时间是客服人员需要重点留意的内容。例如,李宁运动鞋在速卖通平台的宣传海报如图9-1所示。

图9-1 李宁运动鞋速卖通平台宣传海报

客服人员应注意运用一些营销推广手法,如利用站内信、客户邮箱、WhatsApp等途径,来宣传新商品。宣传新商品时要以新商品的特点、价格优势、新颖性、便捷性等作为卖点,以期引起客户的注意,吸引客户关注新商品,刺激他们购买的欲望,促使他们最终下单购买。

(二) 主动告知促销活动信息

卖家会定期进行一些促销推广活动,希望能提高商品的销量。所以,客服人员要及时将这些打折促销信息告知客户。与宣传新商品一样,传达的信息内容应是一些能够吸引客户眼球、刺激客户购买欲望的文字,如"Savings""Hot Buys""Big Sale""Huge Sale""Great Deal"等。

当然,客服人员应该非常清楚公司实行的促销方案。一般来说,跨境电商卖家会以"折扣优惠(discounts)""买一送一(buy 1 get 1 free)""优惠券(coupons)"等形式进行推广促销。对于"折扣优惠",客服人员要知道参与促销活动的商品信息,例如,是全场打折还是换季商品打折,商品折扣是否一致等。另外,促销活动都是有时效性的,也就是说,折扣只在一定时间内有效。所以,客服人员也要把这些信息告知客户,让他们能在活动时间内享受到折扣,以免错过优惠活动。

"买一送一"也是卖家经常使用的一种促销手段。客服人员要先了解活动范围,即买什么商品送什么商品,例如,是送同等价位的商品还是送与商品搭配的小件商品等。如果客服人员对此不了解清楚,会很容易把活动内容理解错误并把错误信息传达给客户,这样就很容易引起客户不满甚至引起纠纷。因此,"买一送一"与"折扣优惠"一样,客服人员也要对活动范围、活动时间、赠送物品等掌握得一清二楚,以免引起误会。

"优惠券"让客户在购物时享受更低的价格。客服应掌握优惠券的使用条件,如商品范围、活动时间、优惠券使用方法等。优惠券界面展示如图 9-2 所示。

图 9-2　优惠券界面

三、把握尺度,服务到位

客服人员在与客户沟通时,应牢记"过犹不及"的原则。也就是说,在给客户提供帮助时,一定要注意这些服务是在客户需要且不打扰客户工作或生活的前提下进行的,具体可以参考以下原则。

(一) 信息传递的一次性原则

客服人员在维护客户关系的过程中,必定会与对方进行信息的互动交流。同一条信息发送一次即可,并应选择方便客户接收的途径进行发送。过度发送信息以及多途径的信息发送不仅不能增加客户查看信息的欲望,相反还会让客户反感。客户可能会将客服人员拉入黑名单屏蔽或向跨境电商平台运营商投诉。

(二) 信息发送时间原则

跨境电商卖家面对的客户都是境外客户,这就意味着许多客户的作息时间与卖家的不同。因此客服人员在给客户发即时信息时,最佳的发送时间是在客户当地时间的10:00到16:00。例如,给英国客户发送邮件,最佳发送时间是在北京时间17:00到23:00,因为中国的北京时间比英国的伦敦时间快7小时(冬季则快8小时)。但是,不要在晚上给客户发信息,因为境外客户,尤其是欧美客户,对上下班的时间概念较强,在晚上给他们发信息会影响客户的休息,导致客户对卖家产生不满情绪。

四、搭建客户互动平台

客服人员在维护客户的过程中可以通过一些社交软件与客户建立互动平台,增加与客户的互动,有效地把公司的商品信息传递出去,达到维护客户的最终目的。客服人员可以通过 TradeManager、Instagram、Twitter、WhatsApp、Skype 等平台,增强客户对店铺的黏性。

(一) TradeManager

TradeManager,即国际版旺旺,是阿里巴巴网站客户与卖家之间的在线即时通信平台,提供了在线沟通、联系人管理、消息管理、登录记录查询等基本功能。客服可以通过 TradeManager 主动和客户进行联系,还可以直接登录到 MyAlibaba 操作平台。对于卖家来说,TradeManager 不仅提供了在线沟通功能,而且具有支持旺铺、网站快捷入口、定位沟通对象以及传送文件和图片等强大功能。通过它,卖家可与客户进行更轻松的沟通。其中,它的在线沟通能实现卖家与速卖通的会员进行实时沟通,双方可以即时洽谈商机。其联系人管理功能则可以使客服人员方便快捷地管理所有联系人,以便后续跟进。

(二) Instagram

Instagram 是一款免费提供在线图片及视频分享的社交应用软件,目前全球 Instagram 的月活跃用户已经超过 10 亿,位列全球社交类 App 第 5 位,是当今成长最快的在线社群平台之一。其用户量较大的主要国家是印度、巴西、美国、土耳其、印度尼西亚、俄罗斯等。因此,Instagram 也是众多跨境卖家进行商品营销推广、广告投放的重要渠道。

通过 Instagram 平台,客服人员可以讲述品牌故事、发布相关商品图片和视频等吸引感兴趣的客户,并与客户建立联系,进而提升商品的知名度。客服人员可以参考以下方法。

1. 尽量多关注客户

想要吸引其他Instagram客户,其中一个方法就是先关注他们。一般来说,有些客户出于礼貌,当你关注他们时,他们往往也会关注你,这样,你就会慢慢积攒更多的粉丝。另外,客服人员也需要关注那些受欢迎的客户或知名"网红(influencer)",虽然他们不一定会与我们有太多交流,但这也是一个引入流量的渠道。提高曝光率的另一方法是每发布一张照片,就评论别人的两张照片,另外给三张照片点赞。

2. 内容每天更新一次

客服人员需要每天发布一次有关公司或商品信息的内容,这样不仅可以提高公司的曝光率,而且可以降低粉丝流失的机会。人们取消关注一般是由于其关注的账号发布的内容过多或过少。人们会定期查看自己的关注列表,取消关注那些没有内容或不活跃的账号。一个好的经验法则是,每天至少更新一次,发布一些有趣的内容,避免流失粉丝。但应谨记:人们也经常取消关注那些刷屏的人。所以,每天更新一次较为合适。

3. 加入一两个小群体

Instagram上有一些小群体账号,会举办每日挑战,也有一些供大家聊天的论坛。积极参与小群体账号活动能让其他客户迅速认识你。因为这些客户中,有的客户会很积极地在Instagram上活动,希望增加自己的存在感,所以可能会关注新加入的成员。例如,"@jonhjosh#JJ"群体会举办每日挑战和论坛活动。只要你的照片打上"#JJ"标签,并遵守他们的规则,就能轻松地获得新粉丝。

(三) Twitter

Twitter是一个全球著名的社交网站,允许客户发送和阅读消息,即"推文"。推文最初限制的字符数为140个,但在2017年后,除中文、日文和韩文外,所有语言的推文限制字符数增加到280个。注册用户可以发布、点赞和转发推文,但未注册用户只能阅读推文。

除了Instagram以外,Twitter也成为跨境电商卖家与客户进行联系的有效途径。但要捕获这些流量,需要后期进行大量的持续关注和维护。以下是一些可操作的技巧,可以帮助我们充分利用Twitter引流并发现新的商机。

1. 提高点击率

点击率高的推文会让你的品牌有机会将社媒流量转化为潜在客户。以下是一些提高点击率的方法。

(1) 附上图片或图像。

(2) 使用1~2个趋势或热门行业话题的标签。

(3) 附带能跳转到有价值的免费资源的链接。

(4) 在推文开头的附近加上能吸引客户注意力的链接。

在推文帮助提高点击率以后,营销人员还需要注意转化页面优化的问题。

2. 坚持每天发推文

一条推文的"平均寿命"只有 20 分钟左右,因此始终坚持发推文非常重要。社媒客户通常不像搜索客户那样通过搜索来寻求解决方案,因此他们需要更长的转化周期。客服人员可以在 Twitter 上分享博客文章,当用户点击时,客服人员可以通过提供优惠来获取他们的电子邮件地址,以便后续跟进更多的内容,并最终将优惠转化为销售。

在 Twitter 上获得更多关注的方法之一是用通过提问来进行实验。因为人们在遇到问题时,总会本能地寻找答案,所以提出问题是一种很好的提高客户参与度的方式,从而可以帮助客服人员吸引更多的流量。

Twitter 上的 Text Optimizer 可以用来查找关于任何主题的有趣问题。该工具利用语义分析,从谷歌搜索结果中提取概念和问题,有助于客服人员找到目标受众感兴趣的话题,并更好地连接目标客户。

3. 使用私信卡片

如果您在 Twitter 上拥有庞大的粉丝群体,那么使用 Twitter 私信卡片可以成为培养潜在客户的有效方法。但是要想使用 Twitter 的直接留言卡,您需要成为 Twitter 广告客户。这些广告是 Twitter 努力与其他引流广告区别开来的一种方式,并鼓励广告主持续使用 Twitter 的方法。在某些领域(包括 B2B 领域),这些广告尤其有效。

4. 与推广者互动

如果有人通过 Twitter 分享您的内容、点赞或转推,对卖家来说是好事。因为其他人大量转发宣传您的文章的推文,是可以提高商品的传播量和覆盖面的。这样不仅能够为该推广者带来更多的互动和粉丝,而且也能够在他们再次转发商品链接时增加卖家的影响力。正是这种相互协作和良好配合才有可能实现 Twitter 营销的真正成功。

5. 私下与 Twitter 潜在客户进行交流

客服人员使用 Twitter 聊天,可以建立与客户直接沟通的渠道,展示卖家对客户反馈的快速响应效率,了解客户需求,解决客户问题,与客户建立牢固的关系。这样不仅可以提高赢得客户忠诚度的机会,也可鼓励他们重复购买商品,进而提高卖家的知名度。

(四)WhatsApp

WhatsApp 是一款免费、跨平台、支持 IP 语音通信的服务软件。用户可以通过 WhatsApp 发送文本消息,进行语音和视频呼叫,以及共享图像、文档、位置信息和其他媒体内容。据统计,WhatsApp 的月活跃用户数量已经达到 12 亿,成了跨境电商客服人员与境外客户沟通的必备 App,类似于微信的功能。下面介绍一些 WhatsApp 的基本操作方法。

1. 注册与添加联系人

WhatsApp 使用手机号码注册。在注册的时候,用户需要输入手机号码,并接收一条验证短信,然后 WhatsApp 会搜索手机联系人中已经在使用 WhatsApp 的人并将他们自动添加到用户的手机联系人名单中。2018年1月,WhatsApp 推出了一款针对小型企业的独立业务应用程序,名为 WhatsApp Business,允许企业与使用标准 WhatsApp 客户端的客户进行免费电话、免费国际消息、群组聊天、离线消息等。

2. WhatsApp 的群组功能

WhatsApp 也提供群组功能,其小组好友的上限是 256 人。WhatsApp 小组无法通过搜索进行添加,只能通过成员邀请,这在一定程度上保证了竞争对手无法轻易挖走你的核心客户。

创建小组的时候,可以将已有的联系人加入小组,也可以建立新的小组,并将其分享到其他社交平台上,让对商品有兴趣的客户自动加入你创建的小组。在 WhatsApp 小组中,客服人员可以和组员们分享精彩的图片、视频以及优惠信息。这是提高品牌信任度和知名度的有效方法。

(五) Skype

Skype 是一款全球颇受欢迎的网络电话软件,其突出特点之一是具备超清晰的语音质量。用户可以通过 Skype 拨打全球范围内的任何座机或手机,享受高质量的网络电话服务。此外,Skype 还提供基本的即时通信功能,用户可以与全球的好友进行免费的文字、语音和视频交流,甚至进行计算机、手机、普通座机等多种终端的电话会议。

 延伸阅读 9-1

速卖通店铺常见纠纷问题以及处理方法一览

在跨境电商行业中会遇到各式各样的问题,其中最让人头疼的就是纠纷问题。一旦纠纷过多,就会影响产品的曝光,使客源流失,影响正常经营,进而影响卖家的利益。

一、纠纷的分类

在跨境电商领域,纠纷问题确实是一个常见的挑战。一旦纠纷频发,可能会对产品曝光、客源流失以及正常经营产生负面影响,进而影响卖家的利益。速卖通平台对纠纷问题进行了详细的分类,主要分为有关物流问题和产品问题的纠纷,同时根据不同的物流状况进行了进一步分类,包括已收寄的纠纷、运输过程的纠纷和已签收的纠纷。正确分类问题对于有效解决纠纷至关重要。

在速卖通平台,衡量纠纷处理效率的主要指标包括裁决提取率和卖家责任裁决率。卖家责任裁决率被纳入了速卖通卖家层级考核指标,对店铺表现具有重要影响,因此值得高度重视。另外,如果卖家提交至平台裁决的纠纷比率过高,可能会受到更严重的处罚。

速卖通平台处理纠纷的原则是交易双方自主沟通解决,只有在双方无法继续协商的情况下,平台才会介入协助解决。

速卖通平台处理纠纷有一系列流程:自买家第一次提起退款申请开始第 4 天至第 15 天,若买卖双方无法协商一致,买家可以提交至平台进行裁决;自买家第一次提起退款申请开始至第 16 天,卖家未能与买家达成退款协议,买家未取消退款申请也未提交至平台进行裁决,系统会自动提交至平台;纠纷裁决产生的 2 个工作日内速卖通会介入处理,判责第一步需要卖家在三个自然日内提供邮局妥投证明,如果卖家不能提供,将启动第二个判责期,在第二个判责期,平台将给予 3 天时间。这些流程时间节点是非常重要的。

二、纠纷的由来

针对性价比问题,重要的是要确保产品质量与价格相匹配,避免客户期望过高而导致纠纷和差评。如果产品的性价比存在问题,及时调整价格并优化关键词推广是解决问题的关键。

对于物流问题,提高物流速度是关键,可以考虑与可靠的货代合作或优化整体供应链以缩短补货时间。扩充供应商、优化供应链是长期解决问题的途径。

产品质量问题也是需要重视的,进行质检是保证产品质量的有效手段,同时在运输途中保护产品包装也很重要。

对于恶意纠纷,需要建立完善的售后服务体系,通过合理的沟通和解决方案来应对客户的投诉和纠纷。在处理恶意纠纷时,可以参考平台的相关规定,并提供充分的证据来维护自身权益。

综上所述,解决这些问题需要卖家不断提升自身管理水平,加强产品质量管理、物流管理和售后服务,并积极应对客户的投诉和纠纷,以提升客户满意度和品牌声誉。

三、纠纷的处理方法

在介绍了速卖通平台纠纷的分类和由来后,接下来将介绍具体的纠纷解决方案。

首先,要妥善处理好纠纷问题,就要做到知己知彼。所谓的知己知彼,就是要了解店铺经营过程中的优势、劣势、威胁、机会。所谓优势,就是对客户所在国的国情、消费行为的了解,是自身产品质量和店铺信誉的保证,是在货仓发货阶段差错率低、失误率小。而劣势,则包括目的国物流的严重延迟、我国节假日发货的延迟、目的国节假日的派件延迟等问题。而所谓的威胁,主要表现为客户对纠纷的升级、留下差评或者在社交网络发布不利店铺的信息。抓住自身的优势,妥善处理纠纷,通过部分赔偿、以平邮方式发损坏部件等方式解决纠纷,这就是机会。

了解买家是解决纠纷的关键。从买家性质分析,可以划分出真买家、出于某种目的的买家、同行、差评师。其中,真正的买家占 98%,同行占 0.5%,出于某种目的的特别买家占 0.5%,差评师占 1%。真正买家中又有 98% 是善意的买家。除了对买家的了解,还要从信誉、年龄等方面深入了解买家。了解之后,就要去预判买家的动机和目的,了解买家提纠纷的动机和真正目的,站在买家的角度及立场上看问题,以期找到真正的解决方案。

当然,拥有好的策略,并不代表一定能成功,如何执行策略也是至关重要的。在处理纠纷过程中,一定要注重细节,及时、礼貌、专业、热情,流程化处理纠纷。

卖家应该明白,解决纠纷最有效的途径不是解决纠纷,而是预防纠纷。预防纠纷贯穿整个运营管理环节。卖家可以将预防纠纷的过程分为发货前、发货中、运输中、妥投后四个阶段。

在处理纠纷的过程中有很多细节要注意,接下来介绍一些纠纷处理的小贴士。

第一,为了避免纠纷,不要一味地美化产品和图片,如果产品有瑕疵和不足,要在照片中体现,确保产品描述清晰简洁详尽。

第二,对于物流速度问题,尽管我们无法控制物流的实际速度,但可在发布产品的时候以表格的形式注明各个国家各种运输方式大致到达的时间,让买家有清楚的认识。另外,在发货后要及时告知客户跟踪信息以及预计到达时间。做到以上两点,即使物流有小的延迟,客户也会表示理解。

第三,及时地沟通,首先是主动沟通,发货后的提醒是第一点,然后是被动沟通,对成交客人站内信和留言的回复要及时,周期性做个总结,抽出几个小时时间去跟进下发出去的货物,记录异常情况并及时告知客人,这样也能避免纠纷的发生。

第四,多买些包装辅助材料,如塑料袋、泡泡袋、泡泡膜、质量好一点的封箱胶和硬度好的纸箱等。

本章小结

1. 客户服务的职能包括解答客户的咨询、处理商品售后问题、促进商品销售,以及监控管理运营。作为一名合格的客服,应该熟悉行业和商品知识,充分了解跨境电商平台的相关交易规则,透彻掌握跨境电商交易各个环节的运作流程,具备处理问题时妥善控制损失的能力、发现潜在大客户的敏锐性,了解商品交易的成本预算,了解各种付款方式及流程,具备及时发现问题并向上反映的能力。

2. 客户属性分类方法包括社会属性、行为属性、价值属性。

3. 客户沟通技巧包括向客户提供专业服务、控制客户对事件的认知与情绪、积极提供有选择的解决方案、坚持主动承担责任并注重回复邮件的技巧。

4. 维护客户关系的主要内容包括认识客户关系的重要性、做好主动营销、把握尺度并服务到位、搭建客户互动平台。

课后习题

一、单选题

1. 下列情况中,无须给买家寄送样品的是(   )。

    A. 规模较大、在行业范围内较有名气的买家

    B. 以前根本没有联系过的国内贸易公司突然以电话或传真的形式表示对产品感兴趣,希望能够提供样品供检测等资源

C. 买家提出已查看公司发布在外贸平台的所有产品,而其中有与之需求相近的产品,并询问采购要求的产品
D. 买家明确表示将支付样品费以及运费

2. 全球速卖通平台的评价分为( )。
   A. 五分制评价和评论   B. 信用评价
   C. 卖家分项评分   D. 信用评价及卖家分项评分

3. 信用评价包括( )。
   A. 五分制评价和评论   B. 商品描述的准确性
   C. 沟通质量及回应速度   D. 物品运送时间合理性

4. 卖家分项评分是指买家在订单交易结束后以匿名的方式对卖家在交易中提供的( )服务做出评价,是买家对卖家的单向评分。
   A. 商品描述的准确性   B. 沟通质量及回应速度
   C. 物品运送时间合理性   D. 以上全部

5. 下列选项中,适用于鼓励买家提高订单金额和订单数量,提醒买家尽快确认订单的是( )。

   A. Thank you for your purchase, I have prepared you some gifts, which will be sent to you along with the goods. Sincerely hope you like it. I will give you a discount, if you like to purchase other products.

   B. Dear friend, your package has been sent out, the tracking NO. is 0000000000 via DHL, please keep an eye on it, hope you love our goods and wish to do more business with you in the future. Good luck!

   C. Thank you for your patronage, if you confirm the order as soon as possible, I will send some gifts. A good news: Recently there are a lot of activities in our store. If the value of goods you buy count to a certain amount, we will give you a satisfied discount.

   D. Hello, my dear friend. Thank you for your visiting to my store, you can find the products you need from my store. If there is not anything you need, you can tell us, and we can help you to find the source, please feel free to buy anything! Thanks again.

二、多选题

1. 速卖通保留变更信用评价体系包括( )等的权利。
   A. 评价量评估法   B. 评价方法
   C. 评价率计算方法   D. 各种评价率

2. 可能导致中、差评的因素有( )。
   A. 商品图片与实物存在差异

B. 标题写的是可以 FreeShipping(免邮)，为什么收到货之后还要收费

C. 商品信息完整

D. 信用卡账户有额外的扣款显示：Aliexpress Charge

3. 客户属性的分类方法包括(　　　　)。

A. 社会属性　　　　B. 行为属性　　　　C. 价值属性　　　　D. 学历属性

三、判断题

1. 跨境电商客户分类的维度要根据店铺特点而定。　　　　　　　　　　(　　)
2. 跨境电商客服人员需要主动承担错误。　　　　　　　　　　　　　　(　　)
3. 跨境电商客服人员需要尽力提供可信赖的数据。　　　　　　　　　　(　　)
4. 跨境电商客服人员只需专心服务新客户，老客户会自动购物。　　　　(　　)

四、简答题

1. 简述跨境电商客服人员的工作范围。
2. 简述跨境电商客服人员的工作技巧。
3. 简述跨境电商客户关系管理的过程。

第十章
跨境电商法律法规与监管制度

 学习目标

知识目标
- 了解主要国际组织、部分国家和地区跨境电商法律法规
- 了解中国跨境电商相关法律法规
- 了解跨境电商领域中涉及知识产权的侵权行为
- 掌握跨境电商的海关监管、税收监管和金融监管的政策法规

能力目标
- 掌握跨境电商相关法律法规
- 能够说出海关监管、税收监管和金融监管的重要政策法规
- 理解电子商务法

关键概念

跨境电商政策法规　税收政策　跨境电商综合税

 本章框架图

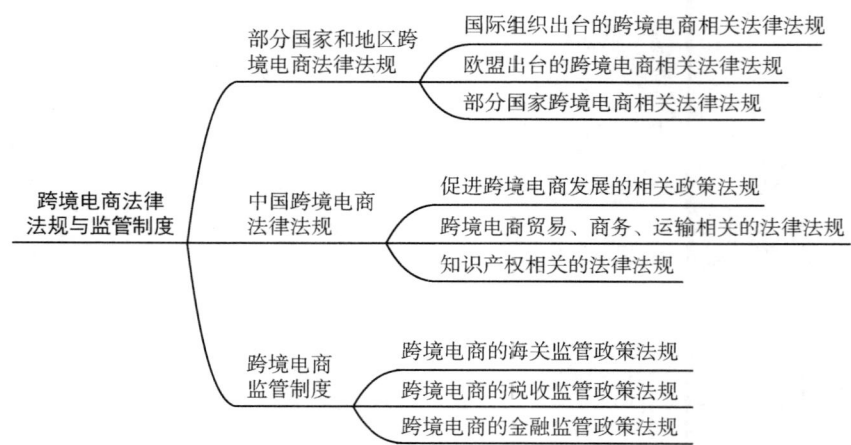

跨境电子商务是一种新型贸易方式和商业形态,具有广阔的市场潜力和良好的发展前景。作为一个新生事物,虽然跨境电商还远没有达到成熟稳定的发展阶段,但随着电子

信息技术和经济全球化的进一步发展,其在国际贸易中的影响力和关键作用日渐突显,也逐步成为中国出口贸易的市场趋势。对于传统外贸企业,尤其是中小型外贸企业而言,跨境电商必定成为未来发展的重要形式。因此,了解关于跨境电商的相关规则及法律问题具有重要意义。

第一节　部分国家和地区跨境电商法律法规

一、国际组织出台的跨境电商相关法律法规

国际组织在电子商务的立法方面也做了大量工作。世界贸易组织(WTO)有关电子商务的立法范围涉及跨境交易的税收和关税问题、电子支付、网上交易、知识产权保护、个人隐私、安全保密、电信基础设施、技术标准、普遍服务、劳工问题等。其中,较为典型的法律法规有《服务贸易总协定》《全球电子商务宣言》《电子商务工作计划》等。

1998年10月,经济合作与发展组织(OECD)在加拿大的渥太华召开了题为"一个无国界的世界:发挥全球电子商务的潜力"的电子商务部长级会议,公布了《OECD电子商务行动计划》《有关国际组织和地区组织的报告:电子商务的活动和计划》《工商界全球行动计划》,并通过了《关于电子商务身份认证的宣言》《电子商务:税收政策框架条件》等条例。

亚太经济合作组织(APEC)的"APEC电子商务指导组"近年来专门开会讨论了对跨境网络隐私权的保护,提出了《APEC跨境隐私规则体系(CBPR)》,号召成员经济体应当尽力实施隐私框架,用最适合经济体的各种方法保护个人(信息)隐私。

联合国(UN)也出台了一系列政策支持跨境电商发展。其中,1996年12月16日在联合国国际贸易法委员会第85次全体会议上通过的《电子商务示范法》和2001年颁布的《电子签名统一规则》均是在国际上颇有影响力的电子商务法律文件,也是世界各国立法的参考。

二、欧盟出台的跨境电商相关法律法规

欧盟始终将规范电子商务活动作为发展电子商务的一项重要工作,制定了一系列用以规范和指导各国电子商务发展的"指令",以保障和促进欧盟内部电子商务的繁荣。并期望建立一个清晰的概括性法律框架,以处理欧盟统一市场内部的电子商务相关法律问题。近年来,欧盟出台的主要法律法规有《欧洲电子商务提案》《关于数据库法律保护的指令》《远程消费保护指令》《电信部门的隐私保护指令》《电子欧洲:为所有人建造的信息社会》等。

三、部分国家跨境电商相关法律法规

(一) 美国的电子商务立法

美国制定了一系列与电子商务相关的法律和文件,在整体上构成了电子商务的法律

基础和框架。相关法律和文件主要包括以信息为主要内容的《个人隐私保护法》《电子信息自由法案》《公共信息准则》；以基础设施为主要内容的《1996年电信法》；以计算机安全为主要内容的《计算机保护法》《网上电子安全法案》；以商务实践为主要内容的《统一电子交易法》《国际国内电子签名法》；还有属于政策性文件的《国家信息基础设施行动议程》《全球电子商务纲要》《全球电子商务政策框架》等。

（二）俄罗斯的电子商务立法

俄罗斯主管对外贸易的政府部门包括经济发展部、工业和贸易部、联邦海关署等。经济发展部、工业和贸易部主要负责制定对外贸易的政策和管理对外贸易，签发进出口许可证、制定出口检验制度、管理进出口外汇业务、审批对外贸易协定或公约等；联邦海关署负责管理政府对外贸易政策、办理关税和报关等业务。联邦海关署在俄罗斯对外贸易方面制定了一系列的法律法规，包括《对外贸易活动国家调节法》《对外贸易活动国家调节原则法》《俄罗斯联邦海关法典》《海关税则法》《关于针对进口商品的特殊保障、反倾销和反补贴措施联邦法》《外汇调节与监督法》《技术调节法》《在对外贸易中保护国家经济利益措施法》等。

俄罗斯是世界上较早进行电子商务立法的国家，颁布了一系列相关的法律法规，包括《俄罗斯信息、信息化和信息保护法》《电子商务法》《电子合同法》《电子文件法》《俄联邦因特网商务领域主体活动组织的建设》《电子商务组织和法律标准》《提供电子金融服务法》《利用全球互联网实现银行系统的信息化法》《国际信息交流法》《俄联邦电子商务发展目标纲要》《国家支付系统法》《电子签名法》《电子一卡通法》及电子商务税收有关的法律法规等。

（三）巴西跨境电商相关法律

在跨境贸易关税方面，巴西是南方共同市场（MERCOSUR）的成员方之一。MERCOSUR由乌拉圭、巴西、阿根廷、巴拉圭等组成。自2006年起，开始执行共同对外关税（CET）。共同对外关税在零关税到35%的从价税之间浮动，特定地区的几种有限产品除外。在南方共同市场内部，除了糖、汽车及其零部件之外，其他商品均可免税流通。

（四）韩国跨境电商相关法律

《大韩民国宪法》是韩国政治和经济的基本法，从宏观上调整和指导对外贸易政策法规的制定。《大韩民国宪法》第三十七条规定了总统与议会在对外贸易的条约和法律制定中具有不同的职权划分，第六条规定了WTO的相关规则与国内法具有相同的地位，国内法院同样适用。

韩国关税制度的基本法律是《关税法》，该法规定了关税的种类和税率，并规定了关税调整的负责机构。韩国财政经济部是关税政策的制定机构，关税厅及其下属机构是《关税法》的执行机构。

(五）日本跨境电商相关法律

日本在跨境贸易方面制定了一系列的法律法规，包括《外汇及对外贸易管理法》《进出口交易法》《贸易保险法》《日本贸易振兴会法》等。针对进出口事务，日本政府还颁布了《输入贸易管理令》和《输出贸易管理令》，日本经济产业省则颁布了具体的《输入贸易管理规则》和《输出贸易管理规则》。

《外汇及对外贸易管理法》规定日本的对外交易活动可自由进行，政府部门仅在必要时采取最低限度的管理和调控。《进出口交易法》允许日本的贸易商在价格、数量等贸易条件方面进行协调，以及鼓励形成进出口协会之类的贸易组织，必要时政府可以通过行政命令对外贸进行调控。该法同时确立了日本对外贸易的秩序，以实现对外贸易的健康发展。在此基础上，日本政府制定了《输入贸易管理令》和《输出贸易管理令》，从而对货物进行具体的分类并加以管理。

（六）新加坡跨境电商相关法律

新加坡对外贸易政策通过专项法令和条例进行规范实施，关税、贸易禁令等单个贸易政策问题由专门的立法机关研究处理。新加坡对外贸易主要涉及的法律包括《进出口贸易规则法令》和《自由贸易区法令》。《进出口贸易规则法令》重点规定了对进出口货物实行登记注册、管制及控制的政府授权，许可证的发放及撤销，计算机服务等。授权官员可以行使的具体权利包括扣押货物、没收货物、运输工具，检查货物及其包装，搜查以及商业秘密保留等。《自由贸易区法令》重点规定了自由贸易区内商品的处理，自由贸易区内的操作和生产，关税的计算以及管理部门的责任和职能。

第二节　中国跨境电商法律法规

一、促进跨境电商发展的相关政策法规

我国相继出台了众多促进跨境电商发展的相关政策法规，如过去 10 年陆续出台了几十项促进电商发展的政策。从 2004—2007 年，政策起步期主要以规范行业发展为主；从 2008—2012 年，政策发展期主要以支持和引导为主；再到 2013—2014 年的政策爆发期，直至 2014 年至今的政策红利期，我国跨境电商迎来了高速发展的好时机。多部门相继出台跨境电商相关政策法规，多地区就全国政策给出了相关的指导意见及配套措施，并陆续出台了具体细化的地方性电子商务政策以扶持行业发展。以下为国家在各时期陆续出台的跨境电商发展政策。

2005 年 1 月 8 日，我国发布了第一个专门指导电子商务发展的政策性文件，即《国务院办公厅关于加快电子商务发展的若干意见》。

2012年8月11日,中华人民共和国国家发展和改革委员会(以下简称"国家发展改革委")下发了《关于开展国家电子商务试点工作的通知》,正式批复同意在全国首批5个试点城市(郑州、杭州、重庆、上海、宁波)开展跨境贸易电子商务服务试点工作,研究解决跨境贸易电商行业遇到的"三难"问题,拉开了中国跨境电商创新发展的序幕。郑州市针对跨境电商"通关难、退税难、阳光结汇难"问题,率先上报试点方案,率先获批,其试点成功经验被海关总署上升为"1210"模式,并在全国范围内复制推广。

2014年7月30日,海关总署57号公告增列"保税跨境贸易电子商务"海关监管方式代码"1210",标志着我国跨境电商发展进入了新的阶段。该公告规定,"1210"监管方式用于进口时仅限经批准开展跨境贸易电子商务进口试点的海关特殊监管区域和保税物流中心(B型)。截至2018年年底,全国有37个试点城市可开展"1210"进口业务。此外,海关总署还出台了一系列促进跨境电商通关便利的支持政策。

2016年3月24日,财政部、海关总署、国家税务总局联合颁布《关于跨境电子商务零售进口税收政策的通知》,之后又相继出台了一系列鼓励跨境电商发展的进口政策,实施新的税收政策并调整行邮税政策。后因政策引起行业熔断而再次进行调整,在过渡期内暂不执行"网购保税进口"通关单和五大类商品的注册、备案与"非首次进口"的要求。此后,政策3次延期,直到2018年11月才最终确定了跨境电商进出口监管政策。

2019年1月10日,国务院印发《国务院关于促进综合保税区高水平开放高质量发展的若干意见》(国发〔2019〕3号,以下简称《意见》),推出21项具体举措,推动综合保税区发展成为具有全球影响力和竞争力的加工制造中心、研发设计中心、物流分拨中心、检测维修中心、销售服务中心。同时,《意见》明确指出,支持综合保税区内企业开展跨境电商进出口业务,逐步实现综合保税区全面适用跨境电商零售进口政策。

2020年,跨境电商作为推动外贸转型升级、打造新经济增长点的重要突破口,政策也不断加持跨境电商的发展。网经社电子商务研究中心B2B与跨境电商部主任、高级分析师张周平表示,2020年从国务院到相关各部委均出台或表态支持跨境电商的发展。从跨境零售进口试点到跨境电商综试区的新增,以及跨境B2B出口监管试点等方面,政策不仅覆盖进出口市场,还覆盖零售和批发模式,政策对跨境电商的发展起到重要的推动作用。

2021年3月18日,商务部等六部委下发《关于扩大跨境电商零售进口试点、严格落实监管要求的通知》(商财发〔2021〕39号),正式将跨境电商零售进口扩大至所有自贸试验区、跨境电商综试区、综合保税区、进口贸易促进创新示范区、保税物流中心(B型)所在城市(及区域)。这一通知意味着面向国内消费者的跨境电商零售进口业务将在全国范围内全面铺开,跨境电商零售进口市场势必迎来新一轮的发展红利期。

2022政府也相继出台了一系列政策促进行业发展,具体如表10-1所示。随着一系列新政策的出台,跨境电商行业保持良好的发展态势,也加速了我国跨境电商企业的转型过程。

表 10-1 2022 年中国跨境电商行业政策

发布时间	文件名	文号	主要政策
2022.1.11	《关于做好跨周期调节进一步稳外贸的意见》	国办发〔2021〕57 号	进一步调整优化跨境电商零售进口商品清单,加大对海外仓的金融支持
2022.1.12	《关于印发"十四五"数字经济发展规划的通知》	国发〔2021〕29 号	大力发展跨境电商,扎实推进跨境电商综合试验区建设
2022.1.19	《关于促进内外贸一体化发展的意见》	国办发〔2021〕59 号	推进跨境电子商务综合试验区建设;促进跨境电商零售进口规范健康发展
2022.2.8	《关于同意在鄂尔多斯等 27 个城市和地区设立跨境电子商务综合试验区的批复》	国函〔2022〕8 号	同意在鄂尔多斯等 27 个城市和地区设立跨境电子商务综合试验区
2022.4.25	《关于进一步释放消费潜力促进消费持续恢复的意见》	国办发〔2022〕9 号	完善跨境电商、冷链物流等领域服务标准
2022.5.26	《关于推动外贸保稳提质的意见》	国办发〔2022〕18 号	尽快出台便利跨境电商出口退换货的政策,适时开展试点
2022.9.15	《关于进一步优化营商环境降低市场主体制度性交易成本的意见》	国办发〔2022〕30 号	探索解决跨境电商退换货难问题
2022.10.26	《关于印发第十次全国深化"放管服"改革电视电话会议重点任务分工方案的通知》	国办发〔2022〕37 号	加大对跨境电商、海外仓等外贸新业态支持力度
2022.11.24	《关于同意在廊坊等 33 个城市和地区设立跨境电子商务综合试验区的批复》	国函〔2022〕126 号	同意在廊坊等 33 个城市和地区设立跨境电子商务综合试验区
2022.12.15	《关于印发"十四五"现代物流发展规划的通知》	国办发〔2022〕17 号	支撑全球贸易和跨境电商发展
2022.12.19	《中共中央、国务院关于构建数据基础制度更好发挥数据要素作用的意见》		针对跨境电商、跨境支付、供应链管理、服务外包等典型应用场景,探索安全规范的数据跨境流动方式

2023 年 1 月 30 日起,跨境电商可实现可"零税负"。财政部、海关总署、税务总局于 2 月初发布了《关于跨境电子商务出口退运商品税收政策的公告》,对符合规定的跨境电商出口退运商品,免征进口关税和进口环节增值税、消费税。出口时已征收的出口关税准予退还。跨境电商企业出口的货物若再次退回国内,此前已征收过的出口关税将获得退还。

二、跨境电商贸易、商务、运输相关的法律法规

(一) 规范对外贸易主体、贸易规范、贸易监管的一般性法律

跨境电商的参与者大多具有贸易主体的地位,跨境 B2B 电商仍然适用于货物贸易的

情形。为规范跨境电商贸易活动，国家提出了一系列指导政策。跨境电商合约除了有电子合同的属性外，还具有贸易合同的性质。当前国际上比较重要的公约是《联合国国际货物销售合同公约》。该公约实际规范的是一般贸易形态内商业主体之间的、非个人使用的、非消费行为的货物销售合同的订立。该公约具体规范了合同订立行为、货物销售、卖方义务、货物相符（含货物检装行为等）、买方义务、卖方补救措施、风险转移、救济措施等方面的内容。同时，跨境电商合约也需要参照《中华人民共和国民法典》进行规范。

（二）跨境电商商务方面的法律法规

在法律实践中，跨境电商常常面临商品质量责任和纠纷；在贸易过程中，商品质量问题和责任需要通过法律进行规范，消费者权益需要通过法律进行保护。我国相继出台了《中华人民共和国对外贸易法》《中华人民共和国产品质量法》《中华人民共和国消费者权益保护法》等法律法规，对生产者、销售者的责任进行了梳理，对欺诈、侵权的行为进行了规制。

（三）跨境电商运输方面的法律法规

跨境电商交易活动涉及较多的跨境物流、运输问题，涉及海洋运输、航空运输等方面的法律。跨境电商运输主要应参考《中华人民共和国海商法》《中华人民共和国民用航空法》《中华人民共和国国际货物运输代理业管理规定》。这些法律法规对承运人的责任、交货提货、保险等事项做了具体规定，同时也对国际贸易中的货物运输代理行为做了规范，厘清了代理人作为承运人的责任。这部分的法律规范还需要与《中华人民共和国民法典》进行参照，以解决代理合同中委托人、代理人、第三人之间的责任划分问题。货运代理的代理人身份和独立经营人身份/合同当事人的双重身份也需要参照《中华人民共和国民法典》进行规范。

三、知识产权相关的法律法规

跨境电商交易的商品需要遵守专利、商标、著作权等与知识产权有关的规范。跨境电商作为利用电子数据处理技术进行贸易活动的电子商务运作模式，其核心是"数据信息"，而这些数据信息的内容大多是一连串的文字、图形、声音、影像、计算机程序等作品，这些客体都涉及商标、专利、著作权等不同种类的知识产权。

WTO对电子商务知识产权的保护规定主要体现在1995年的《与贸易有关的知识产权协议》（TRIPs）之中。对于专利权的期限，各国专利法都有明确的规定。对发明专利权的保护期限自申请日起计算，一般在10～20年；对于实用新型和外观设计专利权的保护期限，大部分国家规定为5～10年。我国现行的《中华人民共和国专利法》规定了发明专利、实用新型专利及外观设计专利的保护期限，自申请日起分别为20年、10年和10年以下。

我国相继出台了《中华人民共和国专利法》《中华人民共和国商标法》《中华人民共和

国著作权法》,已经成为《保护工业产权巴黎公约》成员及《商标国际注册马德里协定》同盟方。加入WTO后,我国也受到《与贸易有关的知识产权协议》的约束。这些法律及公约详细规定了知识产权的性质、实施程序和争议解决机制。

二维码10-1 跨境电商的法律风险及防范对策

第三节 跨境电商监管制度

一、跨境电商的海关监管政策法规

中国海关作为跨境电商监管链条的关键环节,在跨境电商政策制定上有着较高的权力。近年来,海关已经通过出台多项举措以保证跨境电商的快速发展。中国海关针对跨境电商零售进出口,在建立适合跨境电商发展的管理制度、监管模式和信息化系统建设等方面进行了有益的尝试,探索出一系列新理念、新模式和新手段。这些举措可以概括为"一个理念,两个平台,三单对比,四种模式,五大举措":始终坚持一个包容、审慎、创新、协同的理念;联通海关监管平台与跨境电商企业平台;实现交易、支付、物流三方数据与申报信息三单比对;试点网购保税进口、直购进口、一般出口、特殊监管区域出口四种监管模式;实施正面清单管理,征收跨境电商税,实施清单申报,创新退货监管,实现申报信息和扫描图像同屏比对五大举措。以确保有效监管。

自跨境电商发展以来,我国出台了《中华人民共和国海关法》,并通过了《中华人民共和国海关企业分类管理办法》《中华人民共和国海关行政处罚条例》。《中华人民共和国海关法》涉及海关的监管职责和对进出境运输工具、货物、物品的查验及关税等内容。《中华人民共和国海关企业分类管理办法》对海关管理企业实行分类管理,并针对不同信用等级的企业采取不同的通关措施。同时,在通关环节也加强了对知识产权的保护,出台了《中华人民共和国知识产权海关保护条例》及其实施办法。针对目前空运快件、个人物品邮件增多的情况,我国出台了一些专门的管理办法,如《中华人民共和国海关对进出境快件监管办法》《海关总署关于调整进出境个人邮递物品管理措施有关事宜的公告》(海关总署公告2010年第43号)等。

为加快跨境电商商品的通关速度,中国海关为跨境电商量身打造覆盖"企业备案、申报、征税、查验、放行"等各环节的无纸化流程,实现了通关手续的"前推后移"。自2014年起,海关总署出台了一系列利于跨境电商发展的政策,如2016年4月7日公布的海关总署公告2016年第26号《关于跨境电子商务零售进出口商品有关监管事宜的公告》,确认了不同参与者向海关发送相关数据的义务。在B2C电子商务进口报关前,电子商务平台公司、金融机构、物流公司应当通过海关总署开发的跨境电商进口统一版系统,分别向海关发送交易、支付和物流的"三单"电子数据,以便海关提前对商品名称、价格、运费、购买人实名信息等数据进行比对。

跨境电商试点的创新主要体现在通关环节的监管服务模式方面。我国首创的"1210""9610"模式为外贸进出口打开了新的渠道,尤其是"1210"模式,它已成为跨境电商进口的主通道。也是近年来跨境电商蓬勃发展的基础。

二、跨境电商的税收监管政策法规

(一)跨境电商的税收政策

1. 世界其他国家的税收政策

目前,全球电子商务的税收政策有两种倾向。一种是以美国为代表的免税派,另一种是以欧盟为代表的征税派。

在关税方面,美国针对不同国家实行多种税率,主要分为两类。第一类是一般税率和特殊税率。一般税率适用于享有美国最惠国待遇的国家,而特殊税率则适用于享有美国特殊待遇的国家,其税率明显低于一般税率。第二类是法定税率,适用于未获得美国最惠国待遇或特殊待遇的国家。

欧洲电子商务税收政策是初期主张免税、中期主张征收增值税、后期强硬征税。欧盟成员中有15个国家普遍实行增值税,增值税对这些国家而言非常重要。欧盟规定,对个人从欧盟境外邮购的商品,价值在150欧元以下的免征关税,价值超过150欧元的则按照海关关税目录规定的税率征收关税,其中关税的税基不是商品价值,而是商品价值和进口增值税的总额。欧盟对企业通过网络购进商品普遍征收增值税。2000年6月,欧盟委员会就网上交易增值税提出新的提案,规定欧盟境外的企业通过互联网向欧盟境内消费者销售货物或提供劳务,金额超过10万欧元的,应在欧盟进行增值税纳税登记,并按当地税率缴纳增值税。

与美国和欧盟不同,发展中国家主要从维护本国的国家利益出发制定跨境电商税收的相关政策,保持税收中性原则,既主张对跨境电商进行征税,又期望不因征税而阻碍本国电子商务的发展。

2. 我国的税收政策

我国第一部真正意义上应对信息化浪潮的法律是2005年4月1日正式实施的《中华人民共和国电子签名法》。这部法律首次对电子签名进行了法律上的确认,正式确立了电子签名的法律效力。然而,外贸电子商务的立法,参照的依然是1981年颁布的《中华人民共和国境外商投资企业和外国企业所得税法》及其实施细则、2011年颁布的《中华人民共和国个人所得税法》及其实施细则、2015年修订的《中华人民共和国税收征收管理法》及其实施细则等法律法规。

我国政府部门一直高度关注电子商务的发展,也在为规范市场秩序进行相应的努力。2013年8月21日,商务部等部门联合颁发《关于实施支持跨境电子商务零售出口有关政策的意见》,其中第六条要求财政部和国家税务总局制定相应的支持跨境贸易电子商务发展的税收政策。2014年1月26日,国家工商行政管理总局令第60号文件《网络交易管理办法》发布,自 2014 年 3 月 15 日起施行。该办法第七条规定了从事网络交易及相关服务的经营者也应当办理工商登记。这一举措加强了对网络虚拟交易的管理,也预示着下一步进行税务登记的可能性。

跨境电商涉及的税收法律法规主要有《中华人民共和国进出口关税条例》和退税阶段的各类规章制度。《中华人民共和国进出口关税条例》在《中华人民共和国海关法》和国务院制定的《中华人民共和国进出口税则》的基础上具体规定了关税征收细则,包括货物关税税率设置和适用、完税价格确定、进出口货物关税的征收、进境货物的进口税征收等。针对新出现的跨境电商企业的征税和退税问题,国家税务总局也出台了一系列文件,如《税务登记受理办法》《网络发票管理办法》等。

(二)跨境电商进口税收监管

1. 进口税收政策

海关总署在 2014 年 3 月针对上海、杭州、宁波、郑州、广州、重庆 6 个地区的保税区试行保税进口模式,出台了《海关总署关于跨境贸易电子商务服务试点网购保税进口模式有关问题的通知》,对保税进口模式的商品范围、购买金额和数量、征税、企业管理等做出了相应的规定。

试点网购商品按照《关于调整进出境个人邮递物品管理措施有关事宜》(海关总署公告 2010 年第 43 号),以"个人自用、合理数量"为原则进行管理。个人邮寄进境物品,海关依法征收进口税,但应征进口税税额在人民币 50 元(含 50 元)以下的,海关予以免征。个人寄自或寄往港、澳、台地区的物品,每次限值为 800 元人民币;寄自或寄往其他国家和地区的物品,每次限值为 1 000 元人民币。个人邮寄进出境物品超出规定限值的,应办理退运手续或者按照货物规定办理通关手续。但若邮包内仅有一件物品且不可分割,虽超出规定限值,但经海关审核确属个人自用,可以按照个人物品规定办理通关手续。邮运进出口的商业性邮件,应按照货物规定办理通关手续。

2016 年 3 月 24 日,财政部、海关总署、国家税务总局联合颁布《关于跨境电子商务零售进口税收政策的通知》,确定自 2016 年 4 月 8 日起,我国将实施跨境电商零售进口税收政策("四八新政")。跨境电商零售进口商品将不再按邮递物品征收行邮税,而是按货物征收关税和进口环节增值税、消费税。

该通知将单次交易限值由行邮税政策中的 1 000 元(港澳台地区为 800 元)提高至 2 000 元,同时设置个人年度交易限值为 20 000 元。限值以内进口的跨境电商零售进口商品,关税税率暂设为 0;进口环节增值税、消费税取消免征税额,暂按法定应纳税额的 70%征收。对于超过单次限值、累加后超过个人年度限值的单次交易,以及完税价格超过 2 000 元限值的单个不可分割商品,均按照一般贸易方式全额征税。

2. "正面清单+负面清单"

2016 年"四八新政"后,财政部、国家发展改革委等 11 部门发布《跨境电子商务零售进口商品清单》(以下简称"正面清单")。此后,只有清单上列出的税号商品才能按照跨境电商的税制进口和通过跨境电商平台进行销售。正面清单外的其他商品则需要按一般贸易税收政策进口。该清单共包括1 142个8位税号商品,主要涵盖国内有一定消费需求、可满足相关部门监管要求且客观上能够以快件、邮件等方式进境的生活消费品,包括部分食品饮料、服装鞋帽、家用电器以及部分化妆品、纸尿裤、儿童玩具、保温杯等。

2016年4月18日,财政部、国家发展改革委等13部门发布《跨境电子商务零售进口商品清单(第二批)》。第二批清单共涉及151个8位税号商品,包括食品(如新鲜水果)、特殊食品(如维生素)及医疗器械(如血压测量仪器)等。

2018年11月20日,财政部、国家发展改革委、工业和信息化部等13个部门联合发布了《关于调整跨境电商零售进口商品清单的公告》(财政部公告2018年第157号),公布了调整后的跨境电商零售进口商品清单,共计1 321个商品。

2019年12月,财政部等13部门发布《关于调整扩大跨境电子商务零售进口商品清单的公告》。该公告指出,为落实国务院关于调整扩大跨境电子商务零售进口商品清单的要求,促进跨境电子商务零售进口的健康发展,现将《跨境电子商务零售进口商品清单(2019年版)》予以公布,自2020年1月1日起实施。清单(2019年版)纳入了部分近年来消费需求比较旺盛的商品,增加了冷冻水产品、酒类等92个商品。同时,清单备注和尾注中的监管要求得到了进一步规范。

3. 跨境电商进口税收政策

(1) 行邮税。2013年7月至2016年4月8日,我国消费者通过跨境电商平台购买境外商品,海关总署以"个人自用且数量合理"为原则。单次订单购买多个商品但订单金额在1 000元以下的,海关按行邮税办理通关;若金额超出1 000元限值,则需要按一般贸易进出口办理通关手续。行邮税的税率比一般贸易进口税率(包括关税、增值税、消费税)低,且应征进口税额在50元以下的,海关予以免征。

2016年3月16日,国务院关税税则委员会发布了《关于调整进境物品进口税有关问题的通知》,对行邮税进行了调整。行邮税率由原来的10%、20%、30%、50%四档调整为15%、30%、60%三档。

(2) 跨境电商综合税。2016年3月24日,财政部、海关总署、国家税务总局联合发布《关于跨境电子商务零售进口税收政策的通知》,对跨境电商零售进口税收政策进行了调整,并从4月8日开始执行。在新政策下,跨境电商零售进口商品的单次交易限值为2 000元并增设个人年度交易限值为20 000元。对跨境电商零售进口商品不再征收行邮税,改为征收跨境电商综合税(包括关税、增值税、消费税)。"四八新政"前,跨境电商进口按行邮税办理清关并有50元免征税额;"四八新政"后,跨境电商进口改征综合税,大部分商品的综合税税率约为11%,低于调整后的行邮税税率和一般贸易进口税率。

2018年11月30日,财政部发布《关于完善跨境电子商务零售进口税收政策的通知》(财关税〔2018〕49号),规定从2019年1月1日开始,将跨境电商零售进口商品的单次交易限值由 2 000 元提高至 5 000 元,年度交易限值由 20 000 元提高至 26 000 元。完税价格单次交易超过 5 000 元限值但低于 26 000 元年度交易限值,且订单下仅一件商品时,可以通过跨境电商零售渠道进口,按照货物税率全额征收关税和进口环节增值税、消费税,交易额计入年度交易总额。但年度交易总额超过年度交易限值的,应按一般贸易管理。本次税收政策提高了消费限额,让国内消费者享受到更大的税收优惠,有利于满足消费升级的需求,同时可以刺激消费者在轻奢、电器、美妆等价值较高商品领域的跨境电商进口消费。

实行跨境电商进口税收新政,对跨境电商的发展产生了积极的影响:一是设定年度个人消费额度,通过有效设定贸易准入门槛,避免了对一般贸易的冲击,并兼顾了国内消费升级的需求;二是取消免征,实现了单单征税,降低商家拆单偷逃税的可能性;三是实行综合统一税率,与国际接轨,提高贸易便利性;四是不断调整和降低进口增值税的征收税率,从 17% 降低至 16%,2019 年 4 月下调至 13%,相当于进一步降低了跨境电商综合统一税率。这让国内消费者以更低的价格购买到海外商品,增加了国内民众的幸福感和获得感。跨境电商零售进口征税政策对比如表 10-2 所示。

表 10-2 跨境电商零售进口征税政策对比

项目	行邮税	跨境电商综合税 2016 年 4 月	跨境电商综合税 2018 年 5 月	跨境电商综合税 2019 年 1 月	跨境电商综合税 2019 年 4 月
单次交易限值	1 000 元	2 000 元	2 000 元	5 000 元	5 000 元
年度交易限值	无	20 000 元	20 000 元	26 000 元	26 000 元
单件不可分割且超出单次交易限值的商品	按行邮税征税	按一般贸易方式全额征税	按一般贸易方式全额征税	按一般贸易方式全额征税	按一般贸易方式全额征税
应征税率	视商品种类分为 15%、30% 和 60%	关税:暂设为 0% 增值税:11.9% (17%×70%) 消费税:商品种类的税率×70%	关税:暂设为 0% 增值税:11.2% (16%×70%) 消费税:商品种类的税率×70%	关税:暂设为 0% 增值税:11.2% (16%×70%) 消费税:商品种类的税率×70%	关税:暂设为 0% 增值税:9.1% (13%×70%) 消费税:商品种类的税率×70%
应征税额 50 元以下	免征	不免征	不免征	不免征	不免征

(三) 跨境电商出口税收监管

1. 跨境电商零售出口政策

2013 年 8 月,商务部、国家发展改革委等 9 部门出台了《关于实施支持跨境电子商务零售出口有关政策的意见》,首次针对跨境零售出口出台了支持政策。该意见将跨境电子商务零售出口纳入海关的出口贸易统计,提出了确定零售出口的经营主体和专项统计、检验监管模式、收结汇、支付服务、税收政策、信用体系 6 项措施。

2013年12月30日,财政部和国家税务总局又出台了《关于跨境电子商务零售出口税收政策的通知》(财税〔2013〕96号),规定了跨境电子商务出口企业出口货物适用增值税、消费税退(免)税政策的条件。

国家税务总局经商财政部、商务部同意,发布出口货物的退(免)税事项。外贸综合服务企业以自营方式出口国内生产企业与境外单位或个人签约的出口货物,在规定情形下,可由外贸综合服务企业按自营出口的规定申报退(免)税。

2. 针对跨境电商零售出口退税的政策

(1) 实行"免征不退"政策。由于跨境电商零售出口的商品种类繁多,跨境电商卖家在市场采购时难以取得每一类、每一批次商品的增值税购货发票。根据国家现行的出口税收管理政策,"无票"商品在"阳光化"出口后不仅不能享受出口退税,反而要加征增值税,导致出现"不退反征"的问题。

为解决这一问题,2015年年底,国家税务总局曾在杭州地区试行了为期一年的跨境电商出口"免征不退"试点政策。对试点地区符合监管条件的跨境电商零售出口企业,如不能提供增值税购货发票,按规定实行增值税"免征不退"政策。但由于缺乏切实可行的操作办法,该政策的落地效果不佳。

2018年9月28日,财政部、国家税务总局、商务部、海关总署联合发布了《关于跨境电子商务综合试验区零售出口货物税收政策的通知》(财税〔2018〕103号),对所有跨境电商综试区内的跨境电子商务出口未取得有效进货凭证的货物,同时符合下列条件要求的,试行增值税、消费税免税政策。

条件1　跨境电子商务出口企业在综试区注册,并在注册地跨境电子商务线上综合服务平台登记出口日期、货物名称、计量单位、数量、单价、金额;

条件2　出口货物通过综试区所在地海关办理电子商务出口申报手续;

条件3　出口货物不属于财政部和国家税务总局根据国务院决定明确取消出口退(免)税的范围内的货物。

跨境电商零售出口"免征不退"由个惠变成普惠政策,跨境零售出口企业实现税收"阳光化","9610"模式将得到进一步的发展。"9610"出口"免征不退"流程如图10-1所示。

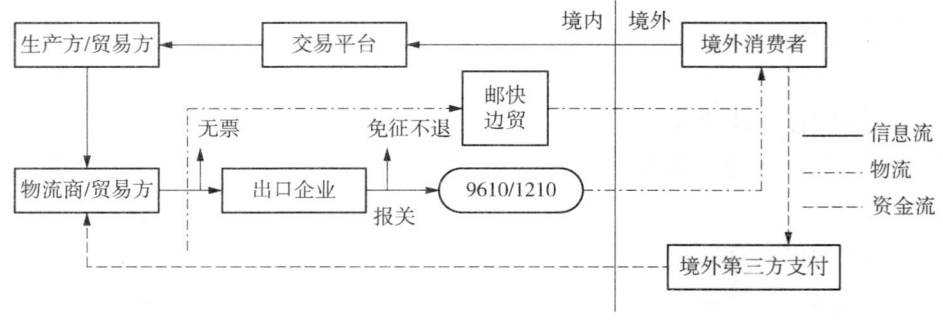

图10-1　"9610"出口"免征不退"流程

（2）"9610/1210"阳光模式。未来跨境电商将逐渐以"9610/1210"阳光模式为主流，即积极探索试点境内制造企业至其境外分支机构至境外消费者（M2B2C）业务模式、境内外贸企业至其境外分支机构至境外消费者（B2B2C）业务模式，努力在跨境电商 B2B2C 出口业务模式认定规范、业务流程、技术标准和监管模式等方面取得突破；支持本地有条件的制造企业和传统外贸企业从"产品走出去"转向"服务走出去、品牌走出去"；依托海外保税仓，积极布局全球供应链，开展跨境电商 M2B2C 出口和 B2B2C 出口模式试点，以新渠道抢占新市场与邮政合作，致力打破境外"最后一公里"的发展瓶颈，快速抢占全球消费市场。"9610/1210"出口通关流程与其他方式的对比，如图 10-2 所示。

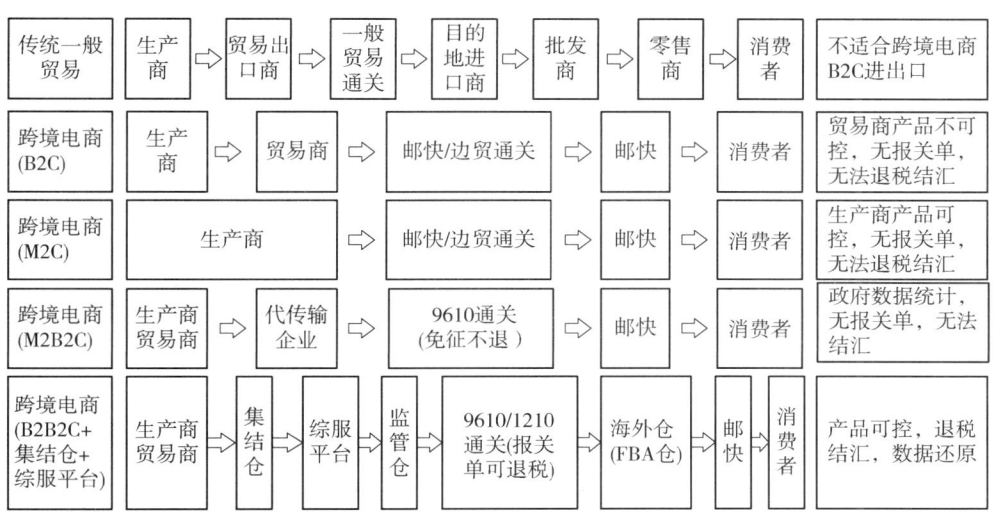

图 10-2 "9610/1210"出口通关流程与其他方式的对比

三、跨境电商的金融监管政策法规

（一）跨境电商的支付结算相关政策法规

联合国国际贸易法委员会于 1992 年颁布的《国际贷记划拨示范法》第一条规定："本法适用于任何发送银行和接收银行位于不同国家时的贷记划拨。"长期以来，该法被认为是跨境电子支付范围界定的核心规则。依据该条款的定义，跨境电子支付的核心内容应当是发送银行和接收银行不在同一主权国家，分行和单独的办事处也视为单独的银行。随着全球化的发展与深化，跨境电子支付的界定不应该局限于"银行的地理差异特征"，而应结合支付体系相关主体，特别是第三方支付平台的特性来界定跨境电子支付服务。

我国没有制定统一的（涉外）电子商务法，现有的、相关的法律法规主要有《中华人民共和国民法典》《中华人民共和国涉外民事关系法律适用法》《互联网信息服务管理办法》《关于网上交易的指导意见（暂行）》《网络商品交易及有关服务行为管理暂行办法》《第三方电子商务交易平台服务规范》等。

近年来,我国出台的有关跨境电商支付结算政策法规主要有《跨境贸易人民币结算试点管理办法》《非金融机构支付服务管理办法》《跨境贸易人民币结算试点管理办法实施细则》《支付机构客户备付金存管暂行办法》《支付机构跨境电子商务外汇支付业务试点指导意见》《支付机构跨境电子商务外汇支付业务试点管理要求》《关于加强商业银行与第三方支付机构合作业务管理的通知》《支付机构跨境外汇支付业务试点指导意见》等。

(二) 第三方支付行业的金融法规

中国人民银行早在 2010 年 6 月就出台了第三方支付管理办法。2011 年 5 月,支付宝等 27 家企业获得支付牌照,这一举措解决了第三方支付的法律障碍。这是监管部门首次推出的和第三方支付相关的政策,对第三方支付企业提出了更高的要求。第三方支付最大的成就在于推动了互联网应用的深入发展,改变了人们支付结算的方式。

目前,国内第三方支付企业主要通过与境外机构合作开展跨境网上支付服务,包括购汇支付和收汇支付两种模式。其中,购汇支付是指第三方支付企业为境内持卡人的境外网上消费提供人民币支付、外币结算的服务;收汇支付是指第三方支付企业为境内外商企业在境外的外币支付收入提供人民币结算支付服务。根据《市金融机构支付服务管理办法》的相关规定,涉及货币兑换和付款流程的具体操作由其托管银行完成。

近年来,国内以电子商务和网络支付为核心的现代数字化商业模式发展迅猛,催生了一些规模较大、发展较为成熟的支付机构。随着这些支付机构业务的扩展,它们迫切需要进入跨境联网支付服务领域。而支付机构开展电商跨境外汇支付业务首先需要有中国人民银行颁发的"支付业务许可证",其次需要外汇管理局准许开展跨境电子商务外汇支付业务试点的批复文件。跨境人民币支付业务不需要外汇管理局的批复,由各地人民银行分支机构发布相关文件即可。

2013 年 3 月,外汇管理局发布了《支付机构跨境电子商务外汇支付业务试点指导意见》,决定在上海、北京、重庆、浙江、深圳等地开展试点,并于 2015 年将试点扩大至全国范围。截至 2022 年 6 月,共有 30 家跨境外汇支付试点机构,包括上海 10 家、北京 9 家、浙江 4 家、深圳 3 家、重庆 1 家、海南 1 家、四川 1 家、江苏 1 家,这些公司的跨境支付业务主要聚焦在货物贸易、留学教育、酒店机票、酒店住宿四个领域。拥有跨境支付业务牌照的 30 家第三方支付公司名单如表 10-3 所示。

表 10-3 跨境支付业务牌照的 30 家第三方支付公司名单

序号	支付公司名称	地区
1	支付宝(中国)网络技术有限公司	上海
2	上海汇付支付有限公司	上海
3	通联支付网络服务股份有限公司	上海

(续表)

序号	支付公司名称	地区
4	上海银联电子支付服务有限公司	上海
5	东方电子支付有限公司	上海
6	快钱支付清算信息有限公司	上海
7	上海盛付通电子支付服务有限公司	上海
8	迅付信息科技有限公司	上海
9	宝付网络科技(上海)有限公司	上海
10	上海富友支付服务股份有限公司	上海
11	易宝支付有限公司	北京
12	北京钱袋宝支付技术有限公司	北京
13	银盈通支付有限公司	北京
14	北京爱农驿站科技服务有限公司	北京
15	北京首信易支付有限公司	北京
16	北京银联商务有限公司	北京
17	网银在线(北京)科技有限公司	北京
18	拉卡拉支付股份有限公司	北京
19	资和信电子支付有限公司	北京
20	联动优势电子商务有限公司	浙江
21	浙江贝付科技有限公司	浙江
22	连连银通电子支付有限公司	浙江
23	网易宝有限公司	浙江
24	重庆市钱宝科技服务有限公司	深圳
25	财付通支付科技有限公司	深圳
26	智付电子支付有限公司	深圳
27	新生支付有限公司	海南
28	成都摩宝网络科技有限公司	四川
29	南京苏宁易付宝网络科技有限公司	江苏
30	重庆易极付科技有限公司	重庆

 延伸阅读 10-1

什么是跨境电商 9610、1210、1239

1. 四位代码的作用

前二位数字是按海关监管要求和计算机管理需要划分的分类代码,后二位数字是海关统计代码。所以"96"代表"跨境","12"代表"保税","10"在统计代码里表示"一般贸易"。

这里需要强调的是,监管方式是对"货物"的管理方式。"个人物品"是没有监管方式的,也不需要监管方式代码。

2. 具体含义

(1) 9610——直购进口模式。9610全称跨境贸易电子商务,简称电子商务,俗称集货模式。适用于境内个人或电子商务企业通过电子商务交易平台实现交易,并采用"清单核放、汇总申报"模式办理通关手续的电子商务零售进出口商品。

商家将多个已售出的商品统一打包,通过国际物流运送至国内的保税仓库(暂存区),然后按照订单逐个申报清关,经海关查验放行后,再由国内快递派送至消费者手中。

(2) 1210——保税备货模式。1210俗称备货模式,操作起来比9610要简单得多。跨境电商网站可以将尚未销售的货物整批发至国内保税物流中心,再进行网上零售。卖一件,清关一件,没卖出的商品可以留在保税中心,也可以退回国外,无需报关手续。

(3) 1239——保税电商A。1239全称保税跨境贸易电子商务A,简称保税电商A。与1210监管方式相比,1239监管方式适用于境内电子商务企业通过海关特殊监管区域或保税物流中心(B型)一线进境的跨境电子商务零售进口商品。

3. 9610与1210的主要区别

9610是给跨境电商的海关监管代码;1210是给入驻保税区(B型保税物流中心)的跨境电商的海关监管代码。

9610适用于已经售出的商品,存放在保税仓库的暂存区等待清关和国内运输;1210适用于尚未销售的商品,存放在保税仓库中,需要等待销售完成之后再进行清关,运输到消费者手中。9610与1210对比如表10-4所示,电商直购进口业务模式如图10-3所示,网购保税进口业务模式如表10-4所示。

表10-4 9610与1210对比

类别	9610	1210	备注
模式	"9610",全称"跨境贸易电子商务",简称"电子商务"	"1210",全称"保税跨境贸易电子商务",简称"保税电商"	
别名	BC直邮/BC直购/阳光直邮/9610直购进口	BBC保税备货/1210保税进口	
出生	海关总署2014年第12号公告	海关总署2014年第57号公告	
模式简述	境内电子商务企业将境外商品销售给境内个人消费者。用户下单后,商品境外打包并通过国际物流运输到境内关口,完成通关后使用国内物流配送给消费者	境内电子商务企业将境外商品销售给境内个人消费者。商品先批量从境外运输至境内的海关特殊监管区域或保税物流中心,用户下单后,商品在保税仓内打包,完成通关后使用国内物流配送给消费者	

(续表)

类别	9610	1210	备注
适用范围	适用于境内个人或电子商务企业通过电子商务交易平台实现交易,并采用"清单核放、汇总申报"模式办理通关手续的电子商务零售进出口商品(通过海关特殊监管区域或保税监管场所一线的电子商务零售进出口商品除外)	适用于境内个人或电子商务企业在经海关认可的电子商务平台实现跨境交易,并通过海关特殊监管区域或保税监管场所进出的电子商务零售进出境商品(海关特殊监管区域、保税监管场所与境内区外(场所外)之间通过电子商务平台交易的零售进出口商品不适用该监管方式)。"1210"监管方式用于进口时仅限经批准开展跨境贸易电子商务进口试点的海关特殊监管区域和保税物流中心(B型)	
是否作为商业行为经营	是	是	相同点
备案	境内关口商品备案	监管保税区内商品备案	
清关方式	三单对碰,生成清单申报	三单对碰,生成清单申报	相同点
查验方式	快件监管中心过 X 光机,海关通过同屏比对(对比 X 光图片和申报信息)进行查验,如有异常则拆箱检查。	保税仓内的监管区域内过 X 光机查验,海关通过同屏比对(对比 X 光片和申报信息)进行查验,如有异常则拆箱检查。	
征税	缴纳跨境综合税	缴纳跨境综合税	相同点
品类限制	受正面清单限制	受正面清单限制	相同点
交易限额	个人年度交易限额为 26 000 元,单次交易限额为 5 000 元	个人年度交易限额为 26 000 元,单次交易限额为 5 000 元	相同点

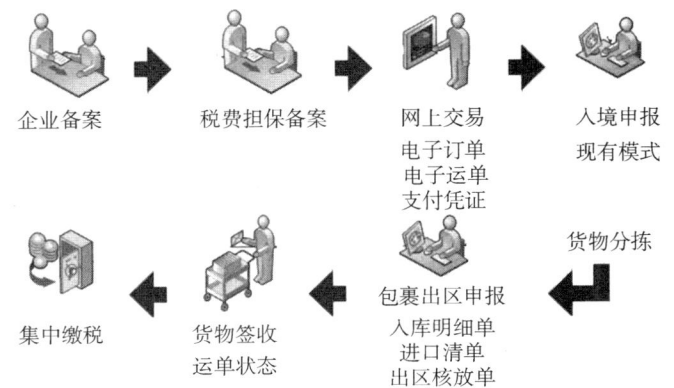

图 10-3 电商直购进口业务模式

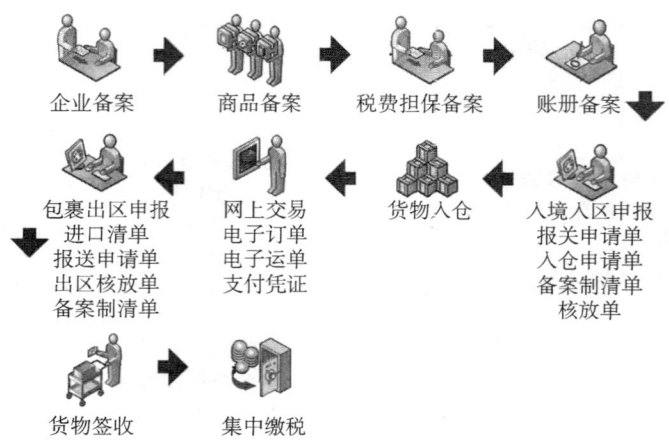

图 10-4 网购保税进口业务模式

通过图 10-3 和图 10-4 可以看出，9610 与 1210 是国家对于货物监管的两个代码，是以企业为主体的零售进口的阳光化清关商业模式，受限于正面清单品类及年度购买额度。

由于备货地的配置差异，9610 与 1210 在物流时效、商品品类、成本、资金占用等方面形成了各自的优劣势，企业可根据自身订单情况进行合理配置。

本 章 小 结

1.《服务贸易总协定》《全球电子商务宣言》《电子商务工作计划》是世界贸易组织在跨境电商方面较为典型的法律法规。

2. 欧盟出台的主要法律法规有《欧洲电子商务提案》《关于数据库法律保护的指令》《远程消费保护指令》《电信部门的隐私保护指令》《电子欧洲：为所有人建造的信息社会》等。

3.《联合国国际货物销售合同公约》用于规范一般贸易形态内商业主体之间的、非个人使用的、非消费行为的货物销售合同的订立。《中华人民共和国对外贸易法》《中华人民共和国产品质量法》《中华人民共和国消费者权益保护法》等法律法规，对生产者、销售者的责任进行了梳理，对欺诈、侵权的行为进行了规制。跨境电商运输主要应参照《中华人民共和国海商法》《中华人民共和国民用航空法》《中华人民共和国国际货物运输代理业管理规定》。

4. 我国目前主要的跨境电子商务法律法规有《中华人民共和国电子签名法》《中华人民共和国电子商务法》《中华人民共和国民法典》《中华人民共和国刑法》。

课后习题

一、单选题

1. 我国第一部真正意义上应对信息化浪潮的法律是（　　）。
   A.《中华人民共和国电子签名法》　　B.《中华人民共和国个人所得税法》
   C.《网络交易管理办法》　　D.《税务登记受理办法》

2. （　　）规范了电子签名行为，确立了电子签名的法律效益。
   A.《网络交易管理办法》　　B.《中华人民共和国电子签名法》
   C.《联合国国际货物销售合同公约》　　D.《全球电子商务宣言》

3. （　　）是我国电子商务行业的基本法。
   A.《中华人民共和国电子签名法》　　B.《中华人民共和国个人所得税法》
   C.《中华人民共和国海商法》　　D.《中华人民共和国电子商务法》

4. 《电子商务示范法》是（　　）于1996年通过的，这将促进协调和统一国际贸易法。
   A. 联合国国际贸易法委员会　　B. 国际商会
   C. 欧盟贸易法委员会　　D. 美国贸易法委员会

5. 在跨境电商出口税收新政策出台之前，跨境电商零售出口商品一直征收行邮税，执行（　　）的税率。
   A. 10%、20%、30%和50%　　B. 10%、30%、40%和50%
   C. 20%、30%、40%和50%　　D. 10%、20%、30%和60%

6. 企业（包括商家）对企业的电子商务，即企业与企业之间通过互联网这种电子工具来进行产品、服务及信息的交易属于的电子商务模式是（　　）。
   A. B2B　　B. B2C　　C. C2C　　D. C2B

7. 电子商务任何一笔交易都包含（　　）。
   A. 物流、资金流、服务流　　B. 资金流、物流、信息流
   C. 资金流、物流、人才流　　D. 交易流、信息流、物流

8. 下列选项中，不属于跨境电商支付风险的是（　　）。
   A. 汇率变动风险　　B. 监管缺少风险
   C. 企业管理风险　　D. 网络支付安全风险

9. 我国跨境电商的支付机构影响力最强的是（　　）。
   A. 银联　　B. 第三方支付机构
   C. 银行　　D. 人民币跨境支付系统

二、多选题

1. 知识产权相关的法律法规包括（　　）。
   A.《与贸易有关的知识产权协议》　　B.《中华人民共和国专利法》
   C.《中华人民共和国商标法》　　D.《中华人民共和国合同法》

2. 俄罗斯的电子商务立法有( )。
   A.《对外贸易活动国家调节法》　　　B.《对外贸易活动国家调节原则法》
   C.《外汇调节与监督法》　　　　　　D.《技术调节法》
3. 我国目前主要的跨境电子商务法律法规有( )。
   A.《中华人民共和国电子签名法》　　B.《中华人民共和国电子商务法》
   C.《中华人民共和国民法典》　　　　D.《中华人民共和国刑法》。

三、判断题

1. 日本在跨境贸易方面制定了一系列的法律法规，包括《国际信息交流法》。（　　）
2. 针对目前空运快件、个人物品邮件增多的情况，我国出台了一些专门的管理办法，如《中华人民共和国海关对进出境快件监管办法》。（　　）
3. 2013年3月，外汇管理局曾下发《市金融机构支付服务管理办法》，决定在上海、北京、重庆、浙江、深圳等地开展试点。（　　）

四、简答题

1. 概述国际组织的电子商务立法概况。
2. WTO有关电子商务的法律法规有哪些？
3. 简述我国为促进跨境电商发展而出台的主要政策法规。
4. 海关的"一个理念，两个平台，三单对比，四种模式，五大举措"指的是什么？
5. 简述跨境电商海关监管的基本内涵。
6. 跨境电商进口税与行邮税、一般贸易下的进口关税有什么区别？
7. 现行的跨境电商税收法律制度有哪些？
8. 为了支持和规范跨境电商支付机构跨境业务发展，试点政策在一定程度上突破了现行外汇管理规定，具体体现在哪几个方面？

参 考 文 献

[1] 郭苴彬,黄水稳.国际贸易新方式:跨境电子商务的最新研究[J].东北财经大学学报,2014(2):22-31.

[2] 李卫.跨境电商岗位任务分析和高职人才培养方案[J].进出口经理人,2016(4):125.

[3] 孙超.我国跨境电子商务的发展形态及发展策略分析[J].吉林工程技术师范学院学报,2018,34(3):77-79.

[4] 王锐.跨境电子商务内涵探析及国外发展经验对我国的启示[J].现代商业,2015(17):46-48.

[5] 林俊锋,彭月嫦.跨境电商实务[M].广州:暨南大学出版社,2016.

[6] 华树春.跨境电商概论[M].北京:中国海关出版社,2018.

[7] 陈战胜,卢伟,邹益民.跨境电子商务多平台操作实务[M].北京:人民邮电出版社,2018.

[8] 谈璐,刘红.跨境电子商务实操教程[M].北京:人民邮电出版社,2018.

[9] 唐德森.跨境电子商务概论[M].北京:中国商务出版社,2018.

[10] 阮晓文,朱玉赢.跨境电子商务运营[M].北京:人民邮电出版社,2018.

[11] 邓志超,崔慧勇,莫川川.跨境电商基础与实务[M].北京:人民邮电出版社,2017.

[12] 易传识网络科技.跨境电商多平台运营实战基础[M].2版.北京:电子工业出版社,2017.

[13] 李林芝.我国跨境电商发展现状与策略分析[J].老字号品牌营销,2020(8):73-74.

[14] 李如秒.中国跨境电商发展评估与提升策略[J].浙江学刊,2020(3):151-156.

[15] 熊励,杨璐.上海跨境电子商务平台发展的动力机制及策略[J].科技管理研究,2016,36(13):159-163.

[16] 冀芳,张夏恒.跨境电子商务物流模式创新与发展趋势[J].中国流通经济,2015,29(6):14-20.

[17] 邓志新.跨境电商:理论、操作与实务[M].北京:人民邮电出版社,2018.

[18] 朱桥艳,赵静.跨境电商操作实务[M].北京:人民邮电出版社,2018.

[19] 周志丹,徐方.跨境电商概论[M].北京:机械工业出版社,2019:105-145.

[20] 中商产业情报网.2019年跨境电商行业最新政策汇总一览(表)[EB/OL].(2019-07-22)[2022-10-21].https://www.askci.com/news/chanye/20190722/1423521150132.shtml.

[21] 深圳市云跨境电子商务研究院.2020中国跨境电子商务市场发展报告[EB/OL].(2021-02-22)[2022-11-23].https://www.sohu.com/a/451953753_100264088.

[22] 前瞻产业研究院.2020年我国跨境电子商务市场现状与发展趋势分析 进口电商发展潜力大[EB/OL].(2020-06-24)[2020-06-22].https://www.qianzhan.com/analyst/detail/220/200624-e072e72d.html.

[23] 中华人民共和国海关总署办公厅.关于调整扩大跨境电子商务零售进口商品清单的公告[EB/OL].(2019-12-28)[2023-3-20].https://baijiahao.baidu.com/s?id=1654149235088627499.

[24] 网经社.2020年中国跨境电商行业八大政策与解读[EB/OL].(2021-01-15)[2023-03-22]. https://www.100ec.cn/detail-6582821.html.

[25] 冯燕妮.跨境电子商务法律借鉴与风险防范研究[J].文存阅刊,2017(17):30-30.

[26] 刘颖.我国电子商务法调整的社会关系范围[J].中国法学,2018(4):195-216.

[27] 郑红花.跨境电子商务法律法规[M].北京:电子工业出版社,2017.

[28] 王洪亮.电子合同订立新规则的评析与构建[J].法学杂志,2018,39(4):32-42.

[29] 王道发.电子商务平台经营者安保责任研究[J].中国法学,2019(6):282-300.

[30] 于霏.跨境电商亚马逊运营实战宝典[M].北京:电子工业出版社,2018.

[31] 严行方.跨境电商业务一本通[M].北京:人民邮电出版社,2016.

[32] 杨松,郭金良.第三方支付机构跨境电子支付服务监管的法律问题[J].法学,2015(3):102-105.

[33] 梁利民.跨境电子商务支付问题研究[J].金融经济,2015(16):95-96.

[34] 王文娟.基于SWOT分析的跨境电子商务支付问题研究——以山西省为例[J].现代经济信息, 2015(15):341.

[35] 李鹤,杜瑞霞.我国跨境电子支付问题和对策分析[J].电子世界,2018(6):75-76.

[36] 曹磊,张周平.跨境电商全产业链时代:政策红利下迎机遇期[M].北京:中国海关出版社,2019.

[37] 新迈尔教育.跨境电商运营实战[M].2版.北京:清华大学出版社,2019.

[38] 速卖通大学.跨境电商物流阿里巴巴速卖通宝典[M].2版.北京:电子工业出版社,2015.

[39] 谣远知.跨境电商中的知识产权风险与应对——以中国(杭州)跨境电子商务综合试验区为背景 [J].中共杭州市委党校学报,2016,1(1):91-96.

[40] 伍蓓.跨境电商理论与实务[M].北京:人民邮电出版社,2021.

[41] 王勉.跨境电子商务知识产权保护对策研究[J].环渤海经济瞭望,2020(2):58.

[42] 陈晴光.电子商务数据分析:理论、方法、案例[M].北京:人民邮电出版社,2020.

[43] 李洁,崔怡文,王涛.跨境电商:速卖通运营与管理[M].北京:人民邮电出版社,2019.

[44] 邵贵平.电子商务数据分析[M].北京:人民邮电出版社,2021.

[45] 张函.跨境电子商务基础[M].北京:人民邮电出版社,2019.

[46] 杨楚婷.跨境电子商务实务[M].北京:人民邮电出版社,2019.

[47] 邓志超,崔慧勇,莫川川.跨境电商基础与实务[M].北京:人民邮电出版社,2020.

[48] 周玲琍.跨境电子商务实务[M].上海:复旦大学出版社,2021.

[49] 陆端.跨境电子商务物流[M].北京:人民邮电出版社,2019.

[50] 龙朝晖.跨境电商营销实务[M].北京:中国人民大学出版社,2018.

[51] 周佳明.跨境电商营销推广[M].北京:中国人民大学出版社,2018.

[52] 邓志新.跨境电商理论操作与实务[M].北京:人民邮电出版社,2018.

[53] 陈秀梅.跨境电商客户服务[M].北京:人民邮电出版社,2020.

[54] 朱瑞霞.跨境电商支付与结算[M].上海:复旦大学出版社,2021.

[55] 宗楠,徐丽.跨境电商法律法规[M].北京:清华大学出版社,2023.

[56] 邹益民,旷彦昌.跨境电商数据运营与管理[M].北京:人民邮电出版社,2021.